产教融合的模式与实践研究

张继明 主 编
王 玲 虞宁宁 副主编

电子工业出版社
Publishing House of Electronics Industry
北京·BEIJING

内 容 简 介

产教融合是促进教育优先发展、人才引领发展、产业创新发展的重要举措,是实施教育高质量发展的重要实践机制,是推动国家高质量发展的重要引擎。本书主要内容包括产教融合的多维审视与意义阐释、我国产教融合发展的现实基础与使命、我国产教融合相关政策演进、产教融合的主要模式、产教融合协同育人实践、推进产教融合未来发展建议。全书从"创新产教融合人才培养模式""注重专业建设,优化培养方案""加强'双师型'教师队伍与培训基地建设""积极推进现代学徒制""探索1+X证书制度"五个维度选择产教融合典型案例,以期对院校和企业开展产教融合实践提供指导和借鉴。

未经许可,不得以任何方式复制或抄袭本书之部分或全部内容。
版权所有,侵权必究。

图书在版编目(CIP)数据

产教融合的模式与实践研究 / 张继明主编. -- 北京:电子工业出版社, 2025. 3. -- ISBN 978-7-121-49882-4

Ⅰ. G719.2

中国国家版本馆 CIP 数据核字第 2025KG0605 号

责任编辑:王英欣
印　　刷:北京七彩京通数码快印有限公司
装　　订:北京七彩京通数码快印有限公司
出版发行:电子工业出版社
　　　　　北京市海淀区万寿路 173 信箱　　邮编 100036
开　　本:787×1092　1/16　印张:11.75　字数:300.8 千字
版　　次:2025 年 3 月第 1 版
印　　次:2025 年 3 月第 1 次印刷
定　　价:48.00 元

凡所购买电子工业出版社图书有缺损问题,请向购买书店调换。若书店售缺,请与本社发行部联系,联系及邮购电话:(010)88254888,88258888。
质量投诉请发邮件至 zlts@phei.com.cn,盗版侵权举报请发邮件至 dbqq@phei.com.cn。
本书咨询联系方式:(010)88254608 或 zhy@phei.com.cn。

《产教融合的模式与实践研究》编委会

策　　划　宋承祥　张士强　杜阔辰
主　　编　张继明
副 主 编　王　玲　虞宁宁
编 写 组（按姓氏笔画排列）
　　　　　王济胜　冯建民　刘　芳　任启平　张黎雨　邵　雪　徐国英
指导专家（排名不分先后）
　　　　　曾卫明　工业和信息化部人才交流中心副主任
　　　　　孙善学　中国职业技术教育学会原副会长
　　　　　　　　　天津大学职业技术教育研究所所长
　　　　　孙　诚　中国教育科学研究院职业教育与继续教育研究所原所长
　　　　　杨润勇　中国教育科学研究院研究员
　　　　　申培轩　山东省教育科学研究院原院长
　　　　　　　　　山东省教育学会会长
　　　　　李旭茂　山东省人民政府参事
　　　　　周建松　中国高等教育学会职业教育分会理事长
　　　　　　　　　浙江金融职业学院原党委书记
　　　　　董　刚　中国高等教育学会职业教育分会副理事长
　　　　　　　　　全国高等职业院校校长联席会议主席
　　　　　　　　　天津职业大学原党委书记
　　　　　胡振文　中国高等教育学会职业教育分会副理事长
　　　　　　　　　石家庄铁路职业技术学院原党委书记
　　　　　马树超　上海教育科学研究院原副院长
　　　　　　　　　上海市职业教育协会副会长
　　　　　石　忠　山东省职业技术教育学会会长
　　　　　匡奕珍　山东工程职业技术大学总督学
　　　　　　　　　齐鲁医药学院原院长

李存国	中国电子科技集团数字政府与智慧城市重大专项副总师
	中国电子科技集团普天和平科技有限公司总经理
王文原	中国电子科技集团第 32 所原党委书记
潘海生	天津大学教育学院副院长、教授
马廷奇	天津大学教育学院教授
张善勇	中国教育发展战略学会产教融合专业委员会副秘书长、学术委员
卢彩晨	兰州大学高等教育研究院副院长、教授
陈清奎	俄罗斯自然科学院外籍院士
	山东建筑大学教授
	国家级建筑工程及装备虚拟仿真实验教学中心主任
	济南科明数码技术股份有限公司董事长
于永明	青岛大学原副校长
丁文利	山东信息职业技术学院党委副书记、院长
丁刚毅	北京理工大学计算机与软件学院原党委书记
王世忠	中国电子劳动学会校企合作委员会副会长
张国庆	中关村加一战略新兴产业人才发展中心理事长
朱怀永	电子工业出版社主任
孙百才	青岛大学教育科学学院院长
郑清春	天津职业技术师范大学校长
张 辉	运城职业技术大学校长
田 敏	南京信息职业技术学院院长
田克美	石家庄邮电职业技术学院原党委书记
向家文	长江工程职业技术学院党委书记
陈向阳	江苏省教育科学研究院职业教育与终身教育研究所所长、研究员
董 良	博赛数字科技集团有限公司董事长
张明伯	百科荣创（北京）科技发展有限公司总经理
林雪纲	奇安信科技集团股份有限公司高校合作中心总经理
杨 贺	北京启明星辰信息安全技术有限公司山东分公司副总经理
张义民	中国知网副总经理
宋承祥	山东省教育厅原巡视员、教育学博士
	中国电子劳动学会校企合作委员会会长

《产教融合的模式与实践研究》编委会

      山东省高等教育管理科学研究会会长
王 霞 济南大学党委常委、副校长
    山东省高等教育学会秘书长
王希普 济南大学高等教育研究院研究员、原常务副院长
宋新刚 齐鲁师范学院党委委员、统战部部长
    山东省高等教育管理科学研究会秘书长
许贵宾 中国知网山东分公司总经理
刘 梵 中才产教融和教育科技发展（山东）集团有限公司总经理
魏泽利 济南产教融合教育研究院副院长

主编单位 山东省高等教育管理科学研究会
    中国电子劳动学会校企合作委员会
    中国知网

前 言

产教融合是促进教育优先发展、人才引领发展、产业创新发展的重要举措，是实施教育高质量发展的重要实践机制，是推动国家高质量发展的重要引擎。自党的十八大以来，产教融合在思想认识、理论建构、制度建设、实践探索等方面均取得了显著成效。近年来，我国产业升级和经济结构调整不断加快，对高素质技术技能人才的需求愈加迫切，产教融合的重要性愈加凸显。党的二十大报告明确提出，"统筹职业教育、高等教育、继续教育协同创新，推进职普融通、产教融合、科教融汇，优化职业教育类型定位"。这充分体现了产教融合在国家战略体系中的重要地位。产教融合将在教育、科技、人才一体化发展进程中发挥不可替代的作用，有力地推进我国加快制造强国建设。面向未来，产教融合还需要进一步深化改革，实现更高质量的发展。为了对产教融合发展进行全面梳理与进一步探究，建构产教融合的中国模式，为政府、院校和企业提供决策支撑，山东省高等教育管理科学研究会、中国电子劳动学会校企合作委员会、中国知网等单位联合组织和策划了本书。

本书分为概述和详述两部分。概述部分从逻辑图、全景图、模式图、路径图、保障图五个角度剖析了当前产教融合改革实践与理论探索的重点问题。详述部分共六章。第一章从多个维度系统阐述产教融合的含义，梳理产教融合研究的进展，总结进一步研究的主要向度，从理论上阐释产教融合与教育高质量发展的内在关联；第二章主要论述了产教融合发展的经济基础、科技基础和教育基础，明确了产教融合发展的使命；第三章从初步探索、创新发展、深化扩展三个阶段梳理了我国产教融合政策的演进方向、阶段性特征及内在逻辑；第四章阐述了国外典型的产教融合模式和我国产教融合的主要模式；第五章主要从"创新产教融合人才培养模式""注重专业建设，优化培养方案""加强'双师型'教师队伍与培训基地建设""积极推进现代学徒制""探索 1+X 证书制度"五个维度来论述产教融合协同育人的基本模式和实施机制；第六章主要从"加强顶层设计，建立产教融合长效机制""健全激励机制，强化企业的重要主体作用""完善协同育人体系，提升人才培养质量""建立评估监测体系，促进产教融合高质量发展"四个方面介绍了推进我国产教融合高质量发展的建议。

本书探讨了产教融合的内涵与逻辑，剖析了产教融合改革发展的外部环境，按照产

产教融合的模式与实践研究

教融合要素梳理了产教融合的发展现状，总结了各行业、各领域的产教融合案例，提出了产教融合发展策略和建议，具有较强的指导性和参考价值。本书具体由山东省高等教育管理科学研究会产教融合研究院、济南大学高等教育研究院、中才产教融和教育科技发展（山东）集团有限公司组建团队进行撰写，主要团队成员包括张继明、王玲、虞宁宁、张善勇、王济胜、张黎雨、冯建民、徐国英、刘芳、任启平、邵雪。在调研和撰写过程中，我们得到了诸多学界专家学者和产业界人士的支持和指导，在此向他们表示由衷的感谢。我们希望本书能够成为推进产教融合发展的有益参考，能够促进产教融合的进一步发展，为中国经济的发展和教育事业的进步尽绵薄之力。

在编写过程中，我们深刻地认识到产教融合的重要性和紧迫性，也清晰地看到了产教融合在实践中面临的挑战。因此，我们希望本书的出版能够起到抛砖引玉的作用，引起更广泛、更深入的关注和讨论，促使各方面力量联合起来，积极采取一致行动，推动产教融合在中国实现更高水平、更深层次的发展。由于编者水平有限，又是首次开展这项工作，虽经再三调整和完善，本书仍可能存在不足之处，恳请各位读者批评指正。

特别提示：本书中部分数据为四舍五入的结果，因此部分饼状图和柱状图各项之和不为100%。

编　者

2024年7月12日

目 录

概述 用"五个图景"解读产教融合 1
　　一、产教融合逻辑图：理论基础和逻辑建构 1
　　二、产教融合全景图：多元协作与资源共享的管理机制 2
　　三、产教融合模式图：办学模式与组织设计 3
　　四、产教融合路径图：育人模式及其实践路径 4
　　五、产教融合保障图：基于更佳实践的评价模式 5

第一章 产教融合的多维审视与意义阐释 6
　　第一节 产教融合研究的进展与未来向度 7
　　　　一、我国产教融合议题的研究进展 7
　　　　二、国际上产教融合研究的初步分析 13
　　　　三、产教融合研究的未来向度 16
　　第二节 产教融合的多维阐释 17
　　　　一、产教融合是一个具有自身逻辑和结构的生态系统 18
　　　　二、在理想状态下产教融合是一个价值共同体和命运共同体 ... 19
　　　　三、产教融合是多元利益相关主体共同参与建构的过程 19
　　　　四、产教融合是现代教育发展与治理的新范式 20
　　　　五、产教融合的战略重心最终表现为提高协同育人质量 21
　　第三节 产教融合与教育高质量发展 22
　　　　一、产教融合与教育的实践品性 22
　　　　二、产教融合与人的全面发展 23
　　　　三、产教融合与知识生产模式的转变 24
　　本章小结 25

第二章 我国产教融合发展的现实基础与使命 27
　　第一节 产教融合发展的经济基础 27
　　　　一、我国经济发展的总体态势 28
　　　　二、居民的职业教育支付能力 31

第二节 产教融合发展的科技基础 ... 33
 一、科技研发与基础平台建设 ... 33
 二、科技创新能力 ... 34
第三节 产教融合发展的教育基础 ... 40
 一、社会需求与专业调整 ... 40
 二、应用型人才培养体系建设 ... 44
第四节 产教融合发展的使命 ... 47
 一、推动经济转型升级，促进经济可持续发展 ... 47
 二、打造经济社会发展新模式、新技术、新业态 ... 48
 三、优化人力资源配置，培养高水平应用创新创业型人才 ... 49
 四、强化协同发展共识，促进高质量发展 ... 50
本章小结 ... 50

第三章 我国产教融合相关政策演进 ... 52
第一节 "产教融合"的初步探索 ... 53
 一、初步探索阶段政策概况 ... 53
 二、初步探索阶段政策内容分析 ... 54
 三、初步探索阶段政策的阶段性特征 ... 58
第二节 "产教融合"的创新发展 ... 59
 一、创新发展阶段政策概况 ... 59
 二、创新发展阶段政策内容分析 ... 61
 三、创新发展阶段政策的阶段性特征 ... 67
第三节 新时代产教融合的深化扩展 ... 68
 一、深化扩展阶段政策概况 ... 69
 二、深化扩展阶段政策内容分析 ... 72
 三、深化扩展阶段政策的阶段性特征 ... 81
本章小结 ... 82

第四章 产教融合的主要模式 ... 83
第一节 国外典型的产教融合模式 ... 83
 一、美国的产教融合模式 ... 83
 二、德国的"双元制"模式 ... 86
 三、英国的产教融合模式 ... 87
 四、日本的"产学官合作"模式 ... 88

目录

第二节　我国产教融合的主要模式 ... 89
一、委托培养与联合培养模式 ... 89
二、共建产教融合创新平台与产教融合基地模式 ... 91
三、现代产业学院、未来技术学院与产业技术研究院模式 ... 97
四、示范性职业教育集团（联盟）、产业技术创新战略联盟与产教融合共同体模式 ... 102
五、混合所有制模式 ... 110
六、企业办学模式 ... 113

本章小结 ... 116

第五章　产教融合协同育人实践 ... 117

第一节　创新产教融合人才培养模式 ... 117
一、"订单式"人才培养模式 ... 118
二、"双主体"协同育人模式 ... 119
三、"岗课赛证"综合育人模式 ... 121
四、科教融合协同育人模式 ... 123

第二节　注重专业建设，优化培养方案 ... 125
一、明确导向：围绕产业建学科专业 ... 125
二、明确定位：服务区域经济发展 ... 128

第三节　加强"双师型"教师队伍与培训基地建设 ... 132
一、"双师型"教师队伍建设状况 ... 133
二、双师素质培训与教学创新团队建设 ... 135

第四节　积极推进现代学徒制 ... 140
一、现代学徒制开展状况 ... 141
二、部分地区的经验做法 ... 143

第五节　探索1+X证书制度 ... 148
一、1+X证书制度试点院校规模 ... 148
二、1+X证书制度试点工作推进情况 ... 150
三、部分省份的1+X证书制度建设经验 ... 151

本章小结 ... 155

第六章　推进产教融合未来发展建议 ... 156

第一节　加强顶层设计，建立产教融合长效机制 ... 157

产教融合的模式与实践研究

    一、形成协同发展共识，激发内生动力 ……………………………… 157
    二、完善多部门联动机制，强化政府主导作用 …………………………… 158
    三、明确各部门职责，强化政策执行力 ……………………………… 159
    四、增强治理能力，保障相关方利益 ………………………………… 160
  第二节 健全激励机制，强化企业的重要主体作用 ………………………… 161
    一、完善政策法规措施，提高企业深度参与的积极性 ………………… 161
    二、构建产教共享、共通、共赢的协同创新共同体 …………………… 162
    三、明确企业、行业组织在构建协同体系中的权利与责任 …………… 163
  第三节 完善协同育人体系，提升人才培养质量 ………………………… 165
    一、完善体制机制，提升产教融合育人水平 …………………………… 165
    二、主动融入经济社会发展格局，优化学科专业结构 ………………… 166
    三、突出能力导向，调整课程结构，推进教学模式改革 ……………… 168
    四、重视师资队伍建设，提高教师产教融合育人能力 ………………… 169
  第四节 建立评估监测体系，促进产教融合高质量发展 ………………… 172
    一、建立健全评价考核机制，形成产教融合良好生态 ………………… 172
    二、完善评价指标体系，出台分类、分层评价方案 …………………… 173
    三、适时推出第三方评价，构建多元主体参与的协同体 ……………… 174
  本章小结 ………………………………………………………………………… 176

概 述

用"五个图景"解读产教融合

融合发展逐步成为新时代的重要特征,产教融合是各国高等教育面临的共同课题。随着我国产业升级和经济结构调整的不断加快,对高素质技术技能人才的需求愈加迫切,产教融合的重要性愈加凸显。党的二十大报告明确提出,要"统筹职业教育、高等教育、继续教育协同创新,推进职普融通、产教融合、科教融汇"。这充分体现了产教融合的战略地位。产教融合逐渐成为教育改革实践与理论研究的重要议题。这里用"五个图景"解读产教融合。

一、产教融合逻辑图:理论基础和逻辑建构

产教融合产生于社会生产与教育实践之中,从其发轫到其逐步成形,并成为产业和教育共同发展的重要载体与实施机制,其中隐含着事物发展变化的一般规律。例如,产业的实践性构成了教育通过与产业融合来实现其实践意义的可能性基础,而人在实践中实现发展的普遍要求则构成了产与教能够实现融合的根基。产教融合的发展规律是客观存在的。基于此规律去积极建构、改造和创新产教融合,促使产教融合不断完善并充分而持续地在经济社会发展中发挥作用,这便形成了产教融合的政策演进逻辑。根据产教融合的一般规律,结合长期探索、积累的经验和认识,形成产教融合的相关理论,将其作为在各种具体场景中应用、变革的理论基础,由此建构产教融合的发展逻辑。产教融合的实践与探究需要遵循一定的逻辑:要符合产教融合的一般规律,同时要依据具体场

景的特性探索产教融合的实施路径。在探索的过程中，产教融合的理论作为产教融合实践创新的工具得到不断发展。

人们积极借鉴相关理论来建构产教融合的理论体系（如共生理论、协同理论、三螺旋理论、组织生态学理论、耗散结构理论、利益相关者理论、结构功能理论、区域创新理论、共同体理论等），形成了丰富、多元的产教融合模式。当前，我国产教融合的实践比理论研究更丰富，但也存在如何进一步在产教融合的规律及其逻辑指向下规避矛盾、更好地服务各方诉求的问题，因此需要加强理论研究，描绘出更加准确的"逻辑图"。

二、产教融合全景图：多元协作与资源共享的管理机制

产教融合是实现教育链、产业链、供应链、人才链与价值链有机衔接的生态系统。从生态学视角研究产教融合关键要素及其相关关系，即可勾画出产教融合全景图。随着国家产业转型和产教融合的全面推进，在产教融合的实践领域产生了许多亟待研究和解决的问题：如何最大限度地发挥政府的引领示范性作用？如何进一步激发企业参与产教融合的积极性？如何提高职业教育的适应性？如何实现职业教育的高质量发展？

聚焦核心问题研究，建立起能够覆盖政府、企业、职业院校的长效机制，激励企业主动融入产教融合，就需要建立校企合作机制。院校和企业是产教融合过程中的两个核心要素，高质量的产教融合是院校和企业相互满足合理需求的双向奔赴，更是基于不同利益的协同发展。企业侧重于产品创新、拓展销路、提高利润；院校则更加关注人才培养质量。校企合作需要以双赢为基础，不断延伸教育链，服务产业链，支撑供应链，打造人才链，提升价值链。

校企合作必须满足国家经济社会的发展需求，紧盯产业链条、市场、技术前沿和民生需求。因此，为了与产业革命发展的趋势相适应，产教融合要重点面向新一代信息技术、集成电路、人工智能、工业互联网、智能制造、生物医药、新材料等战略性新兴产业，以及养老、托育、家政等生活服务行业。同时，基于我国产业转型发展的需要，产教融合发展应深刻把握我国产业发展的升级障碍、创新瓶颈和技术难题，紧贴行业、企业转型需求和产教融合可持续发展的根本要求，明确产教融合赋能提升的行动目标、主要任务和保障措施。产教融合实现其多元价值的前提是产教融合参与主体的多元化，而如何促使多元主体形成合力，是产教融合深入发展的关键。也就是说，在产教融合实践中特别需要强化协同联动，充分发挥地方政府、高校、行业协会、企业等多方作用，实现以学校及其专业活动为中心的政府统筹、产业聚合、企业牵引相结合，促进产教融合

的可持续发展，保证职业教育资源的系统性、完整性，促进教育、产业、人才、资金等要素集聚融合、优势互补，从而形成合力，最终使各方在合作中实现共同发展。

三、产教融合模式图：办学模式与组织设计

国家发展和改革委员会（简称国家发展改革委）等8部门联合印发的《职业教育产教融合赋能提升行动实施方案（2023—2025年）》提出，要打造以产业园区为基础的市域产教融合联合体，在重点行业和领域打造行业产教融合共同体。这意味着未来将进一步发挥职业教育集团（简称职教集团）、市域产教融合联合体、产教融合共同体的作用，以提升人才培养质量，实现高质量就业。但共同体建设的根本目的是促进人的全面发展，提升人的思想境界、职业道德、生命质量和生活福祉。因此，要支持职业院校联合企业、科研院所开展协同创新，共建重点实验室、工程研究中心、技术创新中心、创业创新中心、企业技术中心等平台，服务地方中小微企业技术升级和产品研发，从而解决育人问题。这是基于产教融合优化办学模式及组织设计的当前重点和未来核心。

企业和院校共享优质资源，企业出题，联合组队，在共享技术平台中实现企业技术升级和技术技能人才的创新培养，在产教融合的过程中促进科教融汇。产教融合联合体、共同体或协同创新平台的重要作用，都是为人的全面发展提供更加充分的支持和保障，通过不断进行探索实践，形成产教融合模式。根据产教融合探索中产教双方的关系，我们可以总结出以下七种模式：

（1）委托培养与联合培养模式；

（2）共建产教融合创新平台模式；

（3）共建产教融合基地模式；

（4）产业学院、未来技术学院与产业技术研究院；

（5）示范性职业教育集团、产业技术创新战略与产教融合共同体模式；

（6）混合所有制模式；

（7）企业办学模式。

模式是生产与管理过程中诸要素间形成的相对稳定的关系，产教融合模式是结合一般规律和实践经验所形成的相对合理的融合发展机制，较好地处理了产教双方及其各利益相关方之间的矛盾，具有较强的迁移应用效能。因此，绘好产教融合模式图，不仅意

味着实践过程是有效的,还为发展和进一步创新提供了实践框架。

四、产教融合路径图:育人模式及其实践路径

产教融合的路径设计主要是指探索产教持续、稳定、高质量合作的路径,完善产教融合培养复合型人才的路径,创新科教融汇,开展科研攻关,进而服务国家战略、培养创新型人才的路径。本质上,路径图是一个从产教融合到提高育人质量和服务社会能力的过程。

校企联合培育人才的根本使命是全面贯彻党的教育方针,落实立德树人根本任务。培养服务支撑产业需求的技能技术人才是为了满足产业转型升级的需要。所以,产教融合的人才培养模式是以能力为本位的,在人才培养过程中注重对学生职业能力的培养。借助校企合作和产教融合,学生能够通过进入企业的实际运营环境,了解自身能力和素养是否存在短板,进而进行有效的改进和提升。

但同时也应看到,学生的职业能力发展不能靠简单的理论学习和职业技能累加来实现,而要在工作中不断学习、反思和积累经验,尤其需要切实体会企业的工作流程、岗位需求,并据此持续改进自身的工作方式和学习方式,以在此过程中实现专业能力、技术和情境应用等的综合发展。校企联合培育人才的最大意义在于促进学生综合素质的提高,即相对于传统的学校教育,校企联合培育人才的优势在于拓宽了教育空间,在于企业为学生实践提供了充分的载体,推动了企业知识创新和学生职业知识、能力、素养培养的有机融合。因为通过科学的实践性教学设计和合作培养,新的育人体系能够充分调动学生参与产品优化设计、改善生产流程的积极性和主动性,持续提升技术技能水平。同时,企业所提供的基于真实场景的劳动教育、岗位教育、职业规范与道德教育能够培养学生的责任感,这正是学生综合素养的关键维度。而且,在现代学徒制等新的产教融合育人模式下,工匠精神的传承更是帮助学生实现从学习者到职业人转变的内在关键因素。可见,校企联合培养的是综合素质高、职业能力突出的技能型人才,能够更好地解决传统教育人才错配的问题。

总体上,以人为本的教育行业应更加关注人本身的知识结构、创新思维和技术技能的全面优化,让人的发展更加适应时代需要,引领未来行业企业发展。教育的最终目的是提升人的工作和生活实践能力。产教融合适应了这一目的要求。就目前来看,产教融合在育人体系建设中还存在一定的壁垒,还需要深化改革与创新,打通产教之间的合作障碍,清晰勾画二者融合的路径图。

五、产教融合保障图：基于更佳实践的评价模式

产教融合是国家战略，这里将其健康、可持续、高质量发展保障机制设计作为产教融合保障图。产教融合在项目联合攻关、关键技术研发和协同育人等领域具有传统教育和企业发展模式所不具备的优势，但产教融合能在多大程度上实现发展成效的进步乃至突破，仍需要从管理者的角度及投入产出的角度出发，通过评价来做出回应。因此，产教融合评价是产教融合体系构建和价值实现的重要环节，不仅回应了问责，而且可作为产教融合持续改进的重要依据。

随着产教融合的不断推进，构建产教融合评价体系已经成为高质量发展的关键内容。无疑，产教融合评价不同于学校评价、教育评价和企业评估，其评价主体需要涵盖地方政府、行业企业、院校、社会团体等多利益相关方，评价内容则包括人才培养、师资队伍、教材、产教融合实习实训基地建设、毕业生发展、技术成果及其转化、企业技术进步和利润等。产教融合评价在聚焦其成效的同时，还需要关注产教融合的投入与过程因素，因为评价在过度强调成果导向时往往会忽略主客观条件的限制和对加大投入、改进过程的责任。而在不同的评价模式中，CIPP（四个字母分别代表 Context、Input、Process、Product）评价的特质在于关注评价对象的全程发展及相关影响因素，而非仅仅指向某个环节或单一维度，因而这一模式较好地适应了产教融合评价和分析的需要——通过关注、评估和分析产教融合的全过程、所有要素，全面系统地掌握产教融合实施的过程，重点分析过程质量与成果质量的关系。在此基础上，可以侧重分析政策导向、办学模式、融合发展机制等重点相关因素，在诊断、改进的基础上进一步提高产教融合质量。从这个意义来讲，产教融合评价不仅是成效的检验机制、回应主体诉求的应答机制，还是促进产教融合持续发展的动力机制。因此，以评价来勾画产教融合保障图的意义是不言而喻的。

第一章

产教融合的多维审视与意义阐释

无论是从国家和各地政府的政策制定及其导向来看，还是从学界的理论认识来看，产教融合都是较长时期以来我国产业领域和教育领域改革与发展的重要内容。近年来，新科技、新产业革命极大地推动了现代产业结构及其组织机制、发展机制的变化，融合发展成为整个经济社会发展的新范式、新语境、新动力。相应地，教育与经济社会间的联系更加紧密，教育的发展模式也随之发生变革，出现了向融合发展转变的趋势，以满足环境变化对教育的新要求。概言之，新时代下产教融合的战略意义进一步凸显。党的二十大报告明确提出，要"统筹职业教育、高等教育、继续教育协同创新，推进职普融通、产教融合、科教融汇"。这体现了产教融合在国家战略体系中的重要地位，将产教融合置于教育发展和产业发展的更高位阶。与之前相比，在知识经济及信息时代，产业界意识到教育的智力支持已经是现代产业创新发展的基础，认识到产教融合在提升自身人力资本、知识与技术支持等方面所具有的独特优势，从而主动与教育界进行合作，以优化组织结构和功能，增强核心竞争力。从知识经济社会发展的范式角度来看，跨界合作、协同创新、战略集群等发展模式的优势不断凸显，融合发展已经成为主导的新发展范式，人工智能、大数据、区块链乃至元宇宙等为融合发展新范式提供了技术支撑，进一步促进了其在各领域的推进和深化。产教融合作为一种具体的融合发展形式，有着越来越大的实施空间。可以说，产教融合正成为当代融合发展新模式、新业态的重要组成部分。

从教育的角度来看，与传统的校企合作及产学研一体化发展模式相比，产教融合已经成为教育发展的新范式——在思想观、价值观、哲学观、生产方式和管理方式等维度的系统性重塑。这意味着，产教融合作为一种新范式，并不是对中高职院校和普通高校传统办学模式的补充或局部改造，而是要成为其办学的基础和普遍方式，成为人才培养、科技研发和社会服务等各项职能发挥的基本载体。那么，产教融合如何突破旧范式的束缚？如何根据新范式要求进行思想与行为上的重构？尤其是如何取得思想认识和理论上的统一，进而采取有效的践行方式？这就需要进行系统深入的研究，即在理论上进一步明确产教融合的含义、价值和逻辑，在认识论与价值论上为产教融合充分实现其实践价值提供意义与行动的框架。实际上，产教融合作为一个概念或发展方式并非新事物，其作为一种实践探索的形式，以及国家教育治理的政策或动议，受到了学界较长期的关注。只不过在当下其作为一种新的发展范式，需要被重新审视并实现理论上的进一步发展。

第一节　产教融合研究的进展与未来向度

从校企合作、产学研一体化到产教融合，无论是从产业、行业或企业发展的角度，还是从教育发展尤其是当代教育发展新模式的角度看，产教融合都已成为国家制定政策的重要导向，实践中各行各业优化发展模式、提高发展效益的重要举措，以及理论界深入探讨的重要议题。自党的二十大之后，随着科教融汇、产教融合等话语被纳入更多政策文本或顶层设计之中，产教融合在改革实践与理论研讨中的重要性得到进一步强化。当然，由于产教融合是当代教育发展的新模式，也反映了知识生产模式转变的趋势乃至教育内外部关系的客观要求，因此产教融合在国外也受到广泛关注。

一、我国产教融合议题的研究进展

我国产教融合是以教育发展需求为动力的主动探索，伴随着国家相关政策的引导和推进而得到逐步发展。从20世纪90年代国家出台相关政策开始，政府和学界就一直探索产教融合的发展路径。2019年，中央全面深化改革委员会会议审议通过了《国家产教融合建设试点实施方案》，要求"把深化产教融合改革作为推进人力人才资源供给侧结构性改革的战略性任务"，作为提高教育质量、扩大就业和创业、推动经济转型升级、培育发展新动能的必要举措，意在将教育链、科技链、人才链、创新链融为一体，为产教融合的理论与实践提供了新的导向。在学界，产教融合作为关键领域，产生了诸多成果。以下将从产教融合的内涵、产教融合的实施机制等维度对我国的产教融合研究进行梳理。

（一）关于产教融合内涵的研究

从一般意义上而言，产教融合是产教双方各要素相互融合，进而发挥协同作用，只不过不同学者对双方要素的关注点有所差别。杨善江认为"产教"包括两层含义，即产业与教育、生产与教学，产教融合是产业系统与教育系统相互融合而形成的有机整体，它具有双主体性、跨界性、互利性、动态性、知识性和层次性六个特征[1]。孔宝根认为产教融合是指育人过程中生产与教学的融合，包括两个方面：一是育人方式的融合，即教学过程与生产过程的融合；二是育人内容上的融合，即教学内容与生产技术的融合[2]。胡昌送等从知识生产方式上对产教融合进行了分析，认为其实质是多主体协同下的知识生产制度安排，需要人力资源、技术资源、课程与培训资源的深度交换与融合[3]。

校企合作是较早时期教育界与产业界开展合作的主要形式。陈年友等认为产教融合就是职业教育与产业深度融合，是职业院校为提高其人才培养质量而与企业开展的深度合作，其具体内容包括专业与产业对接、学校与企业对接、课程内容与职业标准对接、教学过程与生产过程对接[4]。蔡敬民等从产教融合和校企合作的认识误区入手，提出产教融合体现的是校企双向互动与整合的过程，由单边自主走向双边自觉，具有较高的交融性和稳定性的特点，它是一个包括人才培养模式、合作模式在内的更为宽泛的概念[5]。汤正华等认为应用型本科院校产教融合的实质是产业和教育形成一体化互动关系，是校企合作的高级阶段[6]。程晓农认为产教融合是高校在办学过程中，以市场需求为导向，与产业、企业之间形成共生演进、深度融合的协作创新机制，其基本内涵就是产教一体、校企互动[7]。无疑，校企合作同产教融合均反映了两个领域间的合作，但在产教融合框架下，校企合作是产教融合的一种具体形式，是产教融合体系的重要因素。

---

[1] 杨善江. 产教融合：产业深度转型下现代职业教育发展的必由之路 [J]. 教育与职业, 2014 (33)：8-10.
[2] 孔宝根. 企业科技指导员制度：深化职业教育产教融合的新路径 [J]. 教育发展研究, 2015 (3)：59-64.
[3] 胡昌送, 张俊平. 高职教育产教融合：本质、模式与路径 [J]. 中国高教研究, 2019 (4)：92-97.
[4] 陈年友, 周常青, 吴祝平. 产教融合的内涵与实现途径 [J]. 中国高校科技, 2014 (8)：40-42.
[5] 蔡敬民, 夏琍, 余国江. 应用型高校的产教融合：内涵认知与机制创新 [J]. 中国高校科技, 2019 (4)：4-7.
[6] 汤正华, 谢金楼. 应用型本科院校产教融合的探索与实践 [J]. 高等工程教育研究, 2020 (5)：123-128.
[7] 程晓农. 以"产教融合"为内涵的"全素质链"人才培养模式探索与实践 [J]. 中国高等教育, 2018 (Z1)：63-65.

就概念而言，从宏观层面来看，产教融合是教育与产业的结合；从微观层面来看，产教融合是指教学活动与生产活动在不同层面和维度上的结合，最初主要针对应用型人才培养质量问题。产教融合实质上是教育与产业经济的一体化互动。产教融合不仅出现在高职院校，普通本科院校和研究型大学也开始了对产教融合路径的探索。由于不同类型院校的人才培养目标和联动的企业不同，其培养的人才类型存在差异：高职院校多与中小型企业合作，培养的是高素质技术技能型人才；普通本科院校和研究型大学多与大型企业联动，培养的是创新创业型人才。而且，不同类型院校在融合的目标、内容、形式、机制上也存在很大差异。随着教育在研发和服务上的职能不断被强化，产教融合的功能亦逐渐多元化。谢笑珍指出，产教融合的内涵已经延伸至整个教育系统与产业系统、经济系统之间互动演进，"促进整个教育体系、人才培养链条和产业系统围绕技术进步而实现创新、融通和共享，是改变教育和产业的发展方式。从教育角度来讲，产教融合使得教育的价值得以实现，通过成果、人才的输出，为产业转型升级和提高国家核心竞争力提供坚强的保障"[1]。

（二）关于产教融合实施过程中的问题及其原因的研究

就当前教育与产业发展的需求和趋势而言，尽管产教融合应作为教育发展的新范式，但实际上产教双方要走向有效合作还面临着诸多问题。要想不断推进产教融合的发展，就需要深入分析阻碍产教双方有效合作的影响因素，准确把握问题的本质，这是完善体制机制、优化模式设计的前提。对入选中国高等教育博览会 2020 年度"校企合作双百计划"的 103 个典型案例，有学者从项目目标、实施状况、项目评价三个方面进行了全景式分析，发现部分产教融合项目偏离了育人的根本目标，合作广度和深度不够，且缺乏质量监控与评价机制[2]。还有学者研究发现，产教融合面临的问题是系统性的，包括政策制度不完备、不协同，政策引领作用出现反向偏移；产教融合组织数量少、不作为，实体嵌入制度落实不力，过度倚重申报奖项和组织相关赛事；产教融合方式不高效、不经济，互动共享机制实施过程中出现传递失灵；产教融合环境不好等[3]。另有研究对产教融合系统在环境适应、目标达成、资源整合和模式维护四个维度的功能指向进行了阐述，指出其存在人才培养与需求不匹配、产教融合稳定性不足、资源整合不足和产教融合环

---

[1] 谢笑珍. "产教融合"机理及其机制设计路径研究[J]. 高等工程教育研究, 2019（5）: 81-87.
[2] 白逸仙, 王华, 王珺. 我国产教融合改革的现状、问题与对策[J]. 中国高教研究, 2022（9）: 88-94.
[3] 李鹏. 职业教育产教融合制度化：新尺度、新挑战与新方向[J]. 南京师大学报（社会科学版）, 2022（6）: 24-33.

境营造欠缺等功能层面的问题[①]。此外，政府在产教融合中扮演着重要的角色——这是我国教育治理体制的必然反映，因而治理制度问题是困扰产教融合实施效率的重要因素。对此，有学者指出当前我国职业教育产教融合的治理陷入"管办评"关系不清及中间性组织作用淡化的困境[②]。

产教融合实施中存在的一系列问题成为制约教育发展新范式的落实与效能目标实现的因素，而产教融合实施面临困境，有诸多原因。例如，有研究认为产教融合体系包含着各主体间的不同委托代理关系，而主体间的信息不对称及其道德风险、多主体围绕产教融合的效用目标不完全一致导致各主体间存在各种主客观的隔阂[②]，从而影响产教双方融合发展。也有研究认为，产教融合的实现基础是互信机制，如果缺乏互信机制的合作基础，产教融合犹如沙滩上的大厦，难以稳固和持久[③]。还有研究认为，产教融合各主体过度强调经济效益，工具理性突出，却忽略了对人的关注，价值理性薄弱，而且在权力结构上、在政府管理过程中缺乏对教育界和产业界利益诉求的观照，缺乏协同治理[④]。总之，价值导向、治理体制、产教双方的立场、融合机制、合作能力等方面存在的问题阻碍着产教融合的有序推进，这可作为产教融合制度改革和模式优化的出发点。

（三）关于产教融合的实施机制的研究

理念、理论须向实践转化才能产生实质意义，产教融合作用的发挥要求建立相应的实施机制，因而产教融合的实施机制是重要的研究议题。学界主要从动力机制和运行机制两方面进行探索。陈岳堂以湖南工程学院新工科建设过程中产教融合实践为例，提出政、校、企三维协同，教育链、人才链与产业链、创新链四链融通的产教融合机制，建立地方高校产教融合政策激励、运行保障、师资队伍建设、教学质量保障与评价等机制，构建新工科背景下卓越工程技术人才培养体系和共建共享型校企协同育人实践创新服务平台[⑤]。谢笑珍从系统论与整体论视角，运用多学科理论，从三个层面设计产教融合机制，即宏观层面的国家产业系统与高等教育系统间的融合机制设计，中观层面的区域产业集群与区域学科集群之间的融合机制设计，微观层面的产教融合集成创新的高等教育机制

---

① 董维春，刘芳，刘晓光. 基于结构功能模型的高校产教融合问题与对策研究 [J]. 中国大学教学，2022（7）：74-80.
② 张建云，缪朝东. 委托-代理视角下的职业院校产教融合实体治理：逻辑、困境与策略 [J]. 国家教育行政学院学报，2021（4）：41-47.
③ 顾菊平，堵俊，华亮，等. 高等工程教育产教融合互信机制研究 [J]. 高等工程教育研究，2021（2）：94-98.
④ 沈洁，徐守坤，谢雯. 我国高等教育产教融合政策的逻辑理路、实施困境与路径突破 [J]. 高教探索，2021（7）：11-18.
⑤ 陈岳堂. 产教融合机制的创新与实践 [J]. 中国高等教育，2022（Z1）：25-27.

设计[1]。李梦卿、陈竹萍认为应从资源、制度、文化等维度着力，凝聚政府、学校、行业企业等的力量，发挥政府宏观调控功能，构建产教融合长效机制，建立开放包容的育人体系，开展动态监测和多维评价，促进产教深度融合[2]。雷望红从组织协作角度出发，分析产教融合政策在实践中面临的"校热企冷"问题，组织成本和组织激励成为影响校企有效协作的关键变量，提出政府建立信息共享机制、成本分摊机制、收益协调机制和利益激励机制，以激活企业参与产教融合的积极性[3]。随着现代科技越来越多地应用于教育领域，有学者提出要设计一种开放式的、融合产业资源的面向教育者和培养者的协同云平台，在发挥其"融""管""评"功能的同时，通过云技术进行远程仿真模拟和课程实验，以解决产业性资源不足等问题[4]。

产教融合机制是产与教相互作用、相互影响的实现形式，只有建立长效的融合机制才能使产教融合发挥实质性作用，促进学校教育系统性变革。通过研究可以发现，虽然专家学者的研究视角和推进产教融合的机制存在不同，但是都强调政府、企业和院校等的多方协同是产教融合良好运行的基础。一方面，产教融合实施机制重在协调与协作；另一方面，政府在产教融合体系的构建中发挥着重要作用。实际上，在我国的国家制度与文化背景下，政府通过政策法规和制度等进行合作各方间的协调，对于促进产与教的有效融合发挥着不可或缺的作用。

（四）关于产教融合模式及其构建的研究

由于产教融合在教育与产业发展中的价值不断凸显，人们开始探索建立科学的产教融合模式，以推动产教融合走向系统化、制度化，为其更加充分地发挥作用提供更加优化的条件。产教融合模式的研究视角十分多元。柳友荣等分析了应用型本科院校产教融合模式及其影响因素之间的关系，指出应用型本科院校产教融合模式主要有产教融合研发、产教融合共建、项目牵引、人才培养与交流四种模式，这些模式均受个体内部因素、双方耦合因素及外部环境因素的影响。产教融合需要高校与企业相互融入，实行高校与企业"双主体"的育人模式[5]。还有学者从不同专业视角对融合模式进行了探索，如胡昌送等人从知识生产方式视角进行探索，发现产教融合的实质是一种关注"应用价值"导向、

---

[1] 谢笑珍. "产教融合"机理及其机制设计路径研究 [J]. 高等工程教育研究, 2019（5）: 81-87.
[2] 李梦卿, 陈竹萍. "双高计划"高职院校产教融合的实施维度与推进策略 [J]. 现代教育管理, 2022（1）: 109-118.
[3] 雷望红. 组织协作视角下产教融合实践困境与破解之道 [J]. 高等工程教育研究, 2022（1）: 104-109.
[4] 丁国富, 马术文, 孟祥印, 等. 面向产业的开放式云产教模式探索 [J]. 高等工程教育研究, 2023（1）: 55-61.
[5] 柳友荣, 项桂娥, 王剑程. 应用型本科院校产教融合模式及其影响因素研究 [J]. 中国高教研究, 2015（5）: 64-68.

产教融合的模式与实践研究

多主体协同、开放性和多元化的知识生产制度安排,并提出共同生产知识产品的产品型合作应成为主要的合作方式,从而取代以特定资源获取和依赖关系形成的资源型合作,并从需求融合、组织融合、资源融合和文化融合等方面构建"四位一体"的实践路径[①]。

现代产业学院正成为产教融合的新形式,是以更加规范化和制度化的方式进行相对独立的组织管理,以更加集中的资源来建构产教融合体系,并在更大限度上实现产教融合在人才培养中的基础性、主体性地位。王云儿发现,部分地方高校在与企业的合作过程中形成了"双院制"产教融合模式,即产业学院和专业学院协同发展[②]。"双院制"依据合作双方不同的需求和介入程度,分共建共享型、高校为主型和企业为主型三种基本类型。该模式以办学体制机制创新为突破口,校企共建产业学院,构建产业学院和专业学院融合共生的格局,使专业学院成为产业学院的支撑。在产业学院的建设中,崔彦群等对理想的"双主体"产业学院进行了研究,该类型的产业学院具有校园、研发园、孵化园"三园合一"的办学模式和校企"双主体"运行机制,可以实现校企的互渗互联和"科创孵化链与创新创业人才链"紧密对接,真正实现了从时空、项目到过程的产教融合[③]。总体上,产业学院作为产教融合协同育人的新探索,仍需要在实践基础上进行更加深入的调查研究,以不断优化其组织、制度和功能。

"引教入企"是促进产教深度融合的重要形式,实现了实践教学的真实场景化。易卓从组织社会学视角对"引教入企"的产教融合模式进行了探索,从职业教育产教融合存在的组织间市场关系的结构性困境入手,发现推动产教融合需要组织内部科层关系的适度回归,将职业教育校企合作通过组织嵌入的方式来实现内部运作。工匠学院是产教融合条件下"引教入企"的重要形式,是在企业的主导下整合校企双方优势资源所搭建的综合平台,是探索产教融合的新型模式,有利于激活企业在职业技能人才培养方面的关键作用[④]。而有的职业院校同企业合作建立了工匠学院,即"引企入校",如潍坊工程职业学院与企业合作兴建了"劳模工匠学院"[⑤]。"引企入校"强调的是学校的主体性和主动性,在功能上更加强调专业训练基础上的实践指导。两种工匠学院的办学目的表现出

---

① 胡昌送,张俊平. 高职教育产教融合:本质、模式与路径 [J]. 中国高教研究,2019(4):92-97.
② 王云儿. 产教融合背景下的"双院制"模式 [J]. 高教发展与评估,2019(3):82-87.
③ 崔彦群,应敏,戴炬炬. 产教融合推进应用本科"双主体"产业学院建设 [J]. 中国高校科技,2019(6):66-69.
④ 易卓. 组织社会学视角下"引教入企"的产教融合模式探索 [J]. 高等工程教育研究,2021(5):134-140.
⑤ 青州劳模工匠学院宣传部. 青州劳模工匠学院在我院揭牌成立 [J]. 潍坊工程职业学院学报,2022(4):2.

一定的差异性。

工学结合是长期以来校企合作的重要形式，构成了产教融合的有效实践机制。现代学徒制将是探索完善工学结合模式的重要方向。有学者指出，与传统学徒制相比，现代学徒制的现代性主要体现在其重视人的全面发展和可持续发展方面，兼顾社会需求和人的自我发展需求，而非仅仅关注职业技能训练[1]。有学者强调现代学徒制具有构建共同体的功能，认为现代学徒制作为一种制度安排，有效实现了产与教、校与企、工与学、知与行关系构建的"共同在场"，是职业教育回归本真的路径选择，但共同体的建立要求廓清各个主体间的利益关系[2]。企业显然是实施现代学徒制的关键主体，有企业参与的产教融合下的学徒制有其利益动机所在[3]。进一步研究发现，企业参与现代学徒制的动机对其行为和非货币化收益均有正向的显著影响，但企业参与现代学徒制的行为对非货币化收益无显著影响，行为在动机到非货币化收益上的中介效应也不显著，因此需要增强制度供给，保障企业的收益获得，强化企业的参与主体性[4]。

二、国际上产教融合研究的初步分析

产教融合是我国对于产业界和教育界进行合作的特定称谓。国外对于两者的合作有着不同的界定。尤其是基于不同的国情和教育发展模式、管理模式，中外产教融合的缘起和实施模式有所不同。例如，美国的高等教育从一开始就密切联系社会，具有显著的开放性特征，院校在服务社会中依据产业行业发展的需求来进行办学体系的调整，本身就体现了产教融合的思维。梳理国外的产教融合研究可发现，国外对于产教融合的研究主要集中于职业教育领域，以及继续教育领域，而且国外的产教融合偏重高新技术等重实践能力的专业内容。

在国外，产教融合的缘起同样在于人才培养的需要。对于职业教育的产教融合研究，Elwood F. Holton Ⅲ 等学者（1996）提出职业教育和人力资源开发更紧密地融合的趋势是对新的工作场所和劳动者能力竞争的挑战的积极应对，如果职业教育要在应对保持美国

---

[1] 王振洪，成军. 现代学徒制：高技能人才培养新范式 [J]. 中国高教研究，2012（8）：93-96.
[2] 陶军明，庞学光. 脱域·再嵌入·共同体：现代学徒制的演进与愿景 [J]. 四川师范大学学报（社会科学版），2021（4）：139-146.
[3] 柴草，王志明. 企业参与现代学徒制的影响因素、缺失成因与对策 [J]. 中国高校科技，2020（5）：83-87.
[4] 冉云芳，石伟平. 企业参与现代学徒制：动机、行为与非货币化收益的关系研究 [J]. 华东师范大学学报（教育科学版），2023（1）：98-112.

产教融合的模式与实践研究

劳动力竞争力的巨大挑战中发挥关键作用，就必须通过与人力资源开发部建立更密切的关系来实现[1]。而 Xinming Gu 等学者（2019）认为职业教育发展受限的主要原因是人们对现代职业教育体系建设存在偏见或重视不够，因此必须转变观念（认识到观念的重要性），加强实践教学，提高学生的专业能力和创业能力，并加大对职业教育的投入，使教育资源向职业教育倾斜，同时充分结合企业行业发展现状，更好地培养专业复合型人才[2]。Brian K. Warnick 等学者（2007）认为，随着学生的毕业要求的提高和外部问责压力的增大，人们更加重视将学术科目纳入职业和技术教育，包括农业教育课程。虽然职业和技术教育者因提供过于具体的培训而受到批评，但学术教育者也经常因提供缺乏应用和与现实世界经验联系的教育而受到批评[3]。显然，这也是我国教育长期存在的问题，同时构成了推进实施产教融合的重要缘由。

对于教育机构来说，只有最终转化为课程与教学，产教融合才能发挥实质性意义。以产教融合为指导进行课程开发、课程结构优化、教学改革和教师队伍建设，是产教融合发挥作用的实践过程。Gun-Britt Wärvik 等学者（2018）对瑞典高中教育同职业培训相互促进、共同发展的条件进行了研究，认为教师一直是整合两者的主要中介，尽管教师与实际的工作场所距离较远，但仍有责任以优化整合所需的方式制定综合课程。还要说明的一点是，教师在学校教育和职业化实践的融合中，应从能够制定和促进融合质量的文化和历史背景的角度来发挥作用[4]。Lei Li 等学者（2017）对我国高等教育的产教融合产生了研究兴趣，针对我国高校产教融合过程中存在的实际问题提出应当在本科应用型人才培养课程体系建设中充分融入"产教结合、校企合作"理念，据此进行课堂教学、实验教学改革和课程体系改革，乃至以此为指导进行人才培养模式改革的全过程探索；应当遵循"产教结合、校企合作"原则，促使学生、学校、企业实现三方共赢；要根据

---

[1] HOLTON III E F, TROTT J W. Trends Toward a Closer Integration of Vocational Education and Human Resource Development[J]. Journal of Vocational and Technical Education,1996(2):49-57.

[2] GU X M, LIU Z M, HUANG W S, et al. Research on the Basic Path of the Construction of Modern Vocational Education System Based on Ability Standard[C]. Proceedings of 2019 7th International Education, Economics, Social Science, Arts, Sports and Management Engineering Conference (IEESASM 2019). Clausius Scientific Press, 2019:2947-2950.DOI:10.26914/c.cnkihy.2019.041916.

[3] WARNICK B K, THOMPSON G W. Barriers, Support, and Collaboration: A Comparison of Science and Agriculture Teachers' Perceptions Regarding Integration of Science into the Agricultural Education Curriculum[J]. Journal of Agricultural Education, 2007, 48(1):75-85.

[4] WÄRVIK G B, LINDBERG V. Integration between school and work: Changes and challenges in the Swedish VET 1970-2011[M] Integration of Vocational Education and Training Experiences. Springer, Singapore, 2018: 279-301.

应用型人才培养的目标构建产教融合的教学平台，建设与之相适应的师资队伍[①]。

产教融合不仅在培养应用型人才方面发挥着基本作用，而且对研究型大学发展也发挥着重要作用。研究型大学通过产教融合为促进生产技术进步提供支持。在国际上，学界对产教融合的关注以探讨高新技术发展为重要内容。Anna Kartashova 等学者（2014）对俄罗斯的托木斯克国立大学和托木斯克理工大学两所研究型大学的教育活动进行了研究，提出要以国家研究型大学为基础，新技术开发和科学发展相互促进，满足国家增强竞争力的需求，并在教育、科学研究领域促进国际合作[②]。在我国，产教融合更多被视为职业教育和应用型本科教育的重要形式，对于产教融合促进研究型大学发展的重要意义，或者说对于研究型大学实施产教融合的系统性外部积极效应涉及较少。

从某种意义上说，产教融合是一种新的办学模式，也是一种新的教学体系，包括教学方式方法、教学资源等，但这并不意味着传统教学体系失去了价值。Albina R. Shaidullina 等学者（2015）在研究中指出，有必要在未来工程师的国家培训体系中保持传统方法的连续性，这种方法在设计和实施高级工程教育方面具有深厚的基础，并取得了显著的成功；当今社会，高等教育基于社会发展及其对人才培养的要求，积极探索以问题为导向的新教学方式，从而促进受教育者形成更好的适应能力，以适应经济社会的发展；但在传统教学体系中，高等教育教学大纲的重要目标是培养学生的能力、创新思维和文化素养，而这即便是在问题导向的教学中也是完成创新任务的必要条件，因而高校应在重视产教融合的同时，保持对科学知识的教授，培养学生的科学素养，在教学形式上实施科、教、产结合[③]。2022 年，党的二十大报告提出了产教融合、科教融汇的思想，这意味着科、教、产一体化的必要性及其重大意义。

学校在参与产教融合的过程中进行学科和专业改造是校企双方进行融合发展的重要形式。近些年，新工科等"四新"建设已经构成高校学科建设的主要工程，而高校通过与企业进行合作来强化学科同科技发展、产业升级的契合性，以增强其服务能力，则

[①] LI L, QI J. The feasibility and prospect of university education reform based on the integration of education and industry[C]the 12th International Conference on Computer Science and Education (ICCSE). IEEE,2017: 604-607.

[②] KARTASHOVA A, SHIRKO T, KHOMENKO I, et al. Educational Activity of National Research Universities as a Basis for Integration of Science, Education and Industry in Regional Research and Educational Complexes[J]. Procedia-Social and Behavioral Sciences,2015,214:619-627.

[③] SHAIDULLINA A R, SHEYMARDANOV S F, GANIEVA Y N, et al. the Peculiarities of the Advanced Training of the Future Specialists for the Competitive High-tech Industry in the Process of Integration of Education, Science and Industry[J]. Mediterranean Journal of Social Sciences,2015,6(2).

是学科建设的有效形式。Han Yu Huang（2018）在关于高职院校"新兴商业教育"的研究中提出，其具有新内涵、新技术、新专业、新课程、新人才五个特点，"新兴商业教育"建设应构建产教结合系统，由此提供充分的技术支撑，进而在此基础上合理设置和强化建设专业，优化课程体系，完善人才培养体系[①]。就我国教育尤其是高等教育的学科建设和专业建设而言，强化开放性思维、加强办学体系与国家和地方战略需求的一致性，已经成为整个高等教育体系而非仅职业教育体系的必然选择。

三、产教融合研究的未来向度

产教融合是一个随着产业与教育发展而历久弥新的话题，应以发展的思维和标准进行持续研究。而且，产教融合无法脱离具体环境。换言之，当下我国产教融合的发展和理论认识都需要立足于特殊的经济社会发展阶段，并尊重和依循体制机制、文化传统、教育发展基础等多种因素，开展符合一般规律和特色发展需要的理论研究。

（一）从范式层面上看待产教融合的教育发展功能

无论是从理论和政策的角度来说，还是从实践的角度来说，产教融合都构成了教育改革与发展及学校办学的一种新范式，当然也是产业升级的重要基础。立足于教育学，产教融合作为新范式，其指导思想、主要内涵、内在逻辑及实践机制等均应经过深入思考和建构，在此过程中进一步强化共识（作为产教融合实践探索的认识论基础）。换言之，尽管既有研究对产教融合进行了基本概念的界定，但相对来说，依然缺乏对产教融合更加系统的认识，甚至某些认识缺乏与时俱进。因此，需要从多个维度出发，廓清产教融合的本质和内在规定性，也就是要从范式层面上建构产教融合的认识、价值与实践体系，从而为该主题的研究与实践提供共识性启发。

（二）正视并重视政府在产教融合中的重要作用

在我国探索实施产教融合的过程中，政府扮演着重要的角色，因此政产学研一体化建设是我国教育改革中强化融合发展的重要战略思维，这是由我国的教育管理体制、教育发展的历史和基础、普遍的传统和认知习惯等多重因素决定的。因此，充分认识政府及其产教融合治理逻辑对于我国产教融合的探索来说是必不可少的。目前，尽管相关研

---

① HUANG H Y. Construction of emerging business education in vocational colleges from the perspective of integration between industry and education[J]. Ecological Economy,2018,(3).

究给予政府角色较多关注,但仍有待进一步深入探析,主要是就政府在产教融合中的角色与职能进行更加科学和务实的设计,以充分发挥政府促进产教融合发展的作用。因此,应重视梳理产教融合政策的演变,从而深化对政府在产教融合发展中的角色、职能的认识。这样可为系统深入地探索产教融合的理论与实践提供重要视角,同时也有助于从政府的立场出发进行产教融合体系的设计与建构。

(三)在认识论上强化产教融合重要价值的共识

诸多研究表明,产教融合在实施过程中存在一系列问题,除了双方在发展目标、行业或组织属性、运行与管理模式等方面的客观差异导致双方存在壁垒,产教融合作为新发展动力机制,以及一种新的发展范式,其重要价值还需要获得更多的认同。这是产教融合从理念转向制度设计,进而转化为教育实践和产业实践的重要前提。在一定程度上,产教融合尚未得到更加广泛和深入的实践,与价值共识的缺失是有关系的。因此,产教融合既需要在政策层面上由政府通过体制力量进行推进,也需要在理论上获得确证,并能够适当满足当下经济社会发展的现实需求。可见,从理论和现实两个维度来论证产教融合的必要性、紧迫性及其作为新范式的先进性、可行性十分重要。

(四)在实践论上强化产教融合的问题诊断研究

产教融合是一个概念,甚至可能逐渐发展为一种理论乃至理论体系,更是一个实践过程、一种实践机制或实践方式,因此,关注产教融合在教育和产业发展中的运行状况,做出科学的诊断和评价,尤其是依托具体生产和管理情境去发现其存在的问题或缺陷,进而进行改进、完善,是对产教融合研究和探索、优化其实践模式的根本方向。但现有研究在很大程度上脱离了真实情境,理念探讨居多,比如一些实证性研究仅仅是将丰富的、复杂的实践简化为有限的数字指标;局部研究较多,系统性、全局性研究较少,基于更多数据的统计研究、发展研究也有待加强。因此,未来有待强化对基于真实情境的产教融合的研究,加强对数据信息的收集和发掘,增强研究的系统性,以提高研究的针对性和服务性。

第二节　产教融合的多维阐释

顾名思义,产教融合是产业与教育进行合作的一种形式,即在产业、教育作为核心或直接利益相关主体及其他相关主体的参与下,采取一致行动,实现在人才、技术和服务等方面的共同发展。但作为当前国家人才战略、教育发展战略、产业发展战略的重要组成部分,产教融合又不仅仅是产教双方在一般意义上的合作,更不是简单的校企合作,而是具有更为复杂的社会功能,在组织结构、运行方式和治理模式上反映出更为复杂的逻辑。也就是说,在当前的产教融合环境下,需要对"产""教"及两者间的"合作"加深认识,建立起科学而符合现实情况的产教融合观,这是构建产教融合发展与治理体系、提高产教融合效益的重要前提。

一、产教融合是一个具有自身逻辑和结构的生态系统

在产教融合中,"产"既指产业或产业界,又包含着产业的供给侧与需求侧,产业的供需两侧又是复杂而多元的,并具有自身的逻辑和需求,表现为产业和产业机构的独立性;"教"是指教育或教育界,意味着教育或具有教育生产功能的教育机构在供需两侧的结构性、多元性和规律性(显然,教育及学校亦自有其独特的规律性要求)。概言之,产教融合首先不应该是完全在外部力量的驱动下机械地衔接、结合,而应该是在尊重各自立场、需求和规律的条件下实现两者的有机耦合,产教融合最终应是产教双方基于内在需求而共建的发展形式。同时,产教融合的功能不是单一的,而是包括了人才培养、技术研发、人力资源培训、文化建设等功能的。2017年12月,国务院办公厅印发的《关于深化产教融合的若干意见》指出,深化产教融合,促进教育链、人才链与产业链、创新链有机衔接,是当前推进人力资源供给侧结构性改革的迫切要求,对新形势下全面提高教育质量、扩大就业创业、推进经济转型升级、培育经济发展新动能具有重要意义。也因此,当各具独立性和逻辑要求的产教双方以融合为基础共同服务于统一目标时,产教双方的关系必然是多元交互的,而不是单一、单向的,也不是狭隘的或本位主义的,或者说,合作各方以产教融合为形式形成了一个系统,在超越各自利益需求的统一目标之下有着结构性、生态性的逻辑要求。现实中,产教双方往往过多强调自身立场和需求[①]。管理者则往往忽视产教融合体作为一个新的统一体的生态性要求,从某单一主体的立场和需求出发,通过政策、财政等方式"撮合"双方,但由于缺乏共同的价值基础,导致产教双方"合"而不"融"。

---

① 庄西真. 产教融合的内在矛盾与解决策略 [J]. 中国高教研究, 2018 (9): 81-86.

二、在理想状态下产教融合是一个价值共同体和命运共同体

"融合"并不是一般意义上的合作，更不是简单机械的对接，而是在组织、结构与功能上互为条件、彼此依赖和促进，并以此实现共存、共生、共进的目标，且在相互调适中建立起了共同的价值取向和未来发展愿景，因而是深度合作和高质量发展，也就构成了产教融合共同体[①]。

产教融合共同体具有三重主要含义：首先是在专业或业务上的共同体，基于协约而建，目标在于尽到双方约定的职责；其次是价值共同体，利益相关主体应在发展取向上遵循共同的价值观（共同的价值观是建立有效合作的内在力量），将合作实现共同目标作为双方的使命（基于双方内在的自觉性与主动性）；最后是合作者要构成彼此成就的命运共同体，在未来发展上相互支持、相互成就、共生共荣，这是双方成为真正意义上的共同体，进而深度协同的现实基础。当然，产教融合发展具有阶段性，不同阶段有着不同的发展和治理要求，因而在相当长的时期内，这种生态型的共同体关系是产教融合发展的一个理想目标，在产教融合尚处于早期初步发展阶段的当下依旧需要有效的外部干预。但从管理或治理的角度看，产教融合共同体是各治理主体应共同遵循的治理原则和追求的治理目标，否则长期以来存在于产教融合发展过程中的产、教"两张皮"问题就难以解决，遑论产教融合高质量发展。在实践中，无论是校企合作、校地合作，还是产教融合，之所以产、教"两张皮"，首要原因是双方的合作缺乏共同基础，无法形成功能上的耦合，但更重要的原因是未能从战略高度及未来长效发展的角度来认识融合的意义，而在相关政策和体制缺乏有效激励和引导的情况下就出现了合作上的壁垒。

三、产教融合是多元利益相关主体共同参与建构的过程

产教融合的直接利益相关主体是产教双方，但产教融合要实现深度合作、有效合作，就需要更加多元的相关主体的介入。政府需要在产教融合尚存在诸多限制性因素的条件下发挥协调作用，要通过政策、法规、制度等对产教双方进行必要的引导和规制，甚至通过行政方式进行局部的干预，这是在产教融合发展初期不可缺少的治理形式，也是长期以来政产学研一体化发展战略强调政府角色、政府职责的原因所在。2019年4月3日，国家发展改革委、教育部发布了《建设产教融合型企业实施办法（试行）》，其中就明确

---

① 张晞，张根华，钱斌，等. 行业学院模式的产教融合共同体——以常熟理工学院光伏科技学院为例[J]. 高等工程教育研究，2021（5）：128-133.

提出要"政府引导",包括由政府给予企业以"金融+财政+土地+信用"的组合式激励,以及按规定落实相关税收政策等。这是当前引导企业积极参与产教融合的有力手段。此外,行业协会、专业学会、第三方评价机构等作为现代社会的重要力量,在促进产教融合方面也发挥着不可忽视的作用。行业协会往往对行业内各企事业单位有着较大的号召力,尤其是通过制定行业规则的形式影响着行业的发展;专业学会常常作为企业与教育机构、研发机构之间的中介组织,通过构建交流平台、提供信息和专业咨询等形式,促进各领域的沟通合作;在当下,第三方评价机构通过研制评估指标、发布评级信息等形式,也会对产教融合产生较大影响,构成产教融合发展的关键利益相关者。当然,产教双方依然是直接利益相关者及实际的生产者,最终决定着产教融合的成效。因此,就未来发展而言,产教融合的根本动力来自产教融合直接利益相关主体(产教双方)的内在需求及其主动性。

四、产教融合是现代教育发展与治理的新范式

从教育的视角,产教融合之"教"在范畴上是宽广而多元的,职业教育与普通教育、学历教育与非学历教育等学校都应以不同形式参与产教融合。从某种程度上说,产教融合是一种现代教育发展与管理的新范式。在传统的教育理论与实践框架下,校企合作、产教融合都是职业教育的独特发展模式,但无论是国家政策导向还是理论认识,产教融合都是当前教育发展的普遍形式,并且是未来教育发展与管理的战略重心,普通高等教育亦需要强化产与教的合作相融。在基础教育领域,高中教育在长期的实践中也在积极探索引入与开发职业课程,培养学生的综合实践能力、职业选择能力和发展意识等。党的二十大报告中所提出的"职普融通"更加明确了这一点。以普通高等教育为例,不仅以培养应用型人才和实施应用型研发为基本定位的应用型高校、依托产业开展特定领域人才培养和科研的行业型院校要主动探索实施产教融合,研究型大学也有实施产教融合的必要性,这是新知识生产模式演变的必然要求。研究型大学不再是传统的知识生产模式下从事纯粹学问研究、远离产业与服务的象牙塔。研究型大学必须建立创业型大思想[①],以国家和地方战略需求、科技与产业革命需求为依据组织知识生产,因而必须通过产教融合来寻求知识生产的动力及资源。同时,在此情境下,应用型高校、研究型大学向创业组织转型,是适应知识经济社会发展、国家与地方战略要求的必要向度,这也要求研究型大学积极介入产教融合,根据社会需要来提供技术产品和服务。只不过,在不同

---

① 王建华. 创新创业与大学范式革命 [J]. 高等教育研究, 2020(2): 9-16.

类型的教育或不同类型、层次的高校之间，产教融合的内容与形式有所不同，正如在高校分类发展中不同类型高校的办学定位有所不同一样，这是由其在知识链、价值链中所处的位置和所具备的功能不同所决定的。总之，对于整个高等教育系统而言，产教融合成了一种范式，高校的人才培养、科学研究和社会服务等都将以不同形式，不同程度地反映产教融合的逻辑和特征。

五、产教融合的战略重心最终表现为提高协同育人质量

产教融合的功能和使命是多元的，要实现人才培养、技术开发、成果转化等多重目标。从国家角度，之所以说产教融合是构成宏观战略体系的重要内容，是因为产教融合作为一种有效发展机制承载着为现代化建设提供智力支持的责任。概言之，产教融合是一个生产与功能系统。但在诸多使命或职能中，产教融合的根本在于构建一种新的人才培养模式，即构建产业和教育协同育人体系，其目标在于培养具有综合素养的人[①]，改善传统培养模式仅仅关注知识增长而忽视培养学生的实践能力、职业意识和初步职业能力的不足。尤其是对于高等教育而言，应通过产教融合来培养复合型人才和创新创业型人才，以解决传统人才培养与社会需求之间脱节的矛盾。正如《关于深化产教融合的若干意见》中所强调的，要"逐步提高行业企业参与办学程度，健全多元化办学体制，全面推行校企协同育人，用10年左右时间，教育和产业统筹融合、良性互动的发展格局总体形成，需求导向的人才培养模式健全完善，人才教育供给与产业需求重大结构性矛盾基本解决"。就广义的教育而言，企业自身也具有人才培养的能力和责任，企业通过内部培训、参与社会培训及兴办职业教育等形式进行人才培养，成为教育系统的重要组成部分；但就狭义的教育而言，即从国家教育或人才培养体制的角度来说，学校教育是国家人才培养的主渠道。因此，产教融合战略的重心在于整合不同性质的教育资源，且以高校育人为主，提高协同育人质量。高校应主动探索有效的产教融合机制，在课程建设、教材研发、师资培养、教学改革、实践实训等环节汲取来自产业的资源和智慧，培养具有社会适应能力的人才。在此过程中，尽管企业依据政策导向具有参与高校育人工作的责任，但高校如何积极主动并富有创造性地建立与企业间的合作关系，尤其是针对企业需求提供切实有效的智力服务，在很大程度上决定着协同育人的成效。

总之，产教融合已经成为当代教育发展、学校发展的一种新范式。范式是包含了发

---

① 张婷婷，李冲. 关系与路径：产教融合培养卓越工程师的行动逻辑研究[J]. 中国高教研究，2023（5）：48-54.

展理念、基础哲学、思维与方法论及具体行动路线等在内的总体。产教融合作为一种新范式则意味着当代教育发展及学校发展必须始终贯彻产教融合。产教融合作为一种哲学，作为一种理念，作为一种制度，作为一种原则，作为一种具体路径，在整体上决定着教育发展、学校发展的方向和成效，因此各利益相关主体要形成对产教融合的科学认识，据此构建产教融合的理论与实践体系，提高教育发展和教育治理的实践效能。

第三节　产教融合与教育高质量发展

产教融合能够成为国家层面的政策或制度设计，能够成为产业与教育共同投入的发展和实践机制，并成为普遍的共识，就意味着产教融合有着充分的合法性基础，符合作为一种社会存在的客观规律性要求，在实践上具有充分必要性，尤其是契合了生产力和生产关系的发展需求，并有着可靠的理论基础。从根本上说，产教融合源自实践发展的需要，并在探索实践中不断完善。但科学的政策、制度设计及实践中的动议常常基于反映客观规律和人的创造性发展理念而被提出来，是经得起有形及无形的研究和论证的，是有着相应的理论基础的。产教融合得到了论证，呼应了人们关于教育与产业共同发展的理论认识，这也是产教融合得以推行并取得预期效果的必要认识论基础。

一、产教融合与教育的实践品性

从根源上讲，教育的产生源自生产实践，教育的直接目的在于服务于人的生产生活。在教育演变为一个独立的社会系统之前，教育同人的生产生活是融于一体的。从这个角度来说，教育的基本社会属性体现在其实践性上。在人类进入阶级社会后，教育逐渐从生产生活中独立出来，成为一小部分人享有的特权。也就是说，教育逐渐脱离了生产实践，成为特权阶层培养未来统治者或贵族的专门活动，以及一小部分人利用闲暇时间探讨纯粹理念问题的活动，直至成为一种专业活动。总体而言，在很长一段历史时期内，教育是远离生产实践的，甚至两者是对立的。但生产力是人类社会发展的根本动力，生产力的发展从根本上推动着教育在属性、目标、组织形式和实施机制等方面的演变，并最终回归生产实践。这主要体现在人类生产的职业化或专门化对人的知识和技能提出了要求，教育面向社会需求培养医生、教师、神学人员等，借以获得存在的基础，包括获得社会信任、社会捐赠，以及神权和政权的特许等。在人类社会发生第一次工业革命后，知识和技术在人类认识世界与改造世界过程中的作用日益突出，教育回应工业生产对劳动者的能力要求，在课程与教学上逐渐强调对技术技能人才的培养。正是基于此，在高等教育领域，英国在进入 19 世纪后出现了新大学运动，即便是以人文古典教育为传统的牛津大学、剑桥大学，也顺应社会生产需求而进行了课程改革①；而在美国，19 世纪 60 年代的赠地学院运动直接导致社会服务成为大学的基本职能。在社会生产和大学演变过程中，民族国家或国家主义是促使教育回归社会、重塑实践品性的重要力量，即教育尤其是高等教育成为实现国家意志的重要工具，因而政府通过国家力量引导高校面向社会生产实施办学。

随着科技与生产的不断发展，教育的社会化功能不断强化。尤其是直接面向社会生产的高等教育，因其独特的知识生产功能，与社会生产之间建立起了更加密切的合作关系。应用型高校、行业型高校的建立和发展标志着高等教育的社会属性的不断强化，研究型大学依据国家和地方经济社会发展组织知识生产，提供知识服务，则更加强调了高等教育面向社会生产的实践性。值得注意的是，对于现代高等教育而言，实践性也是其实现自身价值，从而获得生存空间的必要形式。可见，高等教育天生具有实践性要求，高等教育的功能与价值只有在实践中才能得到体现，因而产教融合适应了高等教育的实践品性，体现了其必要性和必然性。对于长期以来脱离社会、疏离于社会生产、闭门办学的高等教育体系来说，积极参与产教融合意味着一个重要的战略选择。

二、产教融合与人的全面发展

教育以促进人的发展为根本目标。马克思主义关于人的发展理论认为，人的发展是全面的、自由的发展，是人的精神和身体、个体性和社会性得到普遍、充分而自由的发展②。这意味着，包括高等教育在内的教育须以马克思主义关于人的发展理论为根本依据，以人的充分而自由的发展为导向来构建人才培养体系，从课程体系建设到教育教学的方式方法及其改革，乃至整个办学体系，都应为人的发展提供充足的空间和契机。在马克思主义关于人的发展理论体系中，劳动与人的关系也是其核心内容之一。恩格斯在 1876 年所写的《劳动在从猿到人转变过程中的作用》中明确提出并全面论证了劳动创造人的原理。他指出劳动"是整个人类生活的第一个基本条件，而且达到这样的程度，以致我们在某种意义上不得不说劳动创造了人本身"。马克思在历史唯物主义创立中实现了

---

① 柳友荣. 英国新大学运动及其对我国应用型本科教育的启示 [J]. 高等教育研究，2011（8）：94-99.
② 陈新夏. 马克思主义人的发展理论形成和发展的文本溯源 [J]. 马克思主义理论学科研究，2020（5）：74-81.

"劳动"范畴的革命性变革，从劳动塑造人、劳动创造历史、劳动实现自由三个层面构建了科学劳动观。劳动创造了人本身，且是人实现发展的根本方式，是马克思主义历史唯物观的基本思想。这意味着，教育要实现促进人的发展的目标，就要为受教育者提供必要的劳动机会，使受教育者在劳动中走向自由和解放。

尽管教育有着与生俱来的实践品性，在当代，教育与社会生产实践间的联系也越来越紧密，高等教育与社会生产之间更是建立起了相互支持、相互促进的关系，但教育作为一个社会系统实现独立后，与实践之间存在着脱节的可能。首先，社会分工从根本上决定了教育与生产领域之间、学校与社会生产部门之间是相对独立的；其次，现代学校教育主要以知识或智力教育为主，生产实践及劳动在教育教学体系中不一定是必要的；再次，特定条件下的教育理念及其制度设计造成了学校教育与生产实践之间的隔阂。总之，由于种种主客观原因，教育体系往往是背离其实践品性的。这就造成了学生发展的失衡——而非全面的、自由的发展。这种情况在我国以智力发展或知识本位为核心特征的应试教育体系中表现得尤为突出。因此，教育要培养优秀人才，就需要建立起制度化、系统化的实践教育教学体系，而产教融合正是满足这一要求的有效形式。因为从协同育人的角度来讲，产教融合的基本作用机制之一就是为学生提供生产实践的机会和劳动的资源。对于学校来说，积极参与产教融合是尊重教育根本属性的必要选择，是为学生提供劳动实践机会的过程，也是改进人才培养模式、提高人才培养质量的重要路径。在高等教育层面，高校更需要强化产教融合作为人才培养的基础，提高协同育人效能。

三、产教融合与知识生产模式的转变

从根本上说，社会生产发展和生产关系变化决定着教育与生产之间的关系，包括学校与社会的关系、学校的知识活动形式，以及学校的组织结构和功能实现机制等。随着社会形态的演变，社会生产越来越依赖于知识和技术，生产需求逐渐改变了学校的课程内容和教学方式。随着创新在生产中所起作用的不断凸显，知识本位教学向能力导向、素养导向的教学转变，贯彻发展素质教育的基本方针成为学校转型的基本方向，无论是普通高等教育还是职业教育都是如此。这里主要从普通高等教育的角度来论述产教融合对于教育转变知识生产模式的要求。

对于高等教育机构来说，其作为以知识生产活动为存在形式的社会组织，知识因素更加深刻地影响着其发展趋势。而知识生产模式的演变正是推动高校改变与社会生产间的关系、调整组织结构与功能结构的关键因素,也是解读产教融合成为当下重要的高等教育发展机制的必要视角。关于知识生产模式,英国学者迈克尔·吉本斯根据知识生产主体的关系互动将当代社会的知识生产方式归纳为两种不同模式:一是以单一学科研究为主的知识生产模式,即知识生产模式Ⅰ;二是利用交叉学科研究的方法,更加强调研究结果的绩效和社会作用的知识生产模式,即知识生产模式Ⅱ。在较长时期内,人类处于知识生产模式Ⅰ时代,其特征表现为学科导向或兴趣导向、学术共同体攻关和学界同行评价等,反映在高校与社会生产的关系上就是高校的知识生产发生于案头之上或实验室中,缺乏对社会需求的关注,与生产和市场脱节。随着社会生产对知识人才和科技的要求不断提高,高校最终转向了社会生产实践,迈入了知识生产模式Ⅱ时代,即"以问题为导向,不同学科或知识领域乃至不同行业之间实施跨界行动,以实现协同创新,并接受来自社会的评估与问责"[1]。知识生产模式不仅影响生产什么知识,还影响知识如何生产、科学知识生产模式的显著转移、知识探索所置身的情境、知识组织的方式、知识的奖励体制、知识的质量监控机制等[2]。知识生产模式转变的背后是社会生产力量的推动,是一种客观的、必然的趋势,因而高校必须适应这种转变,在学科建设、科学研究、人才培养等维度上回应社会发展的需求,与社会化主体联合开展知识生产活动。而产教融合正是高校按照新模式进行知识生产的实践机制。通过产教融合,高校协同企业等主体,围绕经济社会发展中的现实问题开展合作攻关,并接受来自各利益相关者尤其是被服务者的问责,进而据此进行知识生产体系的持续调整。

本章小结

产教融合在政策、理论和实践上正成为一个炙手可热的领域,根源在于其适应了当代教育发展、产业发展乃至整个经济社会发展的客观要求,是推动教育、科技和人才一体化建设的重要力量。这意味着,必须正确认识产教融合的内涵及其内在逻辑,并将其作为深化产教融合理论研究和实践改革探索的认识论、方法论的依据。从现实的角度来说,由于受机制、观念等因素的影响,校企合作、产教合作在实践上存在着一定的障碍,且普通高校缺乏与行业企业进行合作的充分条件,产教融合并未真正形成教育共识。因

---

[1] 龚放. 知识生产模式Ⅱ方兴未艾:建设一流大学切勿错失良机[J]. 江苏高教,2018(9):1-8.
[2] 迈克尔·吉本斯,卡米耶·利摩日,黑尔佳·诺沃茨曼,等. 知识生产的新模式:当代社会科学与研究的动力学[M]. 陈洪捷,沈文钦,等译. 北京:北京大学出版社,2011.

此，从产教融合与教育、产业的内在关联来确证这一新发展范式的合法性有着重要意义。具体来说，教育源自实践，并在实践中实现演进，产教融合适应了教育的实践品性要求，而且对于我国"重名轻实"的传统文化与思维，以及长期以来我国教育坐而论道或重道轻术、重理论轻实践的惯习具有重要的匡正意义；劳动创造了人类，人类在劳动中逐渐走向解放，人的全面自由发展必将通过实践来实现，产教融合有效地弥合了教育中劳动与育人之间的罅隙，为劳动经由教育促进人的发展提供了通道；教育促进了人的发展，教育的本质是有意义的实践，而知识生产活动是教育促进人的发展的实践形式，在知识生产模式与知识形态发展改变的条件下，产教融合适应了这一改变，因而也适应了教育以知识实践为基础促进人的发展的要求。概言之，产教融合适应了教育的本质及其内在逻辑，这是产教融合存在的根本合法性，因此在教育改革与发展过程中应以教育创新发展及其育人的根本目的为导向，主动探索构建产教融合体系，充分发挥产教融合的教育性价值，即促进知识与人的共同发展。

第二章
我国产教融合发展的现实基础与使命

自 2011 年教育部提出促进产教深度合作到 2022 年党的二十大报告进一步明确要推进职普融通、产教融合、科教融汇的"三融",产教融合的理念与政策导向越来越清晰。产教融合成为破解人才供需"两张皮"问题,培养战略人才的重要途径,在促进教育链、人才链与产业链、创新链有机衔接,推进人力资源供给侧结构性改革,以及对新形势下全面提高教育质量、扩大就业创业、推进经济转型升级、培育经济发展新动能所具有的重要意义日益凸显。深化产教融合正在成为国家推动教育优先发展、人才引领发展、产业创新发展、经济高质量发展相互贯通、相互协同、相互促进的战略性举措。当前,从国家到地方,从学校到企业,从教育系统到整个社会,正在形成更加有利于产教融合的基础条件。

第一节 产教融合发展的经济基础

产教融合从实质上看是产教双方基于内在需求而共建的发展形式,战略重心最终体现为提高协同育人的质量,落脚在新时代创新型人才培养的教育活动上。与传统的人才培养模式相比,产教融合育人对育人条件的要求更高,需要更多的人力、物力和财力资源的投入。因此,经济发展水平提升,国家和地方经济实力增强,能够有力地保证学校教育资源的投入，行业企业经济效益的增加，也可为企业深度融入教育提供坚实的物质基础。

一、我国经济发展的总体态势

自改革开放以来，尤其是党的十八大以来，面对复杂的外部环境和艰巨的改革发展任务，我国坚持以习近平新时代中国特色社会主义思想为指导，积极贯彻新发展理念和高质量发展要求，坚持稳中求进工作总基调，持续深化供给侧结构性改革，大力推进新旧动能转换重大工程，保持经济社会平稳健康发展。2010年，我国GDP首次超过日本，跃居世界第二。我国国内生产总值由2012年的53.86万亿元增长到2022年的121万亿元（见图2-1），稳居世界第二，占世界经济总量的比重从11.3%上升到18%左右。尤其是在2020年，我国GDP的年度增长率为2.24%，是全球唯一一个经济正增长的国家。2013—2022年，我国对世界经济增长的平均贡献率超过30%，居世界第一。经济结构调整取得扎实成效，三次产业比重由2012年的9.1%、45.4%、45.5%调整优化为2022年的7.3%、39.9%、52.8%，产业结构呈现出明显的"三二一"结构（见图2-2）。中国制造业增加值占全球比重从22.5%提高到近30%，高技术制造业和装备制造业占规模以上工业增加值比重分别从2012年的9.4%、28%提高到2021年的15.1%和32.4%。脱贫攻坚取得全面胜利，全面建成小康社会取得决定性成就，已经完成了第一个百年奋斗目标，正在向全面建设社会主义现代化国家的第二个百年奋斗目标进发。我国经济增长已由高速增长阶段转向高质量发展阶段。努力推动高质量发展，是当前和今后一个时期内确定的发展思路，也是制定经济政策、实施宏观调控的根本要求。"十四五"时期，我国的发展动能进入转换期，技术发展进入重要变革期，消费金融处于新一轮升级进程中，绿色发展进入关键期，城市化发展进入新阶段，综合研判，"十四五"时期仍然是我国大有可为的重要战略机遇期，经济长期向好的基本面没有改变。

分区域看[①]，2021年我国东部地区生产总值592202亿元，比上年增长8.1%；中部地区生产总值250132亿元，比上年增长8.7%；西部地区生产总值239710亿元，比上年增长7.4%；东北地区生产总值55699亿元，比上年增长6.1%。在同一年度，京津冀地区生产总值96356亿元，比上年增长7.3%；长江经济带地区生产总值530228亿元，比上年

[①] 东部地区是指北京、天津、河北、上海、江苏、浙江、福建、山东、广东和海南10省（市）；中部地区是指山西、安徽、江西、河南、湖北和湖南6省；西部地区是指内蒙古、广西、重庆、四川、贵州、云南、西藏、陕西、甘肃、青海、宁夏和新疆12省（区、市）；东北地区是指辽宁、吉林和黑龙江3省。

增长 8.7%；长江三角洲地区生产总值 276054 亿元，比上年增长 8.4%。粤港澳大湾区建设、黄河流域生态保护和高质量发展等区域重大战略深入实施。①经济发展的数据表明，东部地区、长江三角洲地区、粤港澳大湾区等传统经济发达地区、重大战略实施区域，以及北上广深等一线城市经济基础雄厚，发展潜力巨大，地区和城市发展创新指数高，具备产教融合深入发展的良好物质环境，将成为产教融合发展的引领区和示范区。

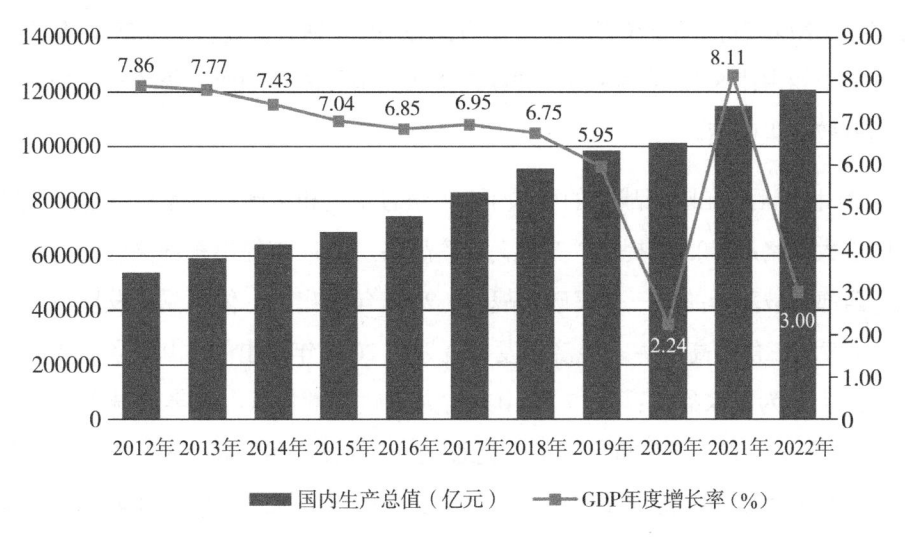

图 2-1　2012—2022 年国内生产总值及其年度增长率②

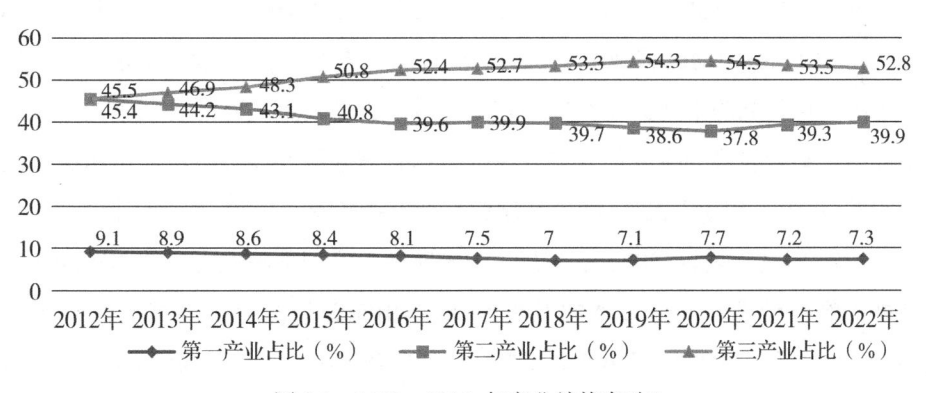

图 2-2　2012—2022 年产业结构变动③

山东省是我国重要的工业基地和北方经济发展的战略支点，其经济结构与全国相似度高，典型示范性强。从第一产业发展来看，山东省历来是我国农业发展的"排头兵"，

---

① 数据来源：国家统计局，《中华人民共和国 2021 年国民经济和社会发展统计公报》。
② 数据来源：据历年《中国统计年鉴》相关数据整理而得。
③ 数据来源：据历年《中国统计年鉴》相关数据整理而得。

夏粮约占我国口粮的四成，2022年粮食总产量1108.8亿斤，突破1100亿斤大关。从第二产业来看，山东省是我国完整具有41个工业大类的省份，在能源、钢铁、化工、机械制造等重工业领域具有较深积淀与较强优势，包括氧化铝、发动机、大型拖拉机、燃料油、液化石油气等在内的18个产品产量排名全国第一。自党的十八大以来，山东省积极进行供给侧结构性改革，加快新旧动能转换，力图实现产业结构转型升级。根据山东省政府数据，2020年石化行业在工业营收中占比20.2%，钢铁行业占比8.2%，有色金属冶炼及压延加工业占比8%。总体来说，传统产能占工业比重达70%，传统支柱产业在山东省内仍具有较高集中度。

进入21世纪后，在国家战略的引领下，山东省制定和实施了一系列促进经济又好又快发展的重大战略：2003年提出"突破菏泽"战略，2004年提出东部突破烟台、中部突破济南、西部突破菏泽的"三个突破"战略；2007年提出"一体两翼"发展战略；2009年提出的《黄河三角洲高效生态经济区发展规划》、2011年提出的《山东半岛蓝色经济区发展规划》上升为国家战略；2017年山东省人民政府批复《山东半岛城市群发展规划（2016—2030年）》，重点从空间、产业、交通、生态、设施和公共服务六个"一体化"着手，构筑山东半岛城市群协同发展格局。系列文件的出台标志着山东规划建设逐步形成龙头带动、多极支撑、良性互动的区域经济发展格局（山东半岛城市群、胶东半岛制造业基地、济南省会城市群经济圈、黄河三角洲高效生态经济区、鲁南经济带）。2018年，国务院批复《山东新旧动能转换综合试验区建设总体方案》，同意设立山东新旧动能转换综合试验区（这是党的十九大后获批的首个区域性国家发展战略综合试验区，也是中国第一个以新旧动能转换为主题的区域发展战略综合试验区）；2022年，山东省人民政府办公厅印发《"十大创新"2022年行动计划》《"十强产业"2022年行动计划》《"十大扩需求"2022年行动计划》；2022年9月，国务院印发《国务院关于支持山东深化新旧动能转换推动绿色低碳高质量发展的意见》，赋予山东建设绿色低碳高质量发展先行区重大使命——这是党中央自提出"双碳"战略以来全国第一个以"绿色低碳高质量发展"为主题的战略布局，为山东省经济发展提供了重大机遇，注入了强劲动力；2022年12月，山东省人民政府办公厅发布《山东省建设绿色低碳高质量发展先行区三年行动计划（2023—2025年）》，提出纵深推进动能转换，构建现代化产业体系。现山东全省常住人口和户籍人口"双过亿"，庞大的市场规模和巨大的消费潜力为扩内需、稳增长、促转型提供了强力支撑。营商环境逐渐改善，市场主体活力不断释放，具有深入开展产教融合、校企合作的良好经济基础。

二、居民的职业教育支付能力

随着城镇化发展水平的进一步提升，居民的收入水平不断提高，教育消费支出有所增加，也就意味着对职业教育有了更强的支付能力。在企业对从业人员的要求显著提高的背景下，以产业数字化升级撬动的新职业教育市场规模及渗透力实现双增长。广义的职业教育市场规模在 2021 年接近万亿级大关，其中扮演重要角色的新职业教育的市场规模超过 8000 亿元，用户规模达到 6.02 亿人。在渗透率不断提高的过程中，相关部门也在推行终身教育理念、产教融合、财务保障等方面提供了利好政策（见图 2-3）。①

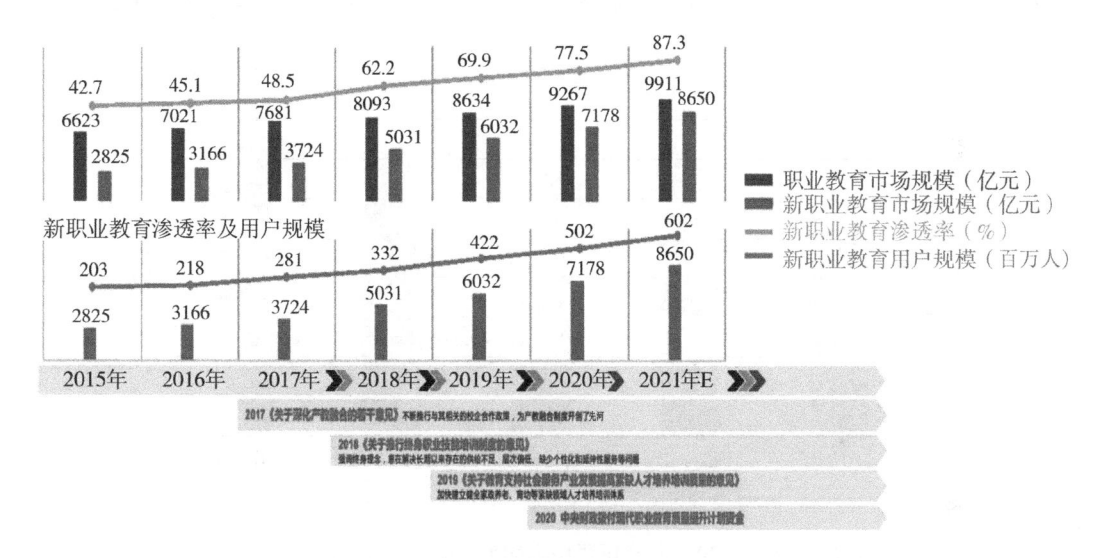

图 2-3　职业教育及新职业教育市场规模

2021 年年末，我国常住人口城镇化率为 64.72%，比 2020 年年末提高 0.83 个百分点。② 2017—2021 年，全国居民人均可支配收入稳步增长。2021 年，全国居民人均可支配收入 35128 元，比 2020 年增长 9.1%，扣除价格因素，实际增长 8.1%（见图 2-4）。全国居民人均可支配收入中位数③29975 元，增长 8.8%。按常住地分，城镇居民人均可支配收入 47412 元，比上年增长 8.2%，扣除价格因素，实际增长 7.1%。城镇居民人均可支配收入中位数 43504 元，比上年增长 7.7%。农村居民人均可支配收入 18931 元，比上年增长 10.5%，扣除价格因素，实际增长 9.7%。农村居民人均可支配收入中位数 16902 元，

---

① 创业邦研究中心：《2022 中国职业教育行业洞察报告》。
② 根据第七次全国人口普查结果，对 2017—2019 年年末常住人口城镇化率数据进行了修订。
③ 人均可支配收入中位数是指将所有调查户按人均可支配收入水平从低到高（或从高到低）的顺序排列，处于中间位置调查户的人均可支配收入。

增长11.2%。

2017—2021年，全国居民人均消费支出除2020年有所下降外，其余各年均有所增长，2021年增至24100元，比2020年增长13.6%，扣除价格因素，实际增长12.6%。其中，教育文化娱乐消费支出也因受特殊情况的影响在2020年有所下降，2021年恢复增长趋势，达到2599元，占居民人均总消费支出的10.8%（见图2-5）。从教育文化娱乐消费支出和占居民人均总消费支出的比例变化趋势可见，居民在教育文化娱乐方面的消费支出在增加，占比却有降低的趋势，这表明居民在教育文化娱乐上的消费能力日趋增强。职业教育市场规模的急速扩大显示出居民对职业教育的需求有所增加，支付能力有所提升。

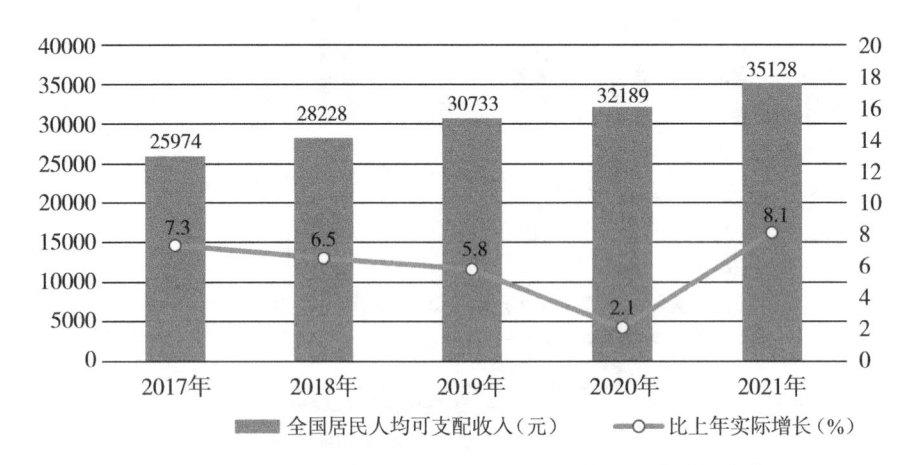

图2-4　2017—2021年全国居民人均可支配收入及其增长速度[①]

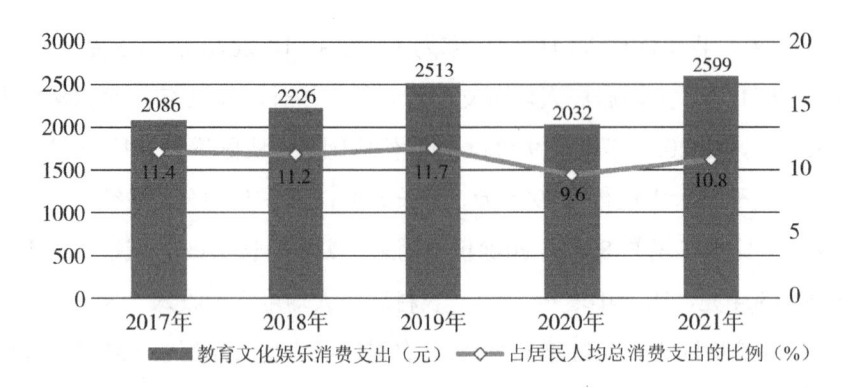

图2-5　2017—2021年全国居民教育文化娱乐消费支出及其占比[②]

[①] 数据来源：国家统计局，《中华人民共和国2021年国民经济和社会发展统计公报》。
[②] 数据来源：国家统计局，《中华人民共和国2021年国民经济和社会发展统计公报》。

第二章 我国产教融合发展的现实基础与使命

山东省 2021 年年末常住人口城镇化率为 63.94%，比 2020 年年末提高 0.89 个百分点。居民人均可支配收入 35705 元，比上年实际增长 8.6%（见图 2-6）。其中，城镇居民人均可支配收入 47066 元，比上年增长 7.6%；农村居民人均可支配收入 20794 元，比上年增长 10.9%。居民人均消费支出 22821 元，比上年增长 9.0%。其中，城镇居民人均消费支出 29314 元，比上年增长 7.4%；农村居民人均消费支出 14299 元，比上年增长 12.9%。[①]

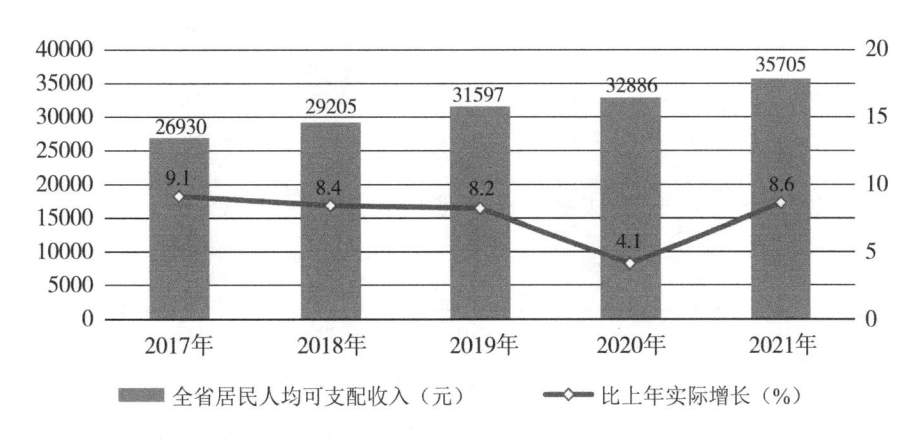

图 2-6 2017—2021 年山东省居民人均可支配收入及其增长速度[②]

第二节　产教融合发展的科技基础

随着新一轮科技革命和产业变革的蓬勃兴起，全球科技创新进入密集活跃期，新经济、新业态不断涌现，国际科技竞争日趋激烈，大国竞争逐渐体现为科技和人才的竞争。党的二十大报告指出：教育、科技、人才是全面建设社会主义现代化国家的基础性、战略性支撑。近年来，我国高度重视科学技术研发和科技人才培养，尤其注重面向国家重大战略需求和产业创新需求，取得了一系列重要的产业技术研发成果，带动了科技人才的培养。

一、科技研发与基础平台建设

2021 年我国全年研究与试验发展（R&D）经费支出 27864 亿元，比上年增长 14.2%（见图 2-7），占国内生产总值的 2.44%，其中基础研究经费为 1696 亿元。国家自然科学

---

① 数据来源：山东省统计局，《2021 年山东省国民经济和社会发展统计公报》。
② 数据来源：国家统计局—地区数据—分省年度数据。

基金共资助 4.87 万个项目。截至 2021 年年末,正在运行的国家重点实验室 533 个,纳入新序列管理的国家工程研究中心 191 个,国家企业技术中心 1636 个,大众创业万众创新示范基地 212 个。国家科技成果转化引导基金累计设立 36 支子基金,资金总规模达 624 亿元。国家级科技企业孵化器①1287 家,国家备案众创空间②2551 家。③

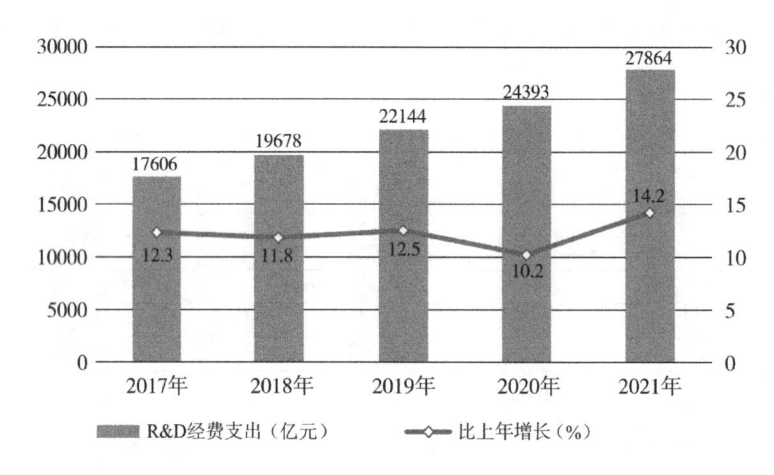

图 2-7　2017—2021 年研究与试验发展经费支出及其增长速度④

二、科技创新能力

2021 年我国全年授予专利权 460.1 万件,比上年增长 26.4%;PCT 专利申请受理量⑤7.3 万件。截至 2021 年年末,有效专利 1542.1 万件,其中境内有效发明专利 270.4 万件。具体情况如表 2-1 所示。每万人口高价值发明专利拥有量⑥7.5 件。2021 年商标注册 773.9 万件,比上年增长 34.3%。2021 年共签订技术合同 67 万项,技术合同成交金额 37294 亿元,比上年增长 32.0%。⑦

---

① 国家级科技企业孵化器是指符合《科技企业孵化器管理办法》规定的,以促进科技成果转化、培育科技企业和企业家精神为宗旨,提供物理空间、共享设施和专业化服务的科技创业服务机构,且经过科技部批准确定的科技企业孵化器。
② 国家备案众创空间是指符合《发展众创空间工作指引》规定的新型创新创业服务平台,且按照《国家众创空间备案暂行规定》,经科技部审核备案的众创空间。
③ 数据来源:国家统计局,《中华人民共和国 2021 年国民经济和社会发展统计公报》。
④ 数据来源:国家统计局,《中华人民共和国 2021 年国民经济和社会发展统计公报》。
⑤ PCT 专利申请受理量是指国家知识产权局作为 PCT 专利申请受理机构受理的 PCT 专利申请数量。PCT（Patent Cooperation Treaty）即专利合作条约,是专利领域的一项国际合作条约。
⑥ 每万人口高价值发明专利拥有量是指每万人口本国居民拥有的经国家知识产权局授权的符合下列任一条件的有效发明专利数量:战略性新兴产业的发明专利,在海外有同族专利权的发明专利,维持年限超过 10 年的发明专利,实现较高质押融资金额的发明专利,获得国家科学技术奖、中国专利奖的发明专利。
⑦ 数据来源:国家统计局,《中华人民共和国 2021 年国民经济和社会发展统计公报》。

第二章　我国产教融合发展的现实基础与使命

表 2-1　2021 年专利授权和有效专利情况

指标	专利数/万件	比上年增长/%
专利授权数	460.1	26.4
其中：境内专利授权	445.1	27.0
其中：发明专利授权	69.6	31.3
其中：境内发明专利授权	57.8	33.2
年末有效专利数	1542.1	26.5
其中：境内有效专利	1429.5	28.6
其中：有效发明专利	359.7	17.6
其中：境内有效发明专利	270.4	22.2

在科技创新成果转化方面，作为创新主体的高校越来越重视科技创新成果的实际应用，将科技创新成果转化为实际生产力的意识不断增强，强调实际应用，解决企业生产中的实际问题，以科技创新赋能产业发展。虽然总体上科技创新成果的转化率比较低，但 2019 年至 2020 年各类高校的技术转让数据（见表 2-2、图 2-8）表明，全国高校技术转让在项目数、金额及转让实际收入方面都有显著增长。2020 年高校技术转让合同数为 19936 项，比 2019 年（13918 项）增长 43.2%；合同金额 113.6 亿元，比 2019 年增长 68.3%。[①]

表 2-2　2019—2020 年各类高校的技术转让情况[②]

内容	企业类型	2019 年	2020 年
合同数/项	国有企业	2453	2568
	外资企业	182	152
	民营企业	10631	16376
	其他	652	840
	合计	13918	19936

---

① 中华人民共和国教育部科学技术司. 2020 年高等学校科技统计资料汇编 [Z]. 北京：高等教育出版社，2021.
② 数据来源：中华人民共和国教育部科学技术司，《2020 年高等学校科技统计资料汇编》；中华人民共和国教育部科学技术与信息化司，《2021 年高等学校科技统计资料汇编》。
其中，前者详细记录了 2019 年 2032 所设有理、工、农、医类教学专业的高校及其附属医院在基础研究、应用研究、试验发展、R&D 成果应用、其他科技服务等科技活动方面的总体状况。后者详细记录了 2020 年 2078 所设有理、工、农、医类教学专业的高校及其附属医院在基础研究、应用研究、试验发展、R&D 成果应用、其他科技服务等科技活动方面的总体状况。

续表

内容	企业类型	2019 年	2020 年
合同金额/千元	国有企业	1403162	1828184
	外资企业	166330	114859
	民营企业	4795225	8378787
	其他	385888	1040342
	合计	6750605	11362172
当年实际收入/千元	国有企业	598432	781372
	外资企业	42012	47056
	民营企业	2099438	3151922
	其他	134691	181396
	合计	2874573	4161746

	国有企业	外资企业	民营企业	其他
合同金额（千元）2019 年	1403162	166330	4795225	385888
合同金额（千元）2020 年	1828184	114859	8378787	1040342
当年实际收入（千元）2019 年	598432	42012	2099438	134691
当年实际收入（千元）2020 年	781372	47056	3151922	181396
合同项数 2019 年（项）	2453	182	10631	652
合同项数 2020 年（项）	2568	152	16376	840

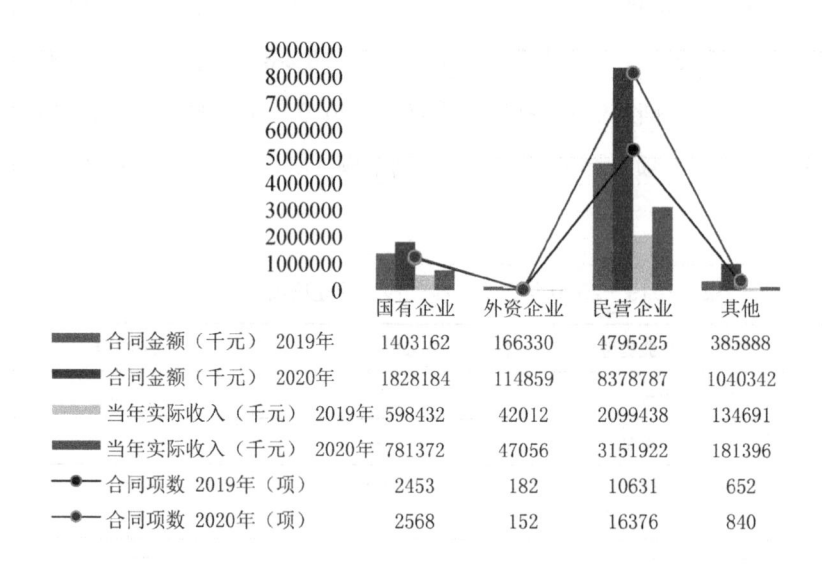

图 2-8 2019—2020 年各类高校的技术转让情况[①]

2021 年，山东省的知识产权创造能力稳步提升，发明专利授权 36345 件，比上年增长 35.9%；PCT 国际专利申请量 3244 件。2021 年年末有效发明专利拥有量 150776 件，比上年增长 21.1%，每万人口有效发明专利量 14.85 件，比上年增加 2.45 件。科技创新

---

① 数据来源：中华人民共和国教育部科学技术司，《2020 年高等学校科技统计资料汇编》；中华人民共和国教育部科学技术与信息化司，《2021 年高等学校科技统计资料汇编》。

第二章 我国产教融合发展的现实基础与使命

平台建设加快推进，建设 6 家省级实验室，省级"政产学研金服用"创新创业共同体发展到 31 家，院士工作站数量达到 444 家。企业创新活力不断迸发，入库科技型中小企业 2.9 万家，居全国第 3 位。人才队伍不断壮大，享受国务院政府特殊津贴专家 3510 人、齐鲁首席技师 1806 人、高技能人才 340 万人、获得"山东惠才卡"人选的 7243 人[①]。海洋科技创新加速起势，累计建成全省技术协同创新中心 124 个、现代产业技术创新中心 156 个。省部共建国家海洋综合试验场（威海）挂牌运行，国家深海基因库、国家深海大数据中心、国家深海标本样品馆、中国海洋工程研究院落户青岛[②]。2021 年，全省大数据、工业互联网等新型基础设施建设扎实推进，建成并开通 5G 基站 10.1 万个，建设省级工业互联网平台 115 个，"上云用云"企业超过 35 万家[③]。

2017—2020 年山东省规模以上工业企业研究与试验发展活动情况和所有专利申请情况分别如表 2-3 和表 2-4 所示。

表 2-3　2017—2020 年山东省规模以上工业企业研究与试验发展活动情况表[④]

指标	2017 年	2018 年	2019 年	2020 年
R&D 人员全时当量/人年	239170	236515	198205	255281
R&D 经费/万元	15636785	14184975	12109485	13656187
R&D 项目数/项	43666	46625	45250	63062
新产品项目数/项	38273	40440	44196	59946
开发新产品经费/万元	13834842	11608192	10566243	12580017
新产品销售收入/万元	181263978	152465038	134800845	170810782
新产品出口销售收入/万元	23328451	19738909	16575057	18812431
专利申请数/件	55881	60928	57339	78928
发明专利申请数/件	28448	31329	21948	27413
有效发明专利数/件	56076	63496	67896	78926

---

① 数据来源：山东省统计局，《2021 年山东省国民经济和社会发展统计公报》。
② 数据来源：山东省统计局，《2021 年山东省国民经济和社会发展统计公报》。
③ 数据来源：山东省统计局，《2021 年山东省国民经济和社会发展统计公报》。
④ 数据来源：山东省统计局，《2021 年山东省国民经济和社会发展统计公报》。

产教融合的模式与实践研究

表 2-4 2017—2020 年山东省所有专利申请情况表①

单位：项

指标	2017年	2018年	2019年	2020年
国内专利申请受理量	204859	231585	263211	337280
国内发明专利申请受理量	67772	72764	69350	74420
国内实用新型专利申请受理量	118252	135461	166858	233626
国内外观设计专利申请受理量	18835	23360	27003	29234
国内专利申请授权量	100522	132382	146481	238778
国内发明专利申请授权量	19090	20338	20652	26745
国内实用新型专利申请授权量	67005	94249	106429	184564
国内外观设计专利申请授权量	14427	17795	19400	27469

从高校技术转让情况看（见图 2-9、图 2-10、图 2-11），山东省高校的技术转让合同数、技术转让合同金额，以及技术转让当年实际收入在 2020 年均实现了飞跃式发展，其中技术转让合同数从 2019 年的 559 项增至 2020 年的 967 项，增长了 73%；合同金额从 2019 年的 2.1 亿元增至 2020 年的 4.7 亿元，增长了 124%；技术转让当年实际收入从 2019 年的 1.8 亿元增至 2020 年的 3.4 亿元，增长了 93.9%。这些都显示出山东以科技助力产业发展的蓬勃趋势。但与国内先进省市相比，山东省在产业链、技术链、科技链、人才链融合发展方面的基础较弱，有很大的上升空间。

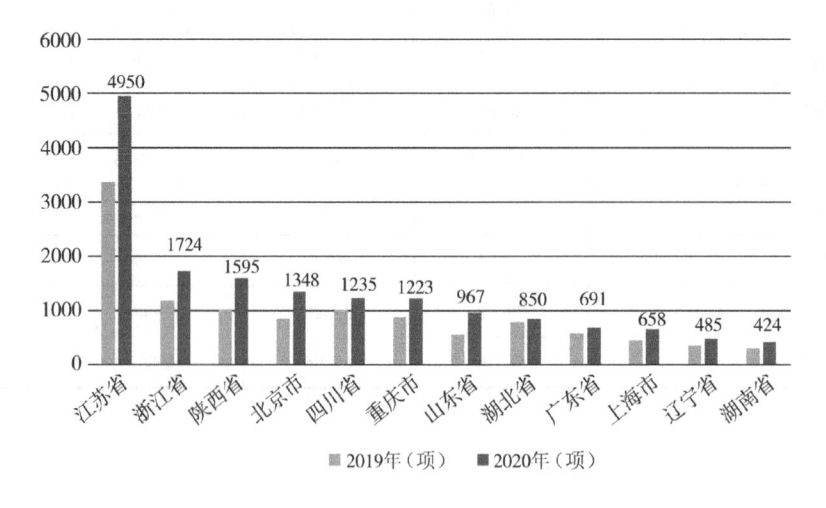

图 2-9 2019—2020 年部分省市高校技术转让合同数②

---

① 数据来源：山东省统计局，《2021 年山东省国民经济和社会发展统计公报》。
② 中华人民共和国教育部科学技术司. 2020 年高等学校科技统计资料汇编［Z］. 北京：高等教育出版社，2021.
中华人民共和国教育部科学技术与信息化司. 2021 年高等学校科技统计资料汇编［Z］. 北京：高等教育出版社，2022.

第二章 我国产教融合发展的现实基础与使命

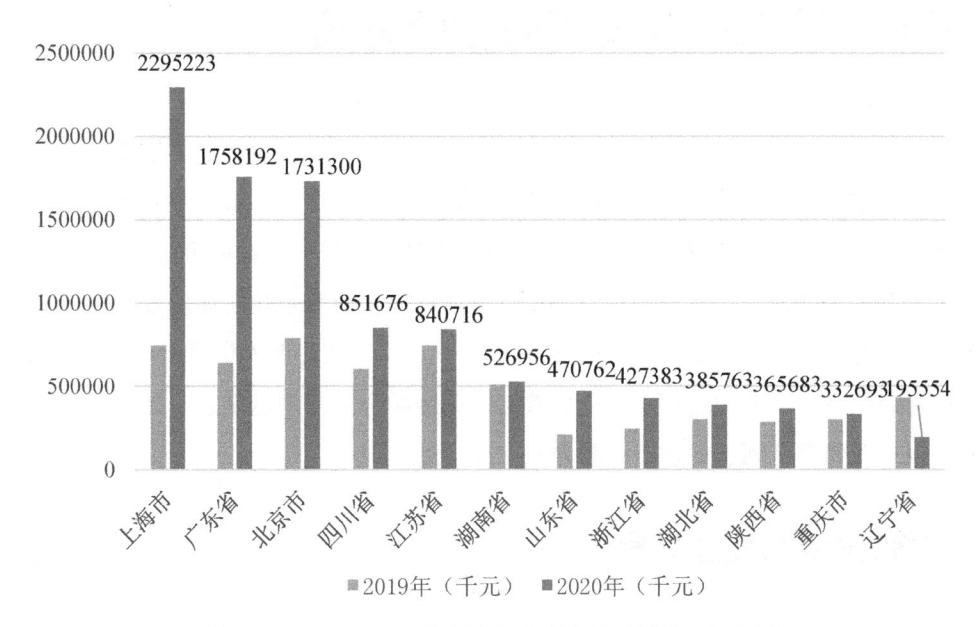

图 2-10 2019—2020 年部分省市高校技术转让合同金额[1]

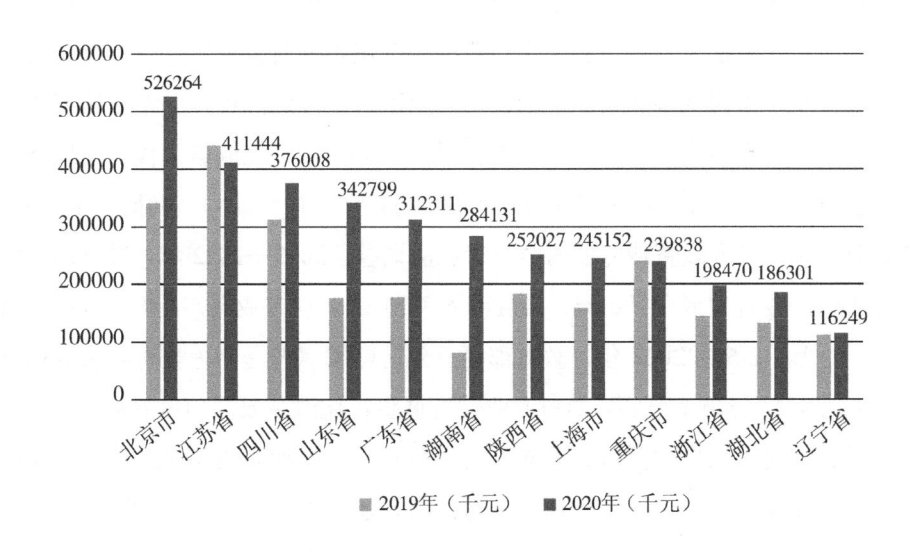

图 2-11 2019—2020 年部分省市高校技术转让当年实际收入[2]

---

[1] 中华人民共和国教育部科学技术司. 2020 年高等学校科技统计资料汇编 [Z]. 北京：高等教育出版社，2021.
中华人民共和国教育部科学技术与信息化司. 2021 年高等学校科技统计资料汇编 [Z]. 北京：高等教育出版社，2022.
[2] 中华人民共和国教育部科学技术司. 2020 年高等学校科技统计资料汇编 [Z]. 北京：高等教育出版社，2021.
中华人民共和国教育部科学技术与信息化司. 2021 年高等学校科技统计资料汇编 [Z]. 北京：高等教育出版社，2022.

第三节　产教融合发展的教育基础

依据马丁·特罗的预警，当高等教育发展进入普及化阶段后，除了规模不断扩大，管理模式、组织机构与制度、学生群体特征、发展环境乃至存在形式等方面也会发生重大变化。产教融合水平不断提升是在各国高等教育普及化发展进程中都可观察到的现象。2019 年，我国高等教育毛入学率超过 50%，进入高等教育普及化发展阶段；2021 年，我国各种形式的高等教育在学总规模达到 4430 万人，高等教育毛入学率上升至 57.8%。在高等教育规模不断扩大的进程中，产、教走向深度融合的需求越来越凸显，高等教育改革发展也日益朝着有利于促进产教融合的方向前进。

一、社会需求与专业调整

我国高等教育在过去的十年发展迅速，但也面临着一些问题，如部分高校的专业设置过多、重复，人才培养与市场需求匹配度不高。自党的十八大以来，中国特色社会主义进入了新时代；党的十九大报告指出，我国经济进入高质量发展阶段；在党的二十大以后，我国开启了中国式现代化新征程。与此相适应，普通高校本科专业调整优化速度加快，以新一代信息技术、高端装备、新材料、新能源、绿色低碳为代表的战略性新兴产业加快培育发展；传统产业转型升级，对人才的知识结构和能力结构提出了新的要求，要求对原有的本科专业设置或专业内容进行相应调整。2013—2022 年，教育部每年颁布普通高校本科专业备案或审批结果，共撤销了 3631 个本科专业布点，新增专业布点数达到 3258 个（见表 2-5）。2023 年，教育部等五部门印发《普通高等教育学科专业设置调整优化改革方案》。该方案强调，学科专业设置调整优化改革要面向世界科技前沿、面向经济主战场、面向国家重大需求、面向人民生命健康，推动高校积极主动适应经济社会发展需要，深化学科专业供给侧改革，全面提高人才自主培养质量，建设高质量高等教育体系。可见，以需求为导向的专业调整已成为一种常态，本科专业建设与经济社会发展需求联系日益紧密。

表 2-5　2013—2022 年全国普通高校新增专业布点数及撤销专业布点数统计情况

年份	新增专业布点数/个	撤销专业布点数/个
2013 年	70	26
2014 年	1681	67

续表

年份	新增专业布点数/个	撤销专业布点数/个
2015 年	112	118
2016 年	226	149
2017 年	206	241
2018 年	241	416
2019 年	181	367
2020 年	177	518
2021 年	188	804
2022 年	176	925
合计	3258	3631

从学科大类方面来看（见表 2-6），2013—2022 年，工学是撤销专业布点数最多的学科大类，十年间共撤销 1093 个布点；管理学共撤销 624 个专业布点；理学共撤销 564 个专业布点；医学、历史学、哲学大类相对稳定，撤销专业布点数较少，分别为 14 个、14 个、6 个。

表 2-6　2013—2022 年按学科大类分的全国普通高校撤销的专业布点数

序号	学科大类	撤销布点数/个
1	工学	1093
2	管理学	624
3	理学	564
4	艺术学	520
5	文学	331
6	教育学	142
7	法学	123
8	经济学	119
9	农学	81
10	医学	14
11	历史学	14
12	哲学	6

以山东省为例，经过十年的专业优化调整，截止到 2023 年 4 月，山东省共有 3761 个本科专业点，其中工学共布设 1346 个专业点，占总专业点数的比例为 35.79%；管理

产教融合的模式与实践研究

学布设 574 个专业点，占比 15.26%；艺术学布设 437 个专业点，占比 11.62%；文学布设 341 个专业点，占比 9.07%；理学布设 309 个专业点，占比 8.22%；医学布设 210 个专业点，占比 5.58%；经济学布设 174 个专业点，占比 4.63%；教育学布设 129 个专业点，占比 3.43%；法学布设 111 个专业点，占比 2.95%；农学布设 98 个专业点，占比 2.61%；历史学布设 26 个专业点，占比 0.69%；哲学布设 6 个专业点，占比 0.16%。全省十年间共撤销 207 个本科专业布点，其中 2022 年撤销数量最多，达到 86 个（见图 2-12）。

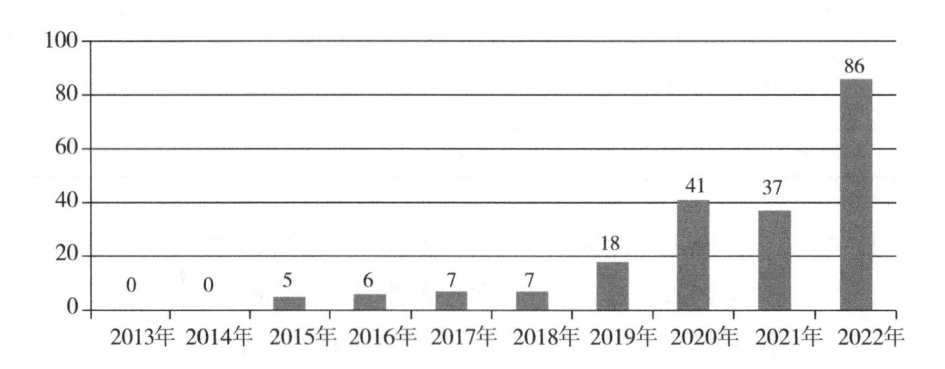

图 2-12 2013—2022 年山东省普通高校撤销专业布点数（个）[①]

2013—2022 年，山东省撤销了部分不再适应本省区域经济发展现实需要的或专业布点数过多的专业。被撤销的专业布点数排名前十的专业共有 11 个（见表 2-7）。其中产品设计专业和电子信息科学与技术专业在 2013—2022 年分别撤销 10 个专业布点，调整后两个专业分别有专业布点 21 个和 16 个。

表 2-7 2013—2022 年山东省被撤销的专业布点数排名前十的专业[②]

单位：个

专业名称	专业代码	学科授予门类	全国撤销的专业布点数	山东省撤销的专业布点数	调整后现有的专业布点数
产品设计	130504	艺术学	78	10	21
电子信息科学与技术	080714T	工学、理学	55	10	16
公共事业管理	120401	管理学	114	9	20
服装与服饰设计	130505	艺术学	92	9	14
信息管理与信息系统	120102	管理学	114	5	29
信息与计算科学	070102	工学	85	5	23
生物技术	071002	工学、理学	50	5	20

---

① 数据来源：根据教育部公布的 2013—2022 年的普通高等学校本科专业备案和审批结果的相关数据整理而得。
② 数据来源：根据教育部公布的 2013—2022 年的普通高等学校本科专业备案和审批结果的相关数据整理而得。

续表

专业名称	专业代码	学科授予门类	全国撤销的专业布点数	山东省撤销的专业布点数	调整后现有的专业布点数
服装设计与工程	081602	艺术学、工学	42	5	6
社会工作	030302	法学	40	5	20
交通运输	081801	工学	26	5	10
朝鲜语	050209	文学	10	5	22

2017—2022 年，山东省新增审批本科专业布点 71 个，对应 34 个本科专业。其中，2017 年新增审批本科专业布点数为 10 个，2020 年新增审批本科专业布点数为 16 个，2021 年、2022 年新增审批本科专业布点数分别为 14 个、10 个，新增审批本科专业趋于稳定。从具体专业来看，会计学新增审批专业布点数为 9 个，位列第一，接下来依次为航空服务艺术与管理（8 个）、网络空间安全（8 个）（见表 2-8）。总体来看，近五年的新增专业布点为山东省新旧动能转换和"十强产业"发展提供了更有力的支撑。

表 2-8　2017—2022 年山东省普通高校新增审批本科专业布点数

序号	专业名称	专业代码	学位授予门类	专业布点数/个
1	会计学	120203K	管理学	9
2	航空服务艺术与管理	130208TK	艺术学	8
3	网络空间安全	080911TK	工学	8
4	工商管理	120201K	管理学	4
5	口腔医学	100301K	医学	3
6	信息安全	080904K	工学	3
7	电子竞技运动与管理	040210TK	教育学	2
8	儿科学	100207TK	医学	2
9	金融学	020301K	经济学	2
10	临床药学	100703TK	理学	2
11	旅游管理	120901K	管理学	2
12	眼视光医学	100204TK	医学	2
13	预防医学	100401K	医学	2
14	中医康复学	100510TK	医学	2
15	保密管理	120106TK	管理学	1
16	保密技术	080914TK	工学	1
17	慈善管理	120418T	管理学	1

续表

序号	专业名称	专业代码	学位授予门类	专业布点数/个
18	放射医学	100206TK	医学	1
19	轨道交通电气与控制	081809T	工学	1
20	国际经济发展合作	020403T	经济学	1
21	精神医学	100205TK	医学	1
22	临床医学	100201K	医学	1
23	麻醉学	100202TK	医学	1
24	马业科学	090305T	农学	1
25	社区矫正	030107TK	法学	1
26	水生动物医学	090604TK	农学	1
27	陶瓷艺术设计	130510TK	艺术学	1
28	体育旅游	040212TK	教育学	1
29	养老服务管理	120414T	管理学	1
30	医学影像学	100203TK	医学	1
31	智能体育工程	040211TK	教育学	1
32	中医骨伤科学	100513TK	医学	1
33	中医学	100501K	医学	1
34	中医养生学	100511TK	医学	1

二、应用型人才培养体系建设

在知识经济时代，知识生产和信息生产与传统的农业、工业生产不同，知识生产和信息生产具有创新性，需要大量接受更高层次教育的、有主动创新意识和能力的人参与知识和信息的生产、分配和使用过程。因此，产教融合育人层次不断向上扩展延伸，从中等技能人才培养到高职专科、职业本科以至研究生层次的高层次专业人才的培养。在这样的时代背景下，我国加大了应用型人才培养体系的建设，除了稳步扩大高职专科、应用型本科层次人才培养规模，还不断扩大专业学位研究生的教育规模，这为我国产教融合水平与层次的不断提升奠定了重要的基础。

我国自1991年起开始实行专业学位研究生教育（非全日制）制度，从2009年开始招收应届本科毕业生全日制攻读硕士专业学位，至2019年，累计授予321.8万人硕士专业学位，累计授予4.8万人博士专业学位；针对行业产业需求设置了47个专业学位类

第二章 我国产教融合发展的现实基础与使命

别,共有硕士专业学位授权点 5996 个,博士专业学位授权点 278 个,基本覆盖了我国主要行业产业,部分专业学位类别实现了与职业资格的紧密衔接。[①]2021 年,我国研究生招生 117.7 万人,专业硕士招生占比超过 60%;同年,硕士专业学位授予人数占比 58%,比 2012 年提高 23 个百分点,博士专业学位授予人数占比从 5.8%增至 9%。[②]2020 年 9 月,国务院学位委员会、教育部印发的《专业学位研究生教育发展方案(2020—2025)》提出,专业学位研究生教育应以产教融合培养为鲜明特征;到 2025 年将硕士专业学位研究生招生规模扩大到硕士研究生招生总规模的三分之二左右,大幅增加博士专业学位研究生招生数量;建成灵活规范、产教融合、优质高效、符合规律的专业学位研究生教育体系。2017—2021 年,我国攻读专业学位的研究生在校生数比攻读学术学位的研究生在校生数明显增加,2021 年我国攻读专业学位研究生在校生数达到 1757033 人,比攻读学术学位研究生在校生数多 181693 人(见图 2-13)。

图 2-13 2017—2021 年攻读学术学位和专业学位的研究生在校生数[③]

我国研究型大学在专业学位研究生培养上进行了丰富的产教融合育人实践活动,为深化产教融合探索新的路径和方向(见表 2-9)。具有传统优势的工科院校率先在卓越工程师的培养上改革创新校企合作育人模式。西安交通大学坚持"资源共享、优势互补、合作双赢、共同发展"的原则,强化校地、校企合作,实现学科交叉、产教融合、协同育人。哈尔滨工业大学提出强化科教、产教深度融合;制定《哈尔滨工业大学加快新时代研究生教育卓越发展行动计划》,强化产教融合育人;成立卓越工程师学院,开创学科

[①] 数据来源:《国务院学位委员会、教育部印发〈专业学位研究生教育发展方案(2020—2025)〉——大幅增招博士专业学位研究生》。

[②] 数据来源:教育部官网,《教育部:专硕学位授予人数占比增至 58% 甲骨文等"冷门绝学"得到传承》。

[③] 数据来源:根据 2017—2021 年《中国教育统计年鉴》数据整理。

交叉和产教融合人才培养新局面。

表 2-9　我国部分研究型大学产教融合培养专业学位研究生情况

学校名称	产教融合平台或举措
西安交通大学	现代产业学院：面向国家重大需求，学科交叉，产教融合
	未来技术学院：瞄准未来科学技术领域，学科交叉，创新融合
	国家储能技术产教融合创新平台：人才培养、技术攻关、产教融合、学科建设
	引进龙头企业，建设产教融合创新联合体
哈尔滨工业大学	卓越工程师学院：构建产教融合协同生态系统，学校端注重学科交叉，各学院共建；企业端强化实践创新，以项目引领；双方协同，致力于培养成效、目标导向
	对外拓展资源，推进产教融合，建立"订单式"的培养体系
西北农林科技大学	涉农专业学位研究生："四链融合、五项衔接、六维贯通"教育模式研究与实践 •四链：价值链、培养链、创新链、产业链 •产学研用递进式衔接 •项目制培养
东北大学	东北大学-华晨宝马联合培养博士生项目，东北大学-东软集团博士生联合培养项目，朝阳东大矿冶研究院，东北大学（沈抚）工业技术研究院、鞍钢东大先进材料工程研究院等
	三观：使命观、职业观、发展观。 使命观：破解对工程技术创新具有关键作用的工程技术难题和对产业发展具有引领作用的产业技术问题； 职业观：培养职业素养与技能人才是最终目标； 发展观：产教融合是重要模式和渠道，应紧密对接行业产业需求，以实际问题为牵引进行联合培养
	五关：导师建设关、课程教学关、专业实践关、学位论文关、职业衔接关

专业学位研究生教育不断扩展的发展过程也是企业逐渐深入参与研究生层次专业人才培养的过程。企业由最初的不愿参与、被动参与、参与显著不足，到参与积极性逐渐提高，与专业学位研究生教育的关系越来越紧密。这反映出高校和企业在培养社会特定职业领域的高层次应用型专门人才方面，对产教融合协同育人的认识越来越趋向一致，认同产教融合是培养具有较高职业素养、较强专业能力和创新精神人才的有效路径。这样就使研究生培养机构和企业，尤其是具有一定规模和发展前瞻性的企业，对产教融合、协同培育高层次专门人才有了更强烈的需求。

实际上，国家也已经将产教融合作为提升专业学位研究生培养质量的重要途径。《专业学位研究生教育发展方案（2020—2025）》中明确规定将产教融合、联合培养基地建设作为硕士专业学位授权点申请基本条件的重要内容；将产教融合和行业协同作为博士专业学位授权点增设的优先条件；深化产教融合专业学位研究生培养模式改革［推进培养单位与行业产业共同制定培养方案，共同开设实践课程，共同编写精品教材。鼓励有条件的行业产业制定专业技术能力标准，推进课程设置与专业技术能力考核的有机衔接。推进设立用人单位"定制化人才培养项目"，将人才培养与用人需求紧密对接。实施"国家产教融合研究生联合培养基地"建设计划，重点依托产教融合型企业和产教融合型城市，大力开展研究生联合培养基地建设。鼓励行业产业、培养单位探索建立产教融合育人联盟，制定标准，交流经验，分享资源。将创新创业教育融入产教融合育人体系，支持有条件的高校在具备较高创新创业潜质的应届本科毕业生中，推荐免试（初试）招收专业学位研究生。支持培养单位联合行业产业探索实施"专业学位+能力拓展"育人模式，使专业学位研究生在获得学历学位的同时，取得相关行业产业从业资质或实践经验，提升职业胜任能力］。

第四节　产教融合发展的使命

党的十九大报告提出，经过长期努力，中国特色社会主义进入了新时代，这是我国发展新的历史方位。进入新时代，产教融合发展的经济、科技、教育基础均发生了深刻变化。2017 年，国务院办公厅印发的《关于深化产教融合的若干意见》指出要深化产教融合；2019 年，国家发展改革委等部门印发《国家产教融合建设试点实施方案》；2022 年，党的二十大报告进一步明确要推进职普融通、产教融合、科教融汇。产教融合迎来发展的新机遇，但新的发展机遇同时也带来了新要求。

一、推动经济转型升级，促进经济可持续发展

现代化既是人类经济社会发展的结果，也是推动经济社会不断进步的根本力量。而在本质上，现代化主要是以知识及技术转化所产生的生产力和生产关系。当然，在知识发展史上的不同阶段，知识的表现形式有所不同。但科学知识无疑在近现代人类生产生活中表现出了无与伦比的优势，并被誉为第一生产力或最有价值的知识。多次工业革命或产业革命都反映着科学技术的进步与推动。从农业生产到机器大生产，到基于电气化、自动化的社会生产，再到主要以知识为基础的信息化生产，直到今天的智能生产，科学与技术已经成为现代生产不可或缺的基础条件。在此过程中，作为科学技术的主要传播

者，显然各级各类学校扮演着不可或缺的角色。而作为科学知识的主要生产者，高校发挥着尤为重要的作用。之所以高校被视作现代社会的轴心机构，正是因为高校的知识生产构成了现代经济社会发展的原动力。从美国"硅谷"高等教育与产业一体化发展到日本及我国的湾区型经济发展，再到法国、德国等纷纷启动一流大学建设计划，都是基于高等教育对经济社会发展的贡献力。

换言之，当代经济社会发展要求教育机构以不同形式提供满足其需求的知识产品和服务。就高等教育而言，一方面，高等教育机构必须同产业、行业机构进行合作，以确保知识生产契合于现实需求，避免产生"产需脱节"的矛盾，比如高校毕业生结构性失业问题就是这一矛盾的集中表现；另一方面，高等教育机构需要通过有效的方式打破闭门办学的局限，实现与合作方的协作生产。在此背景下，产教融合被要求作为一种合作机制和生产实践过程来满足高等教育有效参与社会生产、为现代经济社会发展提供智力支持的需要。

二、打造经济社会发展新模式、新技术、新业态

对于我国经济社会发展而言，产教融合有着更具针对性的时代价值。我国在从农业经济向工业经济、后工业经济及知识经济、智造经济过渡过程中，学习和借鉴发达国家的经验，尤其是通过学习和引进世界先进的科技与工具服务于社会主义现代化建设，是我国各项事业不断进步的基本经验。同时，将教育发展置于整个国家战略体系的重要位置，发挥教育在国家建设中的基础性、先导性、全局性作用，尤其是通过高等教育发展来建设人才强国、科技强国，为现代化建设提供智力支持，是我国的重要发展战略。目前，我国经济社会发展面临着来自国内外的挑战与机遇。对此，我国调整战略措施：一是我国由强调规模和速度的传统发展战略转向以结构和质量为核心的新发展战略，提出了供给侧优化改革的重大方向，在方式方法上强调新旧动能转换，提高发展品质，也就是要在新发展理念下构建新发展格局；二是在国际政治经济环境发生重大变化的背景下，我国制定了"双循环"战略，将发展的基础置于国内市场，强调独立自主发展和创新发展。这种重大战略调整要求教育立足国情加快转型发展，即转向素质教育体系，培养学生的创新意识和能力等核心素养。高等教育直面科技研发和创业人才培养，因此更加需要主动参与和融入新的发展模式中，促进基础科学和关键核心技术从 0 到 1 的突破，为产业升级发展提供有力的科技支撑和人力支撑。

产教融合正是包括高等教育在内的教育系统以服务国家和地方战略需求为导向实施知识传播、知识生产，同产业进行合作以协同攻关重要项目的过程。因此，产教融合作为一种合作机制、一种实践机制，有利于教育有效参与经济社会发展。对于高等教育来说，要实现其独特的知识生产与服务价值，要在服务国家战略需求中发挥专业机构的优势和作用，彰显其作为"国之重器"的社会责任与国家使命，产教融合是其重要的功能和价值实现机制。

三、优化人力资源配置，培养高水平应用创新创业型人才

经济社会发展对教育尤其是高等教育的依赖性越来越强，对于我国来说，在经济发展战略跨入高质量阶段之后，更需要教育通过自身的高质量发展来满足经济高质量发展对智力资源和创新型生产要素的需求。而这又要求教育及时更新课程与教学体系，有效对接产业升级和科技革命。其中，高校的知识生产、创造能力和智力服务能力是经济社会高质量发展的直接支撑，尤需高校充分借力产教融合来增强知识创造能力。但从高等教育与社会生产间的关系来看，前者往往滞后于后者，至于高等教育引领社会发展在多数时候更类似于教育的理想，尤其在那些与社会生产密切相关的学科专业领域，这种滞后性更加明显。对于我国来说，受历史传统和体制机制等因素的影响，高等教育具有较强的封闭性，具体表现为高校缺乏面向社会独立办学的意识和能力，学科建设和专业建设主要依据纯知识的逻辑，而不依据社会生产的需求及其逻辑。重理论而轻实践是我国高校的普遍特征，因而其知识成果及培养的人才在服务社会、适应社会方面存在普遍的局限性。从知识生产模式的角度来说，我国高校在适应知识生产模式转变、由知识生产模式Ⅰ向知识生产模式Ⅱ过渡中存在诸多障碍，这也是我国普通本科高校向应用型高校转型困难的重要原因。

在知识生产模式Ⅱ成为高等教育发展的普遍依据、世界各国高校积极以社会需求为导向实施办学的背景下，我国高校表现出了滞后性。在高等教育内涵式发展时代，尤其是在党的十九大提出推动我国经济迈向高质量发展阶段之后，高质量发展已成为我国各行各业发展的普遍导向。我国高等教育必须积极面向经济社会发展和国家、地方战略需求，重塑知识生产模式，提高知识生产品质和智力服务能力。产教融合是高校适应知识生产模式转变、提高知识生产品质和智力服务能力的重要机制，是从整体上促进我国高等教育实现从内涵式发展走向高质量发展的重要路径。

四、强化协同发展共识，促进高质量发展

教育与经济社会发展是互为条件、共同发展的，协同性是两者实现共同发展的必要条件。在知识经济、信息经济时代，高校发展与产业的发展越来越多地发生在同一时空，时空一致性在更好地避免产教失调问题的同时，还提高了产教融合本身的质量。具体来说，就是在一系列经济社会发展新范式下，产教双方同其他相关主体建立起有机的生态关系，在这个生态系统内，作为核心主体的产业与教育实现了实时、全时、动态、协调的交互与合作。

众所周知，区域创新作为一种重要的区域发展战略和发展模式，其核心思想就是在一定区域内，企业、研究机构及高校等共同建立起系统性新组织，新组织由于各组成要素的优化配置而具备了优秀的创新能力[1]。区域创新系统的本质就是包括高等教育机构和企业等在内的各主体相互促进、相互补充。与区域创新系统具有一致性的还有产业集群发展模式。产业集群是在某一特定领域内互相联系的、在地理位置上集中的公司和机构的集合。其根本特征在于，集群内部的每个个体的目标与整体利益相对一致，个体之间保持稳定而富有成效的协商与合作；在协同创新条件下，成果共享与知识产权保护的关系能够得到妥善处理；产业集群是开放的，它与外部产业结构保持良好关系，从而在更大的价值链上占据有利位置。长三角经济区、粤港澳大湾区、成渝双城经济圈等是国家重大发展战略，都反映着产业集群的思维。在区域创新发展及产业集群发展中，产业界和教育界的互利形式正是产教融合。也可以说，产教融合是区域创新系统和产业集群内核心主体建立有效合作联系的重要中介机制。通过产教融合，产教双方获得了共同发展的生态条件。

本章小结

产教融合在促进教育链、人才链与产业链、创新链有机衔接，推进人力资源供给侧结构性改革，以及对新形势下全面提高教育质量、扩大就业创业、推进经济转型升级、培育经济发展新动能所具有的重要意义日益显著。深化产教融合既是国家、省、市等各层面的政策大力引导的新发展方式，也具备了现实的发展基础。在经济方面，我国经济

---

[1] 顾新. 区域创新系统的内涵与特征[J]. 同济大学学报（社会科学版），2001（6）：32-37.

第二章 我国产教融合发展的现实基础与使命

发展总体态势良好，居民职业教育支付能力大幅提升；在科技方面，科技研发与基础平台建设投入加大，科技创新能力显著增强；在教育方面，学校以需求为导向进行专业调整成为一种常态，应用型人才培养体系也日益完善。产教融合迎来发展的新机遇，但新的发展机遇同时也带来了新要求：产教融合应致力于服务经济社会现代化发展；促进我国高等教育高质量发展；成为我国经济社会发展新模式、新技术、新业态的实施机制，以及产业和高校走向协同发展的关键环节。

第三章

我国产教融合相关政策演进

综合产教融合相关政策的演进来看，产教融合是政策制定者在一定历史时期，为实现特定任务或解决产教融合过程中所产生的问题，助推产与教不同程度的融合而制定的行动准则[①]，包括目标、行动原则、工作方式、步骤及举措等。"深化产教融合、校企合作"原是国家发展新时代职业教育的基本方略，指明了职业教育发展的根本方向，从相关政策及实践来看，无论是其外延还是内涵，都经历了一个长期且不断发展、逐步丰富的历史演进过程。从产教结合、工学结合、校企合作、产教合作等，到产教融合，不同时期的政策对象发生了变化，政策目标不尽相同，政策内容及重点也存在差别。产业发展与教育教学由结合、合作走向融合，而产教融合政策在不同的历史时期也体现出不同的内涵及所指。梳理分析我国产教融合政策，有助于厘清产与教之间的逻辑关系，对于不断完善新时代产教融合政策及建立长效机制有较大价值，对于更清晰地规划下一步发展也具有现实意义。本章内容依据政策文本关于产教融合的相关内容表述及标志性文件、职业教育等的发展转变，分阶段对改革开放以来的产教融合相关政策从政策概况、政策内容及政策特点等方面进行分析。具体来讲，初步探索阶段（1978—1995 年）勾勒出产教融合相关的政策框架及基本要素；创新发展阶段（1996—2012 年）主要就产与教的深入合作路径、资源配置、师资质量提高及人才培养模式改革等进行创新；深化扩展阶段（2013

---

① 胡希. 我国职业教育产教融合政策分析 [D]. 湖南师范大学，2021.

年至今）针对产教融合更为多元具体的实现路径，进行系统、协同、多元的制度体系构建，推动教育领域和行业企业领域等形成命运共同体，以实现产业链、创新链、教育链与人才链的协同融合。

第一节 "产教融合"的初步探索

校企合作、工学结合是"产教融合"的初级阶段。1978年，党的十一届三中全会确定实行对内改革、对外开放的政策，逐步开启我国教育改革之路。在此之前，我国的教育制度和劳动制度始终没有得到有效改革，大批专业学校和技工学校被迫停办，农业中学、职业学校等发展缓慢，从而造成教育结构较为单一，与国民经济的发展需要严重脱节。教育结构改革势在必行。20世纪90年代，随着产业结构不断转型发展，各行各业对人才培养提出更高要求，人才需求从熟练工转向高素质应用型技能人才，从而助推了人才按需培养的供给模式。这是职业教育人才培养目标根据产业发展需求进行的必然转向，有效推进了职业教育产教关系的演进。

一、初步探索阶段政策概况

从产教融合相关政策颁布数量上来看，该阶段的相关规定相对较少，只是勾勒出产教融合相关政策的雏形及产教融合的基本范畴。从政策颁布主体来看，大多数是中央政府。无论是从纵向还是从横向来看，实施主体都十分有限。教育主管部门零星牵头发布了几项落实政策，其他部门则没有更多参与。此外，这些政策大多是针对教育领域的意见或决定，对"产教融合"目标、领域、任务及组织实施等并没有系统规划。这是在政府主导下的制度设计，学校与企业这两大基本主体的合作仍显被动，双向互动较少。由于工学结合、产教结合等最初应用于职业院校，因此职业院校积累了较好的经验。虽然无论从范围上还是从层次上来说，这个时期的相关构想所涉及的面都比较窄，但这毕竟是改革开放后为推动职业教育发展所进行的初步探索，符合时代发展要求和人才培养实际情况，并且使学生实习、培训等成为人才培养中的重要环节和有效方式。初步探索阶段我国"产教融合"的主要政策如表3-1所示。

表 3-1 初步探索阶段我国"产教融合"的主要政策

发布时间	文件名称	发布机构
1979 年	《技工学校工作条例（试行）》	国家劳动总局
1980 年	《关于中等教育结构改革的报告》	教育部、国家劳动总局
1983 年	《关于改革城市中等教育结构、发展职业技术教育的意见》	教育部、劳动人事部、财政部、国家计划委员会
1985 年	《关于教育体制改革的决定》	中共中央
1985 年	《关于进一步加强协作、大力开展职业技术培训的联合通知》	劳动人事部、中国民主建国会中央委员会、中华全国工商业联合会
1986 年	《技工学校工作条例》	劳动人事部、国家教育委员会
1986 年	《关于经济部门和教育部门加强合作促进就业前职工技术教育发展的意见》	国家教育委员会、国家计划委员会、国家经济委员会
1989 年	《关于技工学校深化改革的意见》	劳动部
1990 年	《对举办就业训练班、职业技术培训班工作加强管理的意见》	劳动部
1991 年	《关于大力发展职业技术教育的决定》	国务院
1993 年	《中国教育改革和发展纲要》	中共中央、国务院
1995 年	《关于推动职业大学改革与建设的几点意见》	国家教育委员会
1995 年	《关于开展建设示范性职业大学工作的通知》	国家教育委员会

二、初步探索阶段政策内容分析

（一）政策文本中"产教融合"的内涵解析

该时期的产教结合主要是为了强调教学与生产之间的密切联系而提出的，是基于"工学结合""教学与生产劳动相结合"要求的学校教学与区域社会生产实际相结合，以学校为中心完善人才培养，满足经济社会需求的重要策略及改革方向，但形式和层次都较为单一。1979 年，国家劳动总局颁布的《技工学校工作条例（试行）》指出，需要贯彻落实"教育必须为无产阶级政治服务，必须同生产劳动相结合""生产实习教学应该尽可能地结合生产进行"。为了保障实习教学过程，该政策还要求各地劳动局做好与技工学校学生实习的对接工作，各类企业要大力支持。1980 年，《关于中等教育结构改革的报告》提出，"应当实行普通教育与职业、技术教育并举，全日制学校与半工半读学校、业余学校并举，国家办学与业务部门、厂矿企业、人民公社办学并举的方针""发展职业技术教育……是当前亟待解决的问题"，且"根据生产建设的需要，稳步地有计划地发展"，以促进教育与生产劳动相结合。这是国务院首次提出要把职业技术教育摆在应有的地位，明确了教学与生产相结合的职业教育理念，以及产教不可分割的关系，发展职业技术教育已经迫在眉睫，要求在工学结合的基础上产教结合。

1985年，《关于教育体制改革的决定》指出，要"大力发展职业技术教育""鼓励集体、个人和其他社会力量办学，要提倡各单位和部门自办、联办，或与教育部门合办各种职业技术学校""职业技术教育要同经济和社会发展的需要密切结合起来"。这是中共中央首次提出职业技术教育不仅要大力发展，而且必须与经济和社会发展相结合。该政策鼓励企事业单位、社会组织、个人与教育部门实施联合办学，探索通过多种形式兴办职业学校，同时提出注重充分调动企事业单位和业务部门办学的积极性。该政策在《技工学校工作条例（试行）》的基础上将学校教学与区域社会生产实际结合的产教结合上升到教育部门与行业产业部门联合办学的发展战略目标。各职业院校结合自身实际情况和发展需要逐步与企业建立联系。这对于恢复职业院校与企业之间产教一体的合作关系具有重要推动作用。

（二）政策文本中"产教融合"的价值意义

该时期以不断强化职业院校和企业的联系为政策目标，进而培养经济和社会发展所需要的劳动者；在人才培养上主要是培养学生的基本操作技能和解决实际问题的能力，即从实际岗位需求出发提高学生的实践能力和职业技能。在改革开放以前，职业技术教育"产教融合"的主要表现形式是半工半读，制度设计的主体主要是中央政府，职业技术学校其实并没有办学自主权。当时资源配置遵循行政计划管理的内在逻辑，企业参与职业技术教育缺乏自主性；国家确立了职业技术学校与企业相结合的办学理念，通过学校办工厂及工厂办学校等方式强化职业教育，满足当时国家建设所需的初中级人才，践行产教结合。改革开放伊始，社会各个领域亟需能够肩负生产建设重任的劳动者，为了促进职业教育的恢复与进一步发展，实现职业教育与经济和社会发展需求的紧密结合，"产教融合"政策的初步探索开始了，比较明显的变化是在技工学校力促职业教育。1979年，国家劳动总局颁布的《技工学校工作条例（试行）》指出，技工学校是培养技术工人的学校，是国家教育事业的重要组成部分。必须高举毛泽东思想伟大旗帜，全面正确地贯彻落实；教育必须为无产阶级政治服务，必须同生产劳动相结合；使受教育者在德育、智育、体育几方面都得到发展，成为有社会主义觉悟的有文化的劳动者。劳动部门下属的技工学校的教学工作需要与生产过程紧密结合，不适宜与生产结合的专业、工种，也要积极采取实习、实验、模拟等形式，进而着重培养学生的基本操作技能和解决实际问题的能力。生产任务要根据教学的需要确定，要保证教学大纲的全面完成。为了保证实习教学的顺利进行，各地劳动相关部门要做好学校学生实习的对接工作，同时企业要给予配合。可见这一时期的产教结合是政策制定者为有效发展职业教育而进行的制度设计，主要方式就是将强化职业院校与企业之间的天然联系作为政策目标，建议职业院校创办企业，或者直接与企业建立一定的联系。生产实习教学是技术学校教学工作最主要的部分，是培养学生掌握生产技能的基础，也是人才培养的重要方式。

1979年到1993年，相关部门继续完善半工半读校企合作的制度。《关于教育体制改革的决定》和《关于大力发展职业技术教育的决定》指出，要调动企事业单位和业务部门参与职业教育的积极性，鼓励社会力量参与职业教育办学，为校企合作提供政策保障。随着社会主义市场经济体制的实行，国家对职业教育的政策支持逐步增多。1995年，国家教育委员会发布的《关于推动职业大学改革与建设的几点意见》中强调加强高等职业技术学校与产业部门的联合，积极实行校企结合，以满足学校发展和学生生产实习的需要。

（三）政策文本中"产教融合"的实施策略

1. 强化职业院校和企业的联系

《关于切实搞好青壮年职工文化技术补课工作的联合通知》要求各级企事业单位联合职工大学、技工学校做好青壮年劳动力的职业技术补课教育。这些措施虽然聚焦于技工学校、职工文化技术补课等方面，但对职业教育的恢复作用也较大，在一定程度上突出了产业、企业在教育中的地位。

《关于改革城市中等教育结构、发展职业技术教育的意见》指出，实行普通教育与职业技术教育并举，全日制学校与半工半读学校、业余学校并举，国家办学与部门、厂矿企事业单位、集体经济单位办学并举的方针，在凸显职业教育地位的同时，强化行业、企业的重要作用，以及产与教之间的关系。

《关于进一步加强协作、大力开展职业技术培训的联合通知》提出，教学与生产服务经营相结合，学徒培训与就业培训相结合，以强化职业院校与企业之间的联系。这使得学校与企业结合的范围进一步拓展，产教结合、工学结合及校企合作的人才培养模式在逐步形成，不再只局限于教学、实习、技能培训等某个环节。

《关于技工学校深化改革的意见》指出，技工学校的发展方向是稳定学校规模，调整专业结构，强化实习教学，提高培训质量；明确提出技工学校要深入实施院校专业教育和社会生产实际相结合，加强对学生的专业基础基本知识及专业技能方面的培养。技工学校深化改革的重要方向就是加强与企业的合作。

2. 鼓励产业部门参与职业教育

《关于经济部门和教育部门加强合作促进就业前职工技术教育发展的意见》指出产教结合的具体方式，建议各地经济部门与教育部门共同帮助本地区企业与各类职业技术学校对口建立必要的协作联系，比如可以进行厂校合作培训制度的试点，即企业要依靠自己的技术力量和生产装备，负责对学生进行严格的技能训练，同时学校要依靠自己的教学力量，负责对学生进行必要的文化及基础理论教学，厂校共同负责考核。该政策对校企合作双方的责任进行了初步的规定。

《关于加强普通高等专科教育工作的意见》提出，鼓励社会用人部门积极参与并承担人才的培养工作，全方位渗入职业教育教学过程中：教学上，参与制订教学计划，评估办学水平，协助教育教学改革等；实践活动上，密切教育、科研、生产的联系；教师队伍建设上，安排教师实习，以提高教师专业实践能力。

《关于大力发展职业技术教育的决定》提倡产教结合，工学结合；秉持职业技术教育"大家来办"的方针，发展行业、企事业单位的联合办学；鼓励民主党派、社会团体和个人办学；积极面向经济产业需要，合理安排和考量专业设置。

《关于推动职业大学改革与建设的几点意见》指出，要加强与产业部门的联合，积极实行校企结合，努力探索产教结合的办学路子，大力发展校办产业，增强学校办学活力与自我发展能力，以不断强化职业大学与产业部门之间的合作，建立清晰化的校企合作形式，同时要求职业大学按照自身的办学特色来发展校办产业模式，由此通过专业与产业的结合来提升办学活力，进而提升职业大学在区域经济社会发展中的影响力与促进作用，加大产教结合的力度。

3. 鼓励建设稳定的实习实训基地

《关于加强普通高等专科教育工作的意见》提出，鼓励在实践中建立稳定的实习基地；教师队伍建设上，安排教师实习，以提高教师的专业实践能力，即企业等社会用人部门需要通过支持多样化实习实训参与学校教学，进而通过多种路径密切校企之间的关系。

《关于大力发展职业技术教育的决定》中"产教结合"的表述首次出现，明确要求企业支持并配合各类职业技术学校和培训中心实习活动，强化实习实训。

《中国教育改革和发展纲要》强调"提倡联合办学，走产教结合的路子"，指出要鼓励中等职业教育实施校企联合办学，保障学生及时进行实习实训，逐步走上产教结合、以厂养校的道路。这是国务院首次在文件中从政策层面上提出"产教结合"这一概念以鼓励社会各方联合推进职业教育，实现产教结合，不再仅仅是原来的工学结合。该文件的发布，标志着我国职业教育产教结合正式进入一个改革探索期，也表明国家已经意识到需要进一步丰富职业教育产教结合的内涵，并从多个层面进行制度体系的配套改革及创新。

三、初步探索阶段政策的阶段性特征

改革开放后，作为统筹经济与教育协同发展的关键问题，产教关系受到更多关注，基于对职业教育的理性思考和实践，确立了"产教融合"改革发展的基本框架和要素。职业院校开始对产教结合、工学结合、产教合作等有了一些初步的探索。规模扩张和体制改革是此阶段的着力点，意在推动产业与教育对接、强化两者联系的产教结合是在政府引导下被动开展的，企业的岗位需求和学校的专业设置等的对接还较为有限，并非深入融合。改革开放初期关于"产教融合"的政策目标较为明确，即服务以经济建设为中心的历史任务，服务社会主义现代化建设[①]，其对各项社会生产的恢复与建设具有重要推动作用，也为后续职业教育的发展奠定了良好基础。产教结合是校企合作的主要方向，校企合作是"产教融合"的有效形式。该阶段各政策文本对产教结合的提出及阐释是服务社会主义经济发展的助推器。政策制定上有宏观性、方向性、倡导性的倾向，在具体实践方面的探索及规定较少，主要特征如下。

该时期的政策用语主要以"工学结合""产教结合"为主；政策主体以中共中央、国务院为主，以教育部等为辅；"产教融合"的政策内容主要集中在：在探索职业教育发展的同时推进职业教育发展与经济社会发展相关联，以根据生产建设的需要稳步、有计划地发展职业教育；强化职业教育与企业之间的联系，鼓励产业部门积极参与职业教育；推进职业教育实训基地的建设以实现产教结合，同时注意强化师资力量。产教结合主要是以厂校合作、校办企业、校办产业等方式进行。

---

① 赵庆年，李润丽. 从产教"结合"到产教"融合"意味着什么［N］. 中国科学报，2023-01-10（3）.

第二节 "产教融合"的创新发展

随着高校扩招的进行，院校大规模升格及大批三本院校等应运而生，社会力量也自发积极办学，导致中职学校的吸引力迅速下降，相伴而来的经济社会结构的调整使原有的人才供需平衡不断被打破，产业发展需求与教育供给不匹配问题凸显。而20世纪90年代末至21世纪初是我国社会主义现代化建设的关键期，经济社会发展对高技能人才的需求不断增加，对职业教育结构与类型的要求日益多样化，需求方的要求促使教育培养人才的方式方法不断改进，亟需有效的人才培养模式应时而出。基于此，国家不断对"产教融合"路径进行多样化的创新性政策探索。我国进入"产教深入合作"的建设发展期。这一时期为了大力发展职业教育，为职业教育"产教融合"政策的实施与发展进一步提供法律、资源等相关支撑，多部门开始联合推出更为具体有效的政策。

一、创新发展阶段政策概况

从政策数量上看，创新发展阶段为平稳增长期；政策颁布主体开始出现多部门联合颁布的情况，"产教融合"政策涉及领域有很大扩展（见表3-2）。

表3-2 创新发展阶段我国"产教融合"的主要政策

发布时间	文件名称	发布机构
1996年	《关于贯彻实施〈职业教育法〉的通知》	劳动部
1996年	《中华人民共和国职业教育法》	全国人民代表大会常务委员会
1997年	《关于加强中等职业学校教师队伍建设的意见》	国家教育委员会
1998年	《关于实施〈职业教育法〉加快发展职业教育的若干意见》	国家教育委员会、国家经济贸易委员会、劳动部
1998年	《面向二十一世纪深化职业教育教学改革的原则意见》	国家教育委员会
1998年	《面向21世纪教育振兴行动计划》	教育部
2000年	《教育部关于加强高职高专教育人才培养工作的意见》	教育部

产教融合的模式与实践研究

续表

发布时间	文件名称	发布机构
2000年	《关于全面推进素质教育、深化中等职业教育教学改革的意见》	教育部
2000年	《高等职业学校设置标准（暂行）》	教育部
2002年	《国务院关于大力推进职业教育改革与发展的决定》	国务院
2002年	《关于进一步发挥行业、企业在职业教育和培训中作用的意见》	教育部、国家经济贸易委员会、劳动和社会保障部
2002年	《关于进一步推动职业学校实施职业资格证书制度的意见》	劳动和社会保障部、教育部、人事部
2004年	《教育部关于以就业为导向深化高等职业教育改革的若干意见》	教育部
2004年	《教育部等七部门关于进一步加强职业教育工作的若干意见》	教育部、国家发展改革委、财政部、人事部、劳动和社会保障部、农业部、国务院扶贫开发领导小组办公室
2004年	《关于以就业为导向深化高等职业教育改革的若干意见》	教育部
2004年	《关于进一步推进交通职业教育改革与发展的若干意见》	教育部、交通部
2005年	《国务院关于大力发展职业教育的决定》	国务院
2005年	《关于学习贯彻〈国务院关于大力发展职业教育的决定〉和全国职业教育工作会议精神的通知》	教育部
2005年	《关于加快发展中等职业教育的意见》	教育部
2006年	《关于职业院校试行工学结合、半工半读的意见》	教育部
2006年	《关于印发〈教育部2006年职业教育工作要点〉的通知》	教育部办公厅
2006年	《关于实施国家示范性高等职业院校建设计划加快高等职业教育改革与发展的意见》	教育部、财政部
2006年	《教育部关于全面提高高等职业教育教学质量的若干意见》	教育部
2008年	《高等职业院校人才培养工作评估方案》	教育部
2009年	《关于职业教育改革与发展情况的报告》	国务院
2010年	《关于大力推进技工院校改革发展的意见》	人力资源和社会保障部
2010年	《中等职业教育改革创新行动计划（2010—2012年)》	教育部
2011年	《关于推进高等职业教育改革创新引领职业教育科学发展的若干意见》	教育部

续表

发布时间	文件名称	发布机构
2011 年	《关于进一步完善职业教育教师培养培训制度的意见》	教育部
2011 年	《教育部关于推进中等和高等职业教育协调发展的指导意见》	教育部
2011 年	《关于充分发挥行业指导作用推进职业教育改革发展的意见》	教育部
2012 年	《关于制订中等职业学校专业教学标准的意见》	教育部

"产教融合"政策主要集中于教育领域，且主要沿袭单方向的政策模式，突出决策者在教育政策中的主导地位，在一定程度上忽视了公众尤其是"产教融合"利益相关主体（如企业、高校）对政策制定过程的参与，也忽视了"产教融合"政策对多方面需求的回应性。教育部力图与多部门共同制定推动职业教育在产教融合方面的相关制度，但事实上依然主要是教育部在推进相关政策的制定，这在一定程度上限制了校企良性互动的实现。尽管这一阶段对相关政策进行了积极探索，但呈现出"教"与"产"单向结合的发展态势，强调职业教育只有得到企业的有力支持才能有效发展，而没有凸显企业对职业教育的需求。这是职业院校对企业的单向结合或单方面的想象，没有基于共同目标或各自的需求而形成利益共同体，无法形成稳定、高效、深层次的合作关系，也就无法进一步促进企业的发展和职业院校办学实力的提升。这些政策对校企合作的规定十分有限，无法实现深度的人才培养和发展。

二、创新发展阶段政策内容分析

（一）政策文本中"产教融合"的内涵解析

产教结合成为职业教育的应有之义，使"产教融合"有了更为丰富的内涵，不再只是围绕教学进行的实习、技能培训或为了解决某方面的问题而进行的具体合作。"产教融合"成为职业教育发展及其人才培养的必由之路，需要积极探索校企全程合作进行人才培养的途径和方式。因此该阶段的"产教融合"是以学校为中心的，为了提高人才培养质量而与企业等开展的深入合作，致力于校企双方共同完成某一内容和任务。1996 年《中华人民共和国职业教育法》颁布，首先提出职业学校、职业培训机构实施职业教育应当实行产教结合，为本地区经济建设服务，与企业密切联系，培养实用人才和熟练劳动者。1998 年，教育部颁布了《面向 21 世纪教育振兴行动计划》，提出"加强产学研合作，鼓

■■ 产教融合的模式与实践研究

励多种形式的联合、合作""职业教育和成人教育要走产教结合的道路",明确要求职业院校积极参与产学研合作体系,强调其在产学研合作体系中的地位,积极创新产学研合作模式,为产教结合进行人才培养等打下基础,同时推进职业院校参与到产学研合作体系中。该政策文件为产教结合注入了新的内涵。

2006年教育部印发的《关于职业院校试行工学结合、半工半读的意见》指出,进一步加强校企合作,加快推进职业教育人才培养模式的根本性转变,促使职业教育培养模式由传统的以学校为中心转变为以工学结合为中心,鼓励企业在学校建立研究开发机构和实验中心。2009年,教育部在《关于加快推进职业教育集团化办学的若干意见》中对产学研合作的关系进一步明确,系统阐明了产业、企业、专业之间的关系,要求以产业发展促进职业院校的专业建设,职业院校依托专业来兴办企业,通过专业教育促进产业发展。这就奠定了产学研三位一体式的发展方向,以推进产教融合育人模式。

(二)政策文本中"产教融合"的价值意义

该阶段以深化职业院校和企业的联系,建立现代职业教育体系,培养"高技能人才""高素质劳动者""技能型人才""应用人才"等为政策目标,使培养的人才更加适合企业与社会的需要,体现了对人才培养质量的重视。产教结合成为重要道路选择,政策文件进一步推动和强化职业教育校企合作的有效实施,以实现新型的平等互利的产教结合、工学结合的校企合作关系。政府主要通过相关政策文件对这种关系的实现进行引导和促进,与前一个阶段有所不同。不断深化校企合作的方式,开始倡导联合办学、集团化办学、"订单式"培养及顶岗实习,借助工学结合、校企合作等从根本上改变人才培养模式。不过这一阶段仍然是以政府为主导的。

1996年,《中华人民共和国职业教育法》提出,职业学校、职业培训机构实施职业教育应当实行产教结合,为本地区经济建设服务,与企业密切联系,培养实用人才和熟练劳动者。2004年,《关于以就业为导向深化高等职业教育改革的若干意见》提出培养各类高质量人才、高技能人才。2010年,《国家中长期教育改革和发展规划纲要(2010—2020年)》把职业教育作为重点,提出到2020年形成现代职业教育体系,更好地满足人民群众接受职业教育的需求,满足经济社会对高素质劳动者和技能型人才的需要。为落实此规划纲要,教育部会同有关部门和行业,以构建现代职业教育体系为引领,以提高质量为重点,加快推进办学机制改革,充分调动行业企业的积极性,基本形成产教融合发展的工作格局。

此外，该阶段把提高质量作为重点。《国家中长期教育改革和发展规划纲要（2010—2020年）》提出将提高质量作为重点，以服务为宗旨，以就业为导向，推进教育教学改革。

（三）政策文本中"产教融合"的实施策略

1. 鼓励多元力量参与职业教育

1996 年，《中华人民共和国职业教育法》提出职业学校、职业培训机构实施职业教育应当实行产教结合，与企业密切联系，同时还规定了政府、行业企业和社会各方面力量兴办职业教育的职责和义务，以及建立职业教育体系、完善职业教育体制和保障条件等内容，有力地调动了各级政府和社会各界推进产教结合的积极性。该政策的颁布和实施，标志着我国职业教育"产教融合"从国家政策的层面上升到国家法律的层面，"产教融合"开始具有明确的法律基础，为指导、推动和保障"产教融合"改革发展和依法治教奠定了法治基础。在此基础上，相关部门相继出台了更多职业教育"产教融合"政策措施，推动职业教育不断创新发展和深化，并推动了"产教融合"的法治化进程。

为贯彻《中华人民共和国职业教育法》，1998 年，国家教育委员会、国家经济贸易委员会、劳动部联合发布了《关于实施〈职业教育法〉加快发展职业教育的若干意见》，阐述了贯彻产教结合的原则，明确指出企业要依法承担实施职业教育的义务，在实施职业教育的过程中，坚持教学与生产劳动相结合，切实加强生产实习、职业技能训练和实践性教学环节，使培养的人才更加适合企业与社会的需要，并对支持职业院校和职业培训机构发展校办产业等进行了具体工作部署。

2002 年，国务院召开全国职业教育工作会议，印发了《国务院关于大力推进职业教育改革与发展的决定》。该文件作为促进职业教育改革的纲领性文件，进一步明确了职业教育体制改革的现实意义，要求各级政府及各类职业院校大力推进其办学体制改革，建立"在国务院领导下，分级管理、地方为主、政府统筹、社会参与"的管理体制；形成"政府主导，依靠企业，充分发挥行业作用，社会力量积极参与的多元办学格局"。职业教育再次走上快速发展的道路。该文件同时提出"企业要和职业学校加强合作，实行多种形式联合办学，开展'订单式'培训"。

2005 年，国务院召开全国职业教育工作会议，印发《国务院关于大力发展职业教育的决定》，明确把职业教育作为经济社会发展的重要基础和教育工作的战略重点，强调在"十一五"期间要不断推进职业教育办学格局多元化体系建设，进而最终形成政府主导、企业发挥主体作用、社会力量广泛参与的公立与民办职业院校共同发展的局面，并进一步指出,大力推行"工学结合、校企合作"的人才培养模式,加快构建产教结合的职业教育体系。

2011年,为加快建立健全政府主导、行业指导、企业参与的办学机制,推动职业教育适应经济发展方式转变和产业结构调整要求,培养大批现代化建设需要的高素质劳动者和技能型人才,充分发挥行业指导作用,推进职业教育改革发展提出了有针对性的意见。教育部在《关于充分发挥行业指导作用推进职业教育改革发展的意见》中指出,进一步提高对职业教育行业指导重要性的认识;依靠行业,充分发挥行业对职业教育的指导作用;突出重点,在行业的指导下全面推进教育教学改革;完善机制,探索和构建职业教育行业指导工作体系,推进产教结合与校企一体办学,实现专业与产业、企业、岗位对接。该文件就行业、企业参与职业教育的招生、教学、评估、监督、改革等环节作出了一定的规范,要求职业院校与企业积极开展基于联合招生、联合培养的现代学徒制建设,明确现代学徒制建设在校企协同育人中的主体地位,特别强调了企业作为办学主体与受益者在职业教育评估体系应占主导地位,即"职业教育要围绕国家战略需求,充分依靠行业,加强产学研合作,密切校企合作、工学结合,共同推进改革创新"。2011年教育部印发的《关于推进高等职业教育改革创新引领职业教育科学发展的若干意见》提出,加强政府统筹,建立教育与行业对接协作机制;创新体制机制,探索充满活力的多元办学模式;改革培养模式,增强学生可持续发展能力;改革评聘办法,加强"双师型"教师队伍建设,鼓励地方政府和行业(企业)共建高等职业学校,形成政府、行业、企业、学校等各方合作办学,跨部门、跨地区、跨领域、跨专业协同育人的长效机制。相关政策开始就产教结合、产教合作的机制等多个环节进行更为深入的探索。

2. 强化师资队伍建设

该阶段的教师队伍建设得到进一步强化,主要措施包括加大职业院校"双师型"教师培养力度,鼓励企业与职业院校合作,共建"双师型"教师培养基地,完善"双师型"教师培训体系。

1996年,《中华人民共和国职业教育法》在职业教育师资队伍建设方面明确规定职业学校和职业培训机构可以聘请专业技术人员、有特殊技能的人员和其他教育机构的教师担任兼职教师。此外,该政策还对职业院校教师、学生到相关企业挂职、实习等做了具体的规定(比如,应当加强职业教育生产实习基地的建设。企业、事业组织应当接纳职业学校和职业培训机构的学生和教师实习;对上岗实习的,应当给予适当的劳动报酬),

确保产教结合顺利运行，以促进我国职业教育的健康发展。

2000 年，《教育部关于加强高职高专教育人才培养工作的意见》明确提出要积极落实《中华人民共和国职业教育法》的制度安排，职业院校及社会培训机构应该积极聘请企事业单位的技术人员担任兼职教师，实行专兼结合，进而改善自身的师资结构，为产教结合提供师资支撑——产教结合的相关政策开始从方向性层面落实到具体教学实践中。

2010 年，《国家中长期教育改革和发展规划纲要（2010—2020 年）》明确要求，加强"双师型"教师队伍和实训基地建设，提升职业教育基础能力，建立健全技能型人才到职业学校从教的制度。具体来说，要以"双师型"教师为重点，加强职业院校教师队伍建设；加大职业院校教师培养培训力度；依托相关高等学校和大中型企业，共建"双师型"教师培养培训基地；完善教师定期到企业实践制度；完善相关人事制度，聘任（聘用）具有实践经验的专业技术人员和高技能人才担任专兼职教师，提高持有专业技术资格证书和职业资格证书教师比例。

3. 推进人才培养模式改革

2004 年，《教育部关于以就业为导向深化高等职业教育改革的若干意见》提出，高等职业院校要大力开展"订单式"培养，从专业设置与调整、教学计划制订与修改、教学实施、实习实训直至学生就业等方面，充分发挥企业和用人单位的作用；每所高等职业院校都要形成一批以"订单式"培养为特色的专业；大力推行"双证书"制度，促进人才培养模式创新；要依照国家职业分类标准及对学生就业有实际帮助的相关职业证书的要求，调整教学内容和课程体系，把职业资格证书课程纳入教学计划之中，将证书课程考试大纲与专业教学大纲相衔接，改进人才培养方案，创新人才培养模式，强化学生技能训练，使学生在获得学历证书的同时，顺利获得相应的职业资格证书，增强毕业生的就业竞争力。该文件进一步明确任务目标：到 2004 年，各地教育行政部门要与当地劳动保障、人事部门及相关行业厅（局）共同配合，继续实施高等职业院校毕业生职业资格培训工程，力争 80%以上有职业资格证书领域的高等职业院校毕业生都能取得"双证书"。2006 年，这一比例要超过 90%。

2006 年，《关于职业院校试行工学结合、半工半读的意见》提出，进一步加强校企合作，加快推进职业教育人才培养模式的根本性转变，促使职业教育培养模式由传统的以学校为中心转变为以工学结合为中心，鼓励企业在学校建立研究开发机构和实验中心。

产教融合的模式与实践研究

这一举措密切了职业院校与企业的联系，增强了学生的社会实践感。同年，《职业教育与成人教育司工作要点》中也指出当前职业院校需要明确以就业为导向，加强与企业之间的合作，逐步完善"订单式"人才培养模式。

为切实贯彻落实《教育部关于全面提高高等职业教育教学质量的若干意见》精神，促使高等职业院校加强内涵建设，深化校企合作、工学结合的人才培养模式，推动教育行政部门完善对高等职业院校的宏观管理，逐步形成以职业院校为核心、以教育行政部门为引导、社会参与的教学质量保障体系，促进我国高等职业教育持续、稳定、健康发展，教育部于 2008 年研究制定了《高等职业院校人才培养工作评估方案》，公布评估实施办法，在多个环节凸显了对产教合作的重视，以改革人才培养模式。

为推动各地将全国教育工作会议和《国家中长期教育改革和发展规划纲要（2010—2020 年）》提出的职业教育各项任务要求细化到具体工作中，落实到实际行动上，使该规划纲要中有关职业教育的每一项任务都有与之对应的落实措施，教育部会同有关部门认真研究制定了《中等职业教育改革创新行动计划（2010—2012 年）》，并于 2010 年 12 月全面启动。该行动计划的总体思路是全面推进素质教育，以服务为宗旨、以就业为导向、以改革创新为动力，按照"保证规模、调整结构、加强管理、提高质量"的基本要求，巩固发展成果，推动改革创新，强化内涵建设，解决突出问题，着力提高质量；坚持以育人为本，以教产合作、校企一体和工学结合为改革方向，以提升服务国家发展和改善民生的各项能力为根本要求，从解决突出问题入手，全面推动中等职业教育随着经济增长方式转变"动"，跟着产业结构调整升级"走"，围绕企业人才需要"转"，适应社会和市场需求"变"。该政策要求着力推进教育与产业、学校与企业、专业设置与职业岗位、课程教材与职业标准、教学过程与生产过程的深度对接，明确提出实行工学结合、校企合作、顶岗实习的人才培养模式。

2012 年，《关于制订中等职业学校专业教学标准的意见》等文件就职业学校的培养目标、课程设置、教学评价、实习实训、专业师资等方面进行了详细、明确的规定，使产教结合有了更为明确的人才培养定位和教学依据，为下一步在具体实践中贯彻落实"产教融合"协同育人奠定了基础。

4. 创新校企合作、产学结合的多元模式

2000 年，《教育部关于制订高职高专教育专业教学计划的原则意见》明确指出，企业可以按照自身发展的需要举办职业学校及培训机构，鼓励企业积极探索自主培训功能的发展；同时还要求企业在自主培训过程中不断强化与相关职业院校的合作，建立多种形式的联合办学体系，明确"订单式"培训的操作规范与流程。这表明无论是政策还是实践都对校企合作的形式有了更多的探索及创新。

2002年《国务院关于大力推进职业教育改革与发展的决定》提出：企业要和职业学校加强合作，实行多种形式联合办学，开展"订单式"培训。

2004年，教育部颁布了《关于以就业为导向深化高等职业教育改革的若干意见》（已废止），该文件再次提出了职业院校与企业之间应该开展"订单式"人才培养合作，建立产学研合作的长效实施机制；明确了"工学结合、校企合作"为产教结合的基本模式，在此基础上探寻人才培养模式的多样化改革；明确了产学研合作的基本方向，即突出宗旨的服务性、就业的导向性、合作的互利性。此外，该意见还提出有条件的地区可以根据需要组建机械、电子等不同类别、各具特色的职教集团，探索产学研结合发展高等职业教育的新道路。

2004年6月，经国务院批准，教育部等七部门建立职业教育工作部际联席会议制度，召开改革开放以来第五次全国职业教育工作会议，会后印发《教育部等七部门关于进一步加强职业教育工作的若干意见》，提出以就业为导向、以服务为宗旨，逐步建立起与经济社会发展相适应的现代职业教育体系，具体举措包括推动产教结合，加强校企合作，积极开展"订单式"培养；在技能人才的培养培训中，要充分发挥企业、职业院校和各类培训机构的作用，通过职业院校培养、企业岗位培训、名师带徒、个人岗位提高相结合的方式，加快培养企业急需的人才。通过这一系列举措，产教结合的路径不断丰富，产教结合的内容更加具体，中等职业学校的招生规模不断回升，同时强化了学校与企业、行业之间的合作。2009年，教育部颁布了《关于加快推进职业教育集团化办学的若干意见》，对产学研合作的关系进一步明确，系统阐明了产业、企业、专业之间的关系，鼓励学校依托专业举办企业，以专业教学促进产业发展，为产学研"三位一体"式的发展走向提供了广阔的合作平台，使产教深入合作有了更为坚实的载体，产教结合形式得以扩展。

三、创新发展阶段政策的阶段性特征

该阶段产教结合具有了法律意义上的地位，特点是政府主导、院校主动、企业配合。

政策目标聚焦于深化职业院校和企业的结合；政策工具以规劝、补贴、税收与付费等为主；政策用语仍以产教结合为主；政策对象不再只是针对中等职业教育，逐步有所分化，单独针对高等职业教育层次的政策开始出现；该阶段职业教育产教结合政策文本较多，内容规定更为丰富具体，产教结合实践也取得了相应的成果。比如强化产教结合（合作）的组织布局创新及资源配置方式的改革，明确职业教育专兼结合的教师队伍建设方向，推进人才培养模式改革，创新产学研合作模式等。这些政策内容的落实需要不断强化职业教育发展与外部产业、行业、部门之间的深入合作，加快推进产教对话新机制的建设；逐步明确产学研"三位一体"式的发展方向、形式及要素，以推进产教融合育人模式，同时确立政府、行业、企业、学校等的权、责等；突出产教结合过程中行业、企业的重要作用，使产教结合、工学结合等主体更为多元化，促进了职业教育产教结合实践的不断丰富发展。

无论是 2002 年的《国务院关于大力推进职业教育改革与发展的决定》、2010 年的《国家中长期教育改革和发展规划纲要（2010—2020 年）》，还是 2011 年的《教育部关于推进中等和高等职业教育协调发展的指导意见》等文件，都提出了要充分发挥政府、行业、企业和学校的协同力，以实现协同育人，推进学校人才供给能够适应产业发展的实际需求。此外，政策越发关注基于产教结合促进人才培养模式的改革。比如《教育部关于制订高职高专教育专业教学计划的原则意见》、《教育部关于以就业为导向深化高等职业教育改革的若干意见》和《职业教育与成人教育司工作要点》中均提出"订单式"的人才培养模式。随着产教深入合作所涉及多种实践的深化，产教结合的政策内容会越来越丰富。

第三节　新时代产教融合的深化扩展

自党的十八大以后，我国社会发展处在一个新的历史起点，这也赋予了产教融合、校企合作等以新的使命和内涵。在经济新常态下，无论是经济结构还是发展动力，都与原来有很大不同，表现为以新产业、新业态、新模式为核心的新动能逐步增强，需要职业教育与社会经济、生产更加紧密地联系起来，更需要产教深度融合，而产教的深度融合亟需国家政策制度的"顶层设计"。党的十九大报告提出建设教育强国的目标，明确提出要完善职业教育和培训体系，深化产教融合、校企合作。产教融合政策逐渐深入，形成社会共识，指引着未来教育的走向。《关于深化教育体制机制改革的意见》《关于深化产教融合的若干意见》《职业学校校企合作促进办法》等一系列重要政策文件相继出台，旨在寻求以政策创新推进教育治理现代化的有效路径。党的二十大报告强调推进职普融通、产教融合、科教融汇，不断塑造发展新动能、新优势，产教融合被国家摆在突出的战略位置上。自2013年以来，深化产教融合是推进教育改革的关键，也是各类教育对产业结构转型升级引领作用发挥的核心问题。尤其是自2017年以来，产教融合的内涵也已发生变化，成为落实教育与人才改革发展的重要行动，以及紧跟科技及产业变革的必然选择。产教融合政策的不断完善为全领域教育的发展及未来走向奠定了基础。

一、深化扩展阶段政策概况

这一阶段产教融合政策发布数量出现快速增长（见表3-3），尤其是2017年《关于深化产教融合的若干意见》发布以后，相关政策有了明显增多，且从多个维度进行规范。在政策颁布主体上，政策颁布所涉及的政府部门越来越多元，政策相关部门的分工越来越细化（意味着更多统筹协调与更多方面的融合），各相关部门对产教融合越来越重视。比如《职业教育提质培优行动计划（2020—2023年）》由9个部门联合颁布。产教融合的目标更为明确，任务更为具体、多元，组织实施上更加完善且在逐步推进，支持政策也更为完备。

表3-3 深化扩展阶段我国产教融合的主要政策文本

发布时间	文件名称	发布机构
2013年	《教育部关于2013年深化教育领域综合改革的意见》	教育部
2013年	《中等职业学校教师专业标准（试行）》	教育部
2013年	《关于开展〈高等职业学校专业目录〉修订工作的通知》	教育部
2013年	《中共中央关于全面深化改革若干重大问题的决定》	中共中央
2014年	《国务院关于加快发展现代职业教育的决定》	国务院
2014年	《教育部关于开展现代学徒制试点工作的意见》	教育部
2014年	《现代职业教育体系建设规划（2014—2020年）》	教育部、国家发展改革委、财政部、人力资源和社会保障部、农业部、国务院扶贫开发领导小组办公室

产教融合的模式与实践研究

续表

发布时间	文件名称	发布机构
2014 年	《关于推进技工院校改革创新的若干意见》	人力资源和社会保障部
2015 年	《高等职业教育创新发展行动计划（2015—2018 年）》	教育部
2015 年	《教育部关于深化职业教育教学改革全面提高人才培养质量的若干意见》	教育部
2015 年	《教育部关于深入推进职业教育集团化办学的意见》	教育部
2016 年	《民办教育促进法（2016 修正）》	全国人民代表大会常务委员会
2016 年	《关于深化人才发展体制机制改革的意见》	中共中央
2016 年	《关于实施职业院校教师素质提高计划（2017—2020 年）的意见》	教育部、财政部
2016 年	《高等职业院校适应社会需求能力评估暂行办法》	国务院教育督导委员会办公室
2017 年	《关于深化教育体制机制改革的意见》	中共中央办公厅、国务院办公厅
2017 年	《国家教育事业发展"十三五"规划》	国务院
2017 年	《关于进一步推进职业教育信息化发展的指导意见》	教育部
2017 年	《关于深化产教融合的若干意见》	国务院办公厅
2018 年	《职业学校校企合作促进办法》	教育部、国家发展改革委、工业和信息化部、财政部、人力资源和社会保障部、国家税务总局
2018 年	《关于开展职业教育校企深度合作项目建设工作的通知》	教育部办公厅
2019 年	《国家职业教育改革实施方案》	国务院
2019 年	《深化新时代职业教育"双师型"教师队伍建设改革实施方案》	教育部、国家发展改革委、财政部、人力资源和社会保障部
2019 年	《职业技能提升行动方案（2019—2021 年）》	国务院办公厅
2019 年	《职业教育改革成效明显的省（区、市）激励措施实施办法》	教育部
2019 年	《关于先期重点建设培育的产教融合型企业建议名单的公告》	教育部职业技术教育中心研究所
2019 年	《加快推进教育现代化实施方案（2018—2022）》	中共中央、国务院
2019 年	《中国教育现代化 2035》	中共中央、国务院
2019 年	《实施中国特色高水平高职学校和专业建设计划》	教育部、财政部
2019 年	《建设产教融合型企业实施办法（试行）》	国家发展改革委、教育部
2019 年	《国家产教融合建设试点实施方案》	国家发展改革委、教育部、工业和信息化部、财政部、人力资源和社会保障部、国务院国资委

第三章　我国产教融合相关政策演进

续表

发布时间	文件名称	发布机构
2019 年	《试点建设培育国家产教融合型企业工作方案》	国家发展改革委、教育部
2019 年	《关于在院校实施"学历证书+若干职业技能等级证书"制度试点方案》	教育部、国家发展改革委、财政部、国家市场监督管理总局
2019 年	《教育部关于职业院校专业人才培养方案制订与实施工作的指导意见》	教育部
2019 年	《关于教育支持社会服务产业发展提高紧缺人才培养培训质量的意见》	教育部办公厅、国家发展改革委办公厅、民政部办公厅、商务部办公厅、国家卫生健康委办公厅、国家中医药局办公室、全国妇联办公厅
2020 年	《现代产业学院建设指南（试行）》	教育部办公厅、工业和信息化部办公厅
2020 年	《职业教育提质培优行动计划（2020—2023 年）》	教育部、国家发展改革委、工业和信息化部、财政部、人力资源和社会保障部、农业农村部、国务院国资委、国家税务总局、国务院开发领导小组扶贫办公室
2021 年	《中华人民共和国民办教育促进法实施条例》	国务院
2021 年	《关于印发产教融合型企业和产教融合试点城市名单的通知》	国家发展改革委办公厅、教育部办公厅
2021 年	《关于推动现代职业教育高质量发展的意见》	中共中央办公厅、国务院办公厅
2021 年	《教育部关于印发〈本科层次职业学校设置标准（试行）〉的通知》	教育部
2022 年	《中华人民共和国职业教育法》	全国人民代表大会常务委员会
2022 年	《关于开展产教融合专业合作建设试点工作的通知》	工业和信息化部人才交流中心
2022 年	《关于深化现代职业教育体系建设改革的意见》	中共中央办公厅、国务院办公厅
2023 年	《职业教育产教融合赋能提升行动实施方案（2023—2025 年）》	国家发展改革委、教育部、工业和信息化部、财政部、人力资源和社会保障部、自然资源部、中国人民银行、国务院国资委

我国的产教融合政策最早开始于职业教育领域，近年来逐步扩展到全教育领域，形成省域、城市、行业、企业等全方位、多层次的实施战略。产教融合覆盖了从"双一流"大学到应用型本科院校、高职院校和中职学校等高等教育和职业教育的全领域，涵盖了基础研究、应用研究、技术开发和产业化应用创新全链条。比如试点布局产教融合型城市、打造产教融合型行业、培育产教融合型企业，对试点目标、试点对象、试点任务、试点支持政策、试点组织实施等方面进行了全方位、全过程、多领域、多层面的系统规划。[①]

[①] 袁晓华，张淼. 我国产教融合政策的演进特征与发展趋势分析[J]. 中国高校科技，2022（10）：40-45.

二、深化扩展阶段政策内容分析

（一）政策文本中"产教融合"的内涵解析

该阶段国家将职业教育的办学理念和思路扩展为我国整体教育的理念和思路，我国教育思想发展的一个突出特点是全面贴近社会需要、为国家建设和发展服务。产教融合被纳入国家教育强国战略、创新驱动战略的顶层设计之中，成为涵盖整个教育领域的国家整体人才战略。政府高位推动将产教融合制度优势转化为高质量发展效能合力，意味着学校与企业合作的转型升级，力求成为产教发展共同体。[①]产教融合的目的、内容、方式都有所变化，所谓推进产教融合，其基本产出就是产教融合体即产教发展共同体得到增长和发展，具有动态性、开放性、协同性。[②]

通过对政策深入分析可知，《教育部关于2013年深化教育领域综合改革的意见》中首次提出要完善职业教育产教融合制度。此时，"产教融合"是一种只针对职业教育领域的制度。之后其他教育领域出现"产教融合"的相关规定和制度设计，意味着其开始向教育的其他领域延伸，并得到广泛推行。中共中央印发的《中共中央关于全面深化改革若干重大问题的决定》提出，加快现代职业教育体系建设，深化产教融合、校企合作，培养高素质劳动者和技能型人才。这是在国家层面较早提出职业教育"产教融合"，是对我国职业教育产教结合的进一步深化。2014年，产教融合的战略地位及努力方向更为清晰，建立健全企业参与制度成为重点。《国务院关于加快发展现代职业教育的决定》再次提到产教融合，随后"双一流"建设、应用型高校转型等一系列政策文件也多次强调产教融合。

2017年，国务院办公厅印发《关于深化产教融合的若干意见》，明确了深化产教融合的制度框架和政策内涵，将产教融合的范围从以职业教育为主延伸到职业教育、高等教育并重的整个教育体系，并作为整个教育发展的总体要求。学校与城市、行业、企业间的互动已经从单向、自发转变为双向、自信，体现了主体多元、诉求多维、关系多重的多向发力过程。产教融合可以看作是"产业"和"教育"的结合。对比产教合作，"合作"是指双方在同一框架之下共同完成内容和任务，而"融合"则体现了"我中有你，你中

[①] 唐景莉，徐梦阳. 新时代产教融合的初心和使命——访教育部学校规划建设发展中心主任陈锋[J]. 中国高等教育，2019（24）：16-18+20.

[②] 欧阳河，戴春桃. 产教融合型企业的内涵、分类与特征初探[J]. 中国职业技术教育，2019（24）：5-8.

有我",产教相互交融,关系紧密,产教融合的深度和广度有所不同。①可见,产教融合不只是产教合作,也不仅是校企合作。自2017年以来,"产教融合"发展为一个涵盖教育应用性的大概念,在很多时候被单独使用,被理解为原本的工学结合、校企合作、产教融合三层含义的总和。②人们对产教融合的意义与内涵的理解不断丰富,其至少有三个层面的含义:一是区域发展规划、发展战略上的产教结合,即教育事业与区域经济社会发展的协调;二是办学体制上的产教结合,即教育部门与产业部门之间的资源、人才、技术等优势上的互补;三是教学体制上的产教结合,即职业院校教育教学过程与产业的生产、服务、经营等过程的融合,工作过程实际上就是教学过程。从这个意义上看,产教结合到产教融合体现了发展的递进关系。③

2019年,《国家产教融合建设试点实施方案》进一步系统地推动产教融合,统筹教育链、人才链、产业链、创新链,有机融合全过程各环节的产业、教育、人才、科技、金融、财税政策体系,进一步丰富完善了产教融合的制度体系,为城市、行业、企业、高校在产教融合的创新空间中提供了强大的创新动力。④

(二)政策文本中"产教融合"的价值意义

国家重大战略调整是驱动高等教育改革发展的关键动力,也是进一步明确其规划路径的有效依据,产教融合政策从人才供需两侧的制度发展上升为国家高质量发展的战略引擎。该阶段深化产教融合,是国家推动教育优先发展、人才引领发展、产业创新发展、经济高质量发展相互衔接贯通的战略性举措,其核心是改革人才培养模式,促进教育链、人才链与产业链、创新链有机结合。也就是说,新时代产教融合的初心和使命就是要通过推动综合改革与协同创新带动教育、科技、人才各个领域的改革,将产教融合的制度优势转化为高质量发展的效能合力。⑤

从政策制定过程来看,2017年,《关于深化产教融合的若干意见》中关于深化产教

---

① 资料来源:百家号,《产教融合的基本内涵》。
② 林宇. 21世纪以来高等职业教育发展的回顾与思考[J]. 中国职业技术教育,2022(15):5-12.
③ 肖靖. 从产教结合到产教融合——40年职业教育的政策变迁[J]. 中国高校科技,2019(8):66-71.
④ 唐景莉,徐梦阳. 新时代产教融合的初心和使命——访教育部学校规划建设发展中心主任陈锋[J]. 中国高等教育,2019(24):16-18+20.
⑤ 唐景莉,徐梦阳. 新时代产教融合的初心和使命——访教育部学校规划建设发展中心主任陈锋[J]. 中国高等教育,2019(24):16-18+20.

产教融合的模式与实践研究

融合的主要目标的提出，表明产教融合政策正在由供给侧延伸到需求侧，成为企业高质量发展的一种内生动力和战略设计。[①]2019 年，《国家产教融合建设试点实施方案》进一步表明产教融合政策已上升为国家高质量发展的战略引擎，贯穿了教育、产业、科技、人才综合性改革等全方位的关键战略举措。这既要满足企业方面技术创新的需求，也要满足知识创新转化对人才培养的引领作用，实现学校、企业等所涉及的人才培养、技术应用、成果转化等多要素、全方位整合，重构开放、动态、创新的可持续循环价值逻辑与机制。该阶段产教融合政策从人才供需两侧的制度发展为国家高质量发展的战略引擎，具有深刻的价值导向和时代使命。

（三）政策文本中"产教融合"的实施策略

政策中关于"产教融合"的推进实施主要从以下几个方面进行。

1. 完善顶层设计，统筹推进发展规划和资源布局

2017 年，《关于深化产教融合的若干意见》首次明确了深化产教融合的政策内涵及制度框架，完善了顶层设计，强调发挥政府统筹规划、企业重要主体、人才培养改革主线、社会组织等供需对接作用，搭建"四位一体"架构，将产教融合从职业教育延伸到以职业教育、高等教育为重点的整个教育体系，上升为国家教育改革和人才开发整体制度安排，推动产教融合从发展理念向制度供给落地，促进高等教育融入国家创新体系和新型城镇化建设，推动学科专业建设与产业转型升级相适应，建立紧密对接产业链、创新链的学科专业体系，加快推进新工科建设，健全需求导向的人才培养结构调整机制，严格实行专业预警和退出机制。

2019 年，《国家产教融合建设试点实施方案》提出开展国家产教融合建设试点。试点目标是通过 5 年左右的努力，试点布局建设 50 个左右产教融合型城市，在试点城市及其所在省域内打造一批区域特色鲜明的产教融合型企业，在全国建设培育 1 万家以上的产教融合型企业，建立产教融合型企业制度和组合式激励政策体系。通过试点，在产教融合制度和模式创新上为全国提供可复制与借鉴的经验，建立健全行业企业深度参与职业教育和高等教育校企合作育人、协同创新的体制机制，推动产业需求更好融入人才培养过程，构建服务支撑产业重大需求的技术技能人才和创新创业人才培养体系，形成教育和产业统筹融合、良性互动的发展格局，基本解决人才供需重大结构性矛盾，教育对

---

① 秦凤梅. 职业教育产教融合质量评价探索 [M]. 重庆：重庆大学出版社. 2021.

经济发展和产业升级的服务贡献显著增强。

2020年,《职业教育提质培优行动计划(2020—2023年)》针对产教融合方面提出:深化职业教育产教融合、校企合作,健全以企业为重要主导、职业学校为重要支撑、产业关键核心技术攻关为中心任务的产教融合创新机制;围绕关键核心技术,推动公共教学资源和实训资源共建共享;同时采取多种举措支持行业组织积极参与产教融合建设试点项目。

2021年7月,《关于印发产教融合型企业和产教融合试点城市名单的通知》公布了21个国家产教融合试点城市名单和63家国家产教融合型企业。这是落实产教融合内容规定的关键举措和重要手段,是新发展阶段我国教育领域深化产教融合、校企合作,促进产教协同育人改革的重要推手。

2021年10月,《关于推动现代职业教育高质量发展的意见》提出主要目标(比如到2025年,职业教育类型特色更加鲜明,现代职业教育体系基本建成,技能型社会建设全面推进;到2035年,职业教育整体水平进入世界前列,技能型社会基本建成);完善产教融合办学体制;优化职业教育供给结构,健全多元办学格局,协同推进产教深度融合;创新校企合作办学机制。

2022年,《中华人民共和国职业教育法》规定:职业学校、职业培训机构实施职业教育应当注重产教融合,实行校企合作。其中,"产教融合"一词取代了"产教结合"。为了深化企业参与职业教育、发挥其在校企合作中的作用,新修订的职业教育法进一步明确了诸多举措。

2022年,《关于深化现代职业教育体系建设改革的意见》指出:要统筹职业教育、高等教育、继续教育协同创新,有序有效推进现代职业教育体系建设改革,切实提高职业教育的质量、适应性和吸引力,提出教育部牵头建立统筹协调推进机制。此文件更加注重统筹"三教"协同创新,将职业教育打造成特色鲜明的体系类型,同时助推多形式链接、多通道成长体系的建立健全。

2023年,《职业教育产教融合赋能提升行动实施方案(2023—2025年)》的行动目标之一是统筹推动产业和教育协调发展,创新搭建产教融合平台载体,持续推进产教融合建设试点,完善落实组合式激励赋能政策体系,将产教融合进一步引向深入。基于目标落实具体举措,以统筹解决人才培养和产业发展"两张皮"问题。

产教融合的模式与实践研究

2. 强化企业的重要主体作用

一是鼓励企业以独资、合资、合作等方式依法参与职业教育、高等教育。坚持准入条件透明化、审批范围最小化，细化标准、简化流程、优化服务，改进办学准入条件和审批环节。

二是鼓励有条件的地区探索推进职业院校股份制、混合所有制改革，允许企业以资本、技术、管理等要素依法参与办学并享有相应权利。

三是深化"引企入教"改革，促进将企业需求融入人才培养环节。

四是健全学生到企业实习实训制度，推进实习实训规范化。

五是继续加强企业技术中心和高校技术创新平台建设，鼓励企业和高校共建产业技术实验室、中试和工程化基地等载体平台建设。利用产业投资基金支持高校创新成果和核心技术产业化。

六是鼓励区域、行业骨干企业联合职业院校、高等院校共同组建产教融合集团（联盟），带动中小企业参与，推进实体化运作。

2015 年教育部发布的《高等职业教育创新发展行动计划（2015—2018 年）》指出主要目标是"支持社会力量参与职业教育的政策更加健全""产教融合发展成效更加明显""推动职业教育集团化办学"，鼓励中央企业、地方骨干企业、行业龙头企业与职业院校组建职教集团，明确企业与职业院校在组建职教集团中的具体操作方案。工作要点为聚焦"创新发展"，重在落实"行动"，将主要内容细化分解为 65 项任务和 22 个项目。同时，搭建信息化管理平台，强化过程监控。各地以优质学校、骨干专业等项目引领整体发展。

2015 年，《教育部关于深入推进职业教育集团化办学的意见》提出开展集团化办学是深化产教融合、校企合作，激发职业教育办学活力，促进优质资源开放共享的重大举措，对职业教育集团化办学问题有了专门的规定。该意见强调要强化产教融合、校企合作，推动建设以相关各方"利益链"为纽带，集生产、教学和研发等功能于一体的生产性实训基地和技术创新平台。

2016 年，《制造业人才发展规划指南》要求各行各业的重点企业应该加大与职业院校发展的联合，共同组建一大批深度融合、特点突出的能够衔接教育链、产业链、岗位链的职教集团，推进产教融合走向纵深发展。

2018年,《职业学校校企合作促进办法》提出,校企合作实行校企主导、政府推动、行业指导、学校与企业"双主体"实施的合作机制,为实施产教融合、校企合作提供了具体操作性措施和法律保障性依据。同年,教育部办公厅发布了《关于开展职业教育校企深度合作项目建设工作的通知》。这些政策文件标志着职业教育校企合作进入专门化阶段,是校企合作的再次升级与深化,凸显产教融合制度创新的重要性。

2019年,《关于先期重点建设培育的产教融合型企业建议名单的公告》确定了先期重点建设培育的24家产教融合型企业建议名单,从此拉开了建设国家产教融合型企业的大幕,加快了产教融合型企业的培育速度。

2019年9月,国家发展改革委、教育部等部门印发《国家产教融合建设试点实施方案》,提出"开展国家产教融合建设试点,必须坚持问题导向、改革先行,充分发挥城市承载、行业聚合、企业主体作用"。产教融合试点对象不再局限于产业,而是扩展到行业、城市,充分发挥试点城市承载、试点行业聚合、试点企业主体作用。

2019年10月,国家发展改革委、教育部联合印发《试点建设培育国家产教融合型企业工作方案》,进一步细化了试点目标任务、试点重点领域、试点工作机制、主要工作任务、基本条件、企业经营财务指标参考标准等,让国家产教融合型企业建设有章可循,全面开展全国产教融合型企业建设。试点目标任务:力争到2022年,以中央企业和全国性特大型民营企业为重点,建设培育若干国家产教融合型企业(首批拟建设培育20家左右),努力使其成为引领推动所在行业领域深化产教融合改革的领军企业,在全国带动建设培育数以万计的制造业转型升级优质企业、急需紧缺产业领域重点企业,以及养老、家政、托幼、健康等社会领域龙头企业的产教融合型企业。主要工作任务:明确试点建设培育基本条件;建立公开多元信息征集通道;委托开展第三方咨询评议;按程序报批开展建设培育。

2023年,《职业教育产教融合赋能提升行动实施方案(2023—2025年)》在总结首批国家产教融合试点城市经验做法的基础上,提出启动遴选第二批30个左右国家产教融合试点城市。目标是到2025年,国家产教融合试点城市达到50个左右,在全国建设培育1万家以上产教融合型企业。这些措施更好地从点、线、面上落实推进产教深度融合,同时还从丰富产教融合形态、拓展产教融合培养内容、优化产教融合合作模式、打造产教融合新型载体等方面提出深化产教融合校企合作,实现产教融合高质量发展。

3. 推进产教融合人才培养改革

推进产教融合人才培养改革主要是致力于建立产教融合、校企合作的技术技能人才

产教融合的模式与实践研究

培养模式。比如，将工匠精神培育融入基础教育，深化全日制职业学校办学体制改革，在技术性、实践性较强的专业全面推行现代学徒制和企业新型学徒制；健全高等教育学术人才和应用人才分类培养体系，提高应用型人才培养比重；加强产教融合师资队伍建设；加快学校治理结构改革，创新教育培训服务供给。教育部2014年8月颁布了《教育部关于开展现代学徒制试点工作的意见》，提出现代学徒制"是深化产教融合、校企合作，推进工学结合、知行合一的有效途径"，明确了试点工作的总要求，包括深化工学结合人才培养模式改革、加强专兼结合师资队伍建设等，形成与现代学徒制相适应的教学管理与运行机制；同时明确了职业教育专业设置与产业需求对接，按照产业需求做动态调整的现实价值，要求将现代学徒制作为产教融合的一种典型机制，努力推进现代学徒制在招生、培养等方面的改革。校企合作育人机制进一步完善，技术技能人才培养模式有了更多创新的可能。

2015年，教育部推出《教育部关于深化职业教育教学改革全面提高人才培养质量的若干意见》，以推进产教深度融合。一是深化校企协同育人。推动校企共建校内外生产性实训基地、技术服务和产品开发中心、技能大师工作室、创业教育实践平台等；发挥集团化办学优势，以产业或专业（群）为纽带，积极推动校企联合招生、联合培养、一体化育人的现代学徒制试点；注重培养与中国企业和产品"走出去"相配套的技术技能人才。二是强化行业对教育教学的指导。在专业设置评议、人才培养方案制订、专业建设、教师队伍建设、质量评价等方面主动接受行业指导。三是推进专业教学紧贴技术进步和生产实际。深化多种模式的课程改革，实施"双证书"制度；推广项目教学、案例教学、情景教学、工作过程导向教学。四是有效开展实践性教学。要积极推行认识实习、跟岗实习、顶岗实习等多种实习形式。

2016年，中共中央印发的《关于深化人才发展体制机制改革的意见》就产教融合、校企合作等人才培养模式改革提出了具体的指导意见，并将其作为新时代人才培养机制改革的典型工作。同年，教育部、财政部在《关于实施职业院校教师素质提高计划（2017—2020年）的意见》中提出推进教师和企业人员双向交流合作，通过示范引领、创新机制、重点推进、以点带面，切实提升职业院校教师队伍整体素质和建设水平。2016年3月，国务院教育督导委员会办公室发布《高等职业院校适应社会需求能力评估暂行办法》，针对专业人才培养提出主要考察学校的专业人才培养模式、课程体系、校内外实践教学及校企合作情况。

2017年，中共中央办公厅、国务院办公厅印发《关于深化教育体制机制改革的意见》，提出要改进产教融合、校企合作的办学模式；健全行业企业参与办学的体制机制和支持政策，支持行业企业参与人才培养全过程，促进职业教育与经济社会需求对接；充分发挥行业主管部门的指导、评价和服务作用，支持行业组织推进校企合作、发布人才需求信息、参与教育教学、开展人才质量评价；明确企事业单位承担学生社会实践和实习实训的职责义务和鼓励政策。

2020年，教育部、工业和信息化部研究制定了《现代产业学院建设指南（试行）》，提出建设任务：创新人才培养模式，提升专业建设质量，开发校企合作课程，打造实习实训基地，建设高水平教师队伍，搭建产学研服务平台，完善管理体制机制，打造高校产教融合的示范区，实现教育链、创新链、产业链的深度融合。

同年，《职业教育提质培优行动计划（2020—2023年）》提出深化校企合作协同育人模式改革。建好用好行业职业教育教学指导委员会，提升行业举办和指导职业教育的能力。支持职业学校根据自身特点和人才培养需要，主动与具备条件的企业在人才培养培训、技术创新、就业创业、社会服务、文化传承等方面开展合作。支持国有企业和大型民营企业举办或参与举办职业教育，将企业办学情况纳入企业社会责任报告。支持行业领军企业主导建设全国性职教集团，分领域建设服务产业高端的技术技能人才标准和培养高地。全面推行现代学徒制和企业新型学徒制，鼓励企业利用资本、技术、知识、设施、设备和管理等要素参与校企合作。培育数以万计的产教融合型企业，建立覆盖主要专业领域的教师企业实践流动站，依托国有企业、大型民企建立1000个左右示范性流动站。发挥职教集团推进企业参与职业教育办学的纽带作用，打造500个左右实体化运行的示范性职教集团（联盟）、100个左右技工教育集团（联盟）。推动建设300个左右具有辐射引领作用的高水平专业化产教融合实训基地。

4. 促进产教供需双向对接

《职业教育提质培优行动计划（2020—2023年）》针对产教融合方面提出健全以企业为重要主导、职业学校为重要支撑、产业关键核心技术攻关为中心任务的产教融合创新机制。围绕关键核心技术，推动公共教学资源和实训资源共建共享。同时采取多种举措支持行业组织积极参与产教融合建设试点项目。提出重点任务是深化职业教育产教融合、校企合作，尤其是要深化职业教育供给侧结构性改革。建立产业人才数据平台，发布产业人才需求报告，促进职业教育和产业人才需求精准对接。研制职业教育产教对接谱系图，指导优化职业学校和专业布局，重点服务现代制造业、现代服务业和现代农业。遴选建设一批产教融合型城市，推动试点城市建设开放型、共享型、智慧型实训基地。加大对农业农村等人才急需领域的职业教育供给，建设 100 所乡村振兴人才培养优质校，发挥好"国家级农村职业教育和成人教育示范县"等在服务乡村振兴战略中的重要作用。

2021 年，中共中央办公厅、国务院办公厅印发《关于推动现代职业教育高质量发展的意见》，提出到 2035 年，职业教育整体水平进入世界前列，技能型社会基本建成。技术技能人才社会地位大幅提升，职业教育供给与经济社会发展需求高度匹配，在全面建设社会主义现代化国家中的作用显著增强。优化职业教育供给结构（围绕国家重大战略，紧密对接产业升级和技术变革趋势。形成紧密对接产业链、创新链的专业体系。推进部省共建职业教育创新发展高地。启动实施技能型社会职业教育体系建设地方试点）；健全多元办学格局（鼓励职业学校与社会资本合作共建职业教育基础设施、实训基地，共建共享公共实训基地）；协同推进产教深度融合（以城市为节点、行业为支点、企业为重点，建设一批产教融合试点城市，打造一批引领产教融合的标杆行业，培育一批行业领先的产教融合型企业。积极培育市场导向、供需匹配、服务精准、运作规范的产教融合服务组织。分级分类编制发布产业结构动态调整报告、行业人才就业状况和需求预测报告）。

5. 完善政策支持体系

（1）完善校企合作激励约束机制。健全以企业为重要主导、职业学校为重要支撑、产业关键核心技术攻关为中心任务的产教融合创新机制。围绕关键核心技术，推动公共教学资源和实训资源共建共享。支持行业组织积极参与产教融合建设试点项目。对纳入产教融合型企业建设培育范围的试点企业，兴办职业教育的投资符合规定的，可按投资额的 30% 抵免当年应缴教育费附加和地方教育附加。充分发挥市场配置资源作用，鼓励地方开展混合所有制、股份制办学改革试点，推动各地建立健全省级产教融合型企业认证制度，落实"金融+财政+土地+信用"的组合式激励政策。2018 年 9 月，根据国家发展改革委、教育部关于深化产教融合有关工作部署，教育部职业技术教育中心研究所向全社会公开发布《关于征集培育一批产教融合型企业的公告》。2019 年 1 月，国务院出台《国家职业教育改革实施方案》，提出培育数以万计产教融合型企业建设目标，推动建设 300 个具有辐射引领作用的高水平专业化产教融合实训基地，建立产教融合型企业认证制度，对进入目录的产教融合型企业给予"金融+财政+土地+信用"的组合式激励政策支持。该方案为完善国家职业教育制度体系、构建职业教育国家标准、促进产教融合校企"双元"育人，建设多元办学格局等提出了具体举措，以更好地深化产教融合、校企合作，育训结合，健全多元化办学格局，推动企业深度参与协同育人。国家发展改革委、教育部于 2019 年 4 月印发《建设产教融合型企业实施办法（试行）》，明确了产教融合型企业的内涵、原则、培育条件、实施程序和支持管理措施等内容，为建设产教融合型企业指明了方向。

（2）强化产业和教育政策牵引。2019 年 9 月，国家发展改革委、教育部等部门印发的《国家产教融合建设试点实施方案》中的试点支持政策除了落实组合投融资和财政等政策激励，还有强化产业和教育政策牵引。2019 年 5 月，国务院办公厅印发《职业技能提升行动方案（2019—2021 年）》，鼓励企业与职业院校（含技工院校）共建实训中心、教学工厂等，积极建设培育一批产教融合型企业；企业举办或参与举办职业院校的，各级政府可按规定根据毕业生就业人数或培训实训人数给予支持；支持企业设立高技能人才培训基地和技能大师工作室，企业可通过职工教育经费提供相应的资金支持，政府按规定通过就业补助资金给予补助；完善职业培训补贴政策，加强政府引导激励。2022 年的《中华人民共和国职业教育法》第二十七条规定：对深度参与产教融合、校企合作，在提升技术技能人才培养质量、促进就业中发挥重要主体作用的企业，按照规定给予奖励；对符合条件认定为产教融合型企业的，按照规定给予金融、财政、土地等支持，落实教育费附加、地方教育附加减免及其他税费优惠。2022 年，《关于深化现代职业教育体系建设改革的意见》提出需要进一步强化政策扶持，比如逐步探索能够促进地方政府和社会力量支持职业教育发展投入的新机制，不断将社会资本、产业资金投入等吸引进来，且遵循公益性原则，最大限度地支持职业教育各种建设改革项目。

三、深化扩展阶段政策的阶段性特征

新时代经济社会对产教融合的效果及形式等提出了更高的要求，尤其随着创新驱动发展战略的实施，人才和科技正成为产教高质量发展的决定要素。产教融合、校企合作在改革发展中积累了许多新的经验和做法，体现出产教融合政策的协同性、引领性及创新性。这些政策文件的出台为进一步推进产教融合的发展指明了方向并提供了保障，为各院校在办学、育人与治理层面取得创新性成果提供了政策支持。

该阶段我国产教协同发展、协同育人和"四位一体"产教融合体系架构基本形成，并更深地嵌入经济转型、产业升级、技术提升之中，在各领域发挥越来越大的作用。产教融合的宏观、中观、微观要求日趋明确，产教融合的未来规划和发展路径更为清晰。

■■ 产教融合的模式与实践研究

我国"产"和"教"的关系发生了根本性变化，不再停留于微观、具体的规范规定上。全方位、多层面推动产教融合，使统筹教育链、人才链、产业链、创新链各环节的相关政策体系逐步创新、丰富，在不断完善产教融合制度的同时，为各利益相关者在产教融合的创新空间中提供根本动力。产教融合不断丰富内涵和拓展外延，明确各个层面的功能定位，并基于政策层面不断完善发展路径，使教育的发展活力及对产业的服务能力得到提升：一是该阶段政策用语正式使用"产教融合"；二是政策主体更加多元化，有中共中央、国务院及教育部等多个部委，反映出政策主体协同性在逐步加强，且涉及面更为广泛；三是突出企业重要主体作用，企业由"重要参与者"向"重要主体"转变成为政策的重点。产教融合、校企合作具备良好的政策与运行基础，制度体系得到初步构建；四是政策内容更加具体，可操作性更强，主要在于减少制约校企双方良性互动的制度性障碍，建立企业、行业融入教育的有效激励机制，创新产教融合重大平台载体建设，持续探索推进产教深度融合的长效机制，紧跟时代发展，助力产业结构转型升级。整体来说，更加注重政策的系统性和理念、文化的可持续性，更加突出办学、育人、企业发展及多方力量的整合，进而实现协同创新。

本章小结

通过对自 1978 年以来产教融合相关政策的数量、颁布主体、对象、内容等的分析来看，我国产教融合相关政策从职业教育领域逐步扩展到全教育领域，从教学扩展到办学再到教育发展规划，从某些产业专业再到覆盖不同类型的行业产业，实现全方位、多层次的转向转型。相关政策对产教融合内涵的理解更为丰富和多元，对行业企业在产教融合制度实施中的具体价值认识更为明确，产教融合的实施策略及推进路径也更为多元具体。这种跨界实践的推进，必然需要有效举措破除相互进入的制度性障碍，进而不断激发实践自觉。改革开放后的工学结合等实践主要是为了在短时间内培养大量掌握专业知识与实践技能的人才，鼓励人才培养的实践环节与生产劳动、社会发展相结合。随着社会主义市场经济体制的确立和完善，单纯从供给侧出发的产教结合已经远不能满足市场需求，校企关系应被重新审视。而随着创新驱动等战略的提出，产教融合开启了战略、文化等的多维度互动，意在从政策驱动转向协同创新。随着产教融合逐步成为一种行动准则和常态机制，各相关主体亟须从松散共同体转向命运共同体，实现共建共享。

第四章

产教融合的主要模式

产教融合模式是对产教双方合作方式的高度凝练和概括。究其实质,产教融合模式是一种以产业为导向的教育模式。具体来讲,产教融合模式指通过政府、学校、科研院所与企业、行业协会等产业界的紧密合作,实现教育与产业的有机结合,培养适应产业发展需求的高素质人才。西方发达国家在发展高等教育的过程中与本国的产业、行业发展保持着密切的关系,形成了富有特色的产教融合模式。我国的产教融合虽然起步晚,但在结合本国国情和时代发展特点的基础上形成了具有中国特色的产教融合模式。

第一节 国外典型的产教融合模式

一、美国的产教融合模式[①]

(一)企业本位型模式

企业本位型模式是指企业占主导地位,目标在于促进企业有序运营和可持续发展的产教融合模式。在企业本位型模式中,一般企业作为主投资人,与院校共建学院。企业

---

① 朱小军.应用型高校产教融合人才培养模式研究——基于美国社区学院办学经验、典型模式的启示[J].职教论坛,2020,36(10):123-129.

■■ 产教融合的模式与实践研究

会为共建学院的学生提供学习机会和工作机会，以满足企业的劳动力需求和学生的学习需求。当地政府也会有相对应的资金配套支持，但政府的投入比重相对较小。企业本位型模式特点鲜明。一方面，企业在产教融合中居于核心地位，保障了社区学院人才培养的产业导向，能够真正围绕企业需求培养人才，同时，校企关系不再是单一的合作关系，而是具有典型的混合所有制特征，产与教真正地融为一体，且在内部治理架构上，企业深度参与了学校治理工作；另一方面，该模式下的产教融合是一种市场驱动行为，（产业）市场需求成为学校办学的唯一指向，在人才培养上注重对学生技能的塑造，强化实践教学。

UPS-大都会学院是企业本位型模式的典型代表。美国联合包裹运送服务公司（United Parcel Service，UPS）是全球规模最大的快递运输企业，也是整个肯塔基州吸纳劳动力最多的企业。UPS 公司在发展过程中需要大量的通宵航空快递人员，然而路易斯维尔当地劳动力市场却无法补足该公司的人员缺口，严重影响到 UPS 公司业务的开展，因此 UPS 公司制订了初步搬离计划。为了留住 UPS 公司，补足其人员缺口，肯塔基州提出了一项人才培养计划，由 UPS 公司联合当地的路易斯维尔大学、杰佛森社区学院联合成立并共建大都会学院，针对 UPS 公司的通宵航空快递业务，培养专业化的人才。为了开拓生源渠道，拓展人才来源，UPS 公司规定大都会学院招录的学生可以获得其提供的夜班兼职岗位，并为其支付 50%的学习费用（当地政府承担剩余部分的学费），同时，大都会学院的学生还可以通过"绿色通道"进入路易斯维尔大学和杰佛森社区学院学习。学生白天在大都会学院正常学习，夜晚则承担 UPS 公司兼职快递业务员的工作，自己需要承担的费用只有停车费和活动费。这种模式获得了很大的成功，不仅提高了 UPS 公司员工的素质，还大幅度降低了员工的流失率，学院与公司实现"双赢"。后来，这项计划得到了更大范围的推广，逐步开放至面向肯塔基州的所有学生。

（二）院校本位型模式

院校本位型模式是以学校为主导组织开展的产教融合。这种模式主要是围绕企业生产需求开展技术开发与合作，以学校的技术专家为带头人，联合企业生产专家，共同进行知识技术整合，研发创新课程，并以课程为载体，开展技术创新和人才培养活动，服务企业生产。

美国新泽西考德威尔社区学院[①]是院校本位型模式的典型代表。2006 年，新泽西考德

---

① 美国的社区学院与我国的社区学院有很大不同。美国的社区学院是高等教育体系中的重要组成部分，属于初级高等教育学院，实行二年制，学生毕业之后有机会转入四年制大学。而我国的社区学院主要是开展终身教育，承载建设学习型社会的使命，是以推进社区物质文明、精神文明和政治文明建设，提高社区成员整体素质为根本宗旨的多功能教育机构。

第四章 产教融合的主要模式

威尔社区学院的学术部主任敏锐地察觉到周边风能源产业兴起,相关的公司需要大量的风能人才,于是决定抓住这个机会,与行业企业进行沟通,合作开展相关课程设计和建设,共同研发出了可再生性能源课程。在此课程推广前期,新泽西考德威尔社区学院联合当地可再生性能源企业,对学校相关教师和企业员工进行了为期 3 个月的课程培训,并号召教师进驻涡轮场地进行实地考察学习,保证教师能够获得足够的知识储备,以更好地面向学生进行课程讲授,为学生日后从事可再生性能源相关工作做好准备。随着这一项目的深入开展,新泽西考德威尔社区学院可再生性能源专业的办学规模日益扩大。该专业每年入学人数超过 150 人,并且该专业 80% 以上的毕业生都从事新能源发电的相关工作。

新泽西考德威尔社区学院产教融合项目的成功,一方面,因为学校的领导层具有敏锐的眼光,及时发现了新兴产业的商机,并针对新兴产业开发了相应的课程来培养人才,以满足新兴产业发展的需求;另一方面,相关的企业员工和院校教师在技术研发上给予了该项目很大的支持。学院还根据现有的资源,整合现有水力发电领域和电脑芯片制造领域的课程资源,开发可再生性能源技术的试验课程。由于该项目紧密契合新兴产业的发展需求,因此其所培养的毕业生在劳动力市场上有很大的竞争优势。

(三)自愿合作型模式

自愿合作型模式是学校和企业基于平等关系开展的合作教育模式。在这种模式下,双方在合作过程中的自由度都比较高,一般都是互补型合作。社区学院为企业提供培训产品供给,以弥补企业进行培训存在的不足,而企业通过购买培训服务获得人力资源的提升。社区学院也能够获得企业相应的经费支持,双方是一种互惠互利的关系。

目前,美国自愿合作型模式的典型代表是洛克希德·马丁公司(以下简称"LMT")与社区学院进行的产教融合。LMT 是一家大规模的军工生产公司,其业务包括战略导弹制造、航空航天制造、国防工业承包。自 1932 年以来,LMT 就在航天工业制造学徒学校培训员工,并且与芒特霍尤克社区学院和托马斯·纳尔逊社区学院开展合作,为学校学生和企业员工提供继续学习和深造的机会。LMT 在产教融合运行过程中构建了较为完善的学分转换和衔接机制,并通过开展学徒制项目保证每名受教育者都能得到相应的指导与服务。这些受教育者在完成社区教育且考核合格后能够获得副学士学位,毕业后可进入 LMT 工作,不仅所有的学费支出由 LMT 全额报销,而且能够获得较好的薪资待遇和岗位晋升的机会。LMT 在每位学徒制学生身上的花费近 10 万美元,但是这种投入有着很高的回报——公司员工的素质不断提高。

这种模式之所以能够成功，主要归结于两方面：一方面，整合了学生和雇主的需求，在满足学生继续学习需求的同时也满足了雇主对提高员工素质的需求；另一方面，LMT为员工提供的学徒制补习教育为进入社区学院学习做好了准备。自愿合作型模式的成功，对于社区学院和企业是一种双赢。社区学院可以获得更多的生源，毕业生也能在劳动力市场上占据优势。对于企业来说，员工素质的大幅度提高有助于企业的长远发展，以及企业人力资源结构的优化。

二、德国的"双元制"模式

根据格雷纳特提出的职业教育体系三种模式理论，德国的"双元制"模式是典型的政府规范下的市场模式。它的主要特征表现为双元合作、企业主体、教育调节、育人为本。各方参与的形式有章可循，参与程度有据可依，运行机制良性循环。通过深度剖析"双元制"体制可知，企业与学校两个角色并不是简单的合作关系，而是涉及政府、学校、行业企业等多个维度的融合关系，各方都扮演着不可替代的角色，各司其职，有序运行，保证该体制发挥应有作用。

行业企业的利益代理——雇主协会和行业协会等机构参与了职业培训条例的制定和修订。职业培训条例是德国职业教育最重要的原则之一。此外，行业协会还是德国企业端职业教育与培训的主管机构，监督和管理职业培训的过程，认证培训企业与人员的资质，对培训过程进行咨询指导，负责组织职业资格考试并授予职业资格证书。在培养过程方面，较高比例的德国大中企业开展了大量的教育与培训，深度参与了职业教育的人才培养过程。从这一意义上来讲，行业企业对于职业教育的参与是十分积极主动的。

传统上，学校适应和配合行业企业需求的主动性并不强，职业学校的任务更多的是进行经典意义上的教育而非培训，更多地传授理论知识并塑造一般文化素养，学校课程在过去也比较学科化。1996年，学习领域课程的引入使这一情况发生了较大改变。在该课程理念下，职业学校的课程强化了对职业能力的培养，在教学过程中更加注重行为导向，从而提高了德国职业学校配合行业企业的主动性。

德国政府在职业教育产教融合中主要发挥了两方面的作用。一方面，政府为职业学校等公立机构提供经费支持；另一方面，在国家制度框架下，政府搭建了一个由行业企业、工会及职业学校等利益相关者共同参与的职业教育事务决策和商议平台，政府起到协调和组织作用。

概括来说，德国行业企业参与职业教育的主动性较高；学校传统上适应产业需求的主动性并不高，但在过去20年间有所提高；企业承担了产教融合大部分的成本，政府承担了较小的部分；产教融合更多以宏观制度层面上教育标准协调一致的方式实现，而实际上中微观层面的校企合作则较为松散；政府的角色主要体现在搭建职业教育标准开发平台及向职业学校提供经费支持等方面。

三、英国的产教融合模式

英国行业企业参与职业教育较为积极主动，但更多地体现在对行业人才需求的表达、标准的制定和修订、利益相关方协议的达成等方面。英国有以下几种核心机制：行业技能委员会与雇主共同判断未来技能需求、开发职业标准并影响未来职业资格设置，为雇主提供一个表达行业劳动力技能需求的平台，影响相关政策制定；英国就业与技能委员会负责评估英国就业和技能方面的进步，向政府提出关于增加工作岗位及提高技能等方面的建议，监管英国就业和技能体系的工作及挑战；行业技能协议是雇主和培训提供者之间签订的协议，详细描述了各行业技能缺乏的情况，并提出解决问题的方向，是一种了解行业技能缺陷、明确工作内容的机制。

英国的职业教育历来强调能力本位，其教育过程在很大程度上以培养劳动力市场需要的能力为主要目标，甚至有些过于注重为当下的劳动力市场提供所需要的技能。在产教融合的形式上，除现代学徒制等形式外（学习者数量占比较小），英国的产教融合更多是在标准制定和能力需求层面上，真正参与培养过程的企业所占的比例并不高：一方面由于其企业技能需求和人力资源策略等原因；另一方面则出于对"跨界"的担心。英国企业参与和提供职业教育与培训较少，而由不同类型的教育培训机构承担职业教育与培训的主要任务。英国产教融合成本分担情况根据教育提供者和经费来源的差异而有所不同。英国职业教育提供者以继续教育学院、大学里的技术学院及私立培训机构为主，在较长时期内，其经费来源中平均70%由政府公共财政承担。政府经费中的一部分是通过培训税等方式获得的。[①]英国政府在职业教育产教融合中既搭建了平台、设计了制度，也提供了职业教育培训中的部分经费。概括来说，在英国职业教育产教融合中，行业企业

---

① 李俊，李东书. 职业教育产教融合的国际比较分析——以中国、德国和英国为例 [J]. 高等工程教育研究，2019（4）：159-164.

参与职业教育较为积极主动，但更多体现在标准制定和需求表达层面；学校较为积极地适应行业企业需求，融合的形式则主要体现在标准和考核层面；政府承担了较多成本，同时搭建了制度平台。

四、日本的"产学官合作"模式

日本"产学官合作"模式是指通过大学等教育研究机构和产业界的合作，政府及地方公共团体提供制度及预算财政支持，达到研究开发新技术及创出新产业的目的。其合作模式主要有三种。①

（一）研究合作

研究合作包括共同研究（企业等研究人员与大学教师关于共同课题的研究）、委托研究（接受企业委托的研究）、捐助金研究（利用企业或个人捐助金进行的研究活动）等。从研究量上看，共同研究（含共同研究中心）和委托研究的占比分别为31.42%、32.88%，大体相当。但是，从获得的研究经费情况来看，委托研究占比提高。可见，委托研究已成为主要形式，企业研究活动已从自主研究向高等院校转移。

（二）教育合作

教育合作包括企业实习、教育课程共同开发、教员互派交流等。其中企业实习是中心内容。2014年，日本文部省修订了《推进大学等企业实习的基本想法》，指明今后将通过充实强化实习项目内容，积极推进实习项目的学分化、中长期化、带薪化和国际化，以适应产业结构高级化，培养具有高度实践力的产业专门职业人才。2015年，以"实践型职业教育高等教育机构制度化"为议题的文部省审议会做出将职业教育学校与产业界及地域相关机构共同合作开发教育课程作为高校办学义务之一的决定，同时在《大学设置标准》等法规中做出明确规定。

（三）社会服务合作

社会服务合作指以TLO（技术转化机构）等平台为载体，发掘（承接）来自大学、研究机构的科研成果，申请专利后将实施权转让给企业，并将转让费的一部分作为收益返还给大学、研究机构（发明者），以促进院校科研成果顺利转化。另外，基于日本高校

---

① 李博. 基于"产学官合作"的日本实践型高职教育模式[J]. 教育与职业，2017（13）：104-109.

国立法人兼职制度，学校教员被允许从事技术指导等顾问咨询活动，为企业提供流动性人才保障；根据相关立法，大学场地及其他资源被免费提供给风险企业，支持其自主创业，同时高校可对风险企业进行投资，获得收益回报。

第二节 我国产教融合的主要模式

关于我国产教融合的模式，我国学者有的将其分为产教融合研发、产教融合共建、项目牵引、人才培养与交流四种模式[①]，有的按契约关系将其划分为技术转让型、联合开发型、委托开发型和共建实体型四种类型[②]，还有的将其归纳为成果转化、项目委托、人才培养三种传统模式及合作研发、战略联盟、平台运作、人才流动四种现代模式[③]。本节主要基于企业参与程度对我国产教融合模式进行分析，即依照企业参与程度由低到高将我国产教融合模式分为委托培养与联合培养，共建产教融合创新平台与产教融合基地，现代产业学院、未来技术学院与产业技术研究院，示范性职业教育集团（联盟）、产业技术创新战略联盟与产教融合共同体，混合所有制和企业办学六种模式。

一、委托培养与联合培养模式

（一）"智能基座"产教融合协同育人基地

2020年5月，教育部与华为签署战略合作备忘录，双方重点在产教融合协同育人基地建设、教材建设、课程建设、师资培训、科研攻关等方面展开深入合作，着力培养掌握信息技术领域关键核心技术的人才。随后，华为联合清华大学、北京大学等72所高校，共建"智能基座"产教融合协同育人基地，以鲲鹏、昇腾、华为云等技术为核心培养计算机人才，提升了自主知识产权相关技术的推广与普及速度。从2020年入选名单来看，入选高校基本为各省的"双一流"高校。从高校所属省市来看（见图4-1），北京市入选高校数量最多，有11所；江苏省次之，有10所；广东省、上海市的入选高校数量均超过5所。从中可以看出，入选高校数量分布基本与各省（区、市）"双一流"高校数量分布相匹配。

[①] 柳友荣，项桂娥，王剑程. 应用型本科院校产教融合模式及其影响因素研究[J]. 中国高教研究，2015（5）：64-68.
[②] 原长弘. 国内产学研合作学术研究的主要脉络：一个文献述评[J]. 研究与发展管理，2005（4）：98-102，109.
[③] 谢科范，陈云，董芹芹. 我国产学研结合传统模式与现代模式分析[J]. 科学管理研究，2008（1）：38-41.

产教融合的模式与实践研究

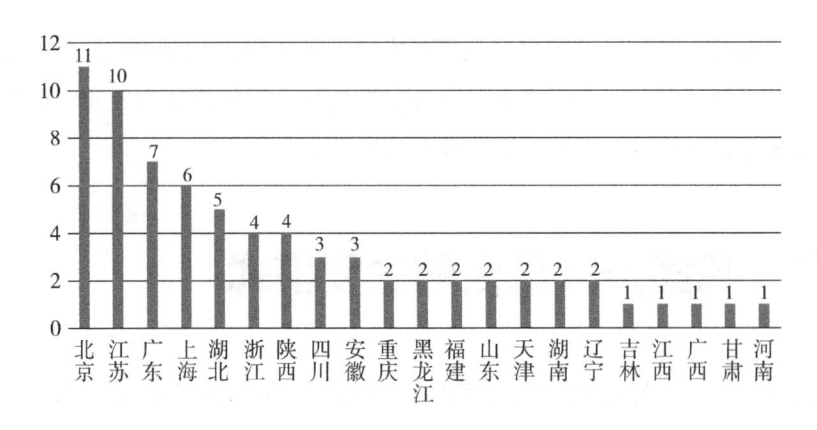

图 4-1 2020 年各省（区、市）"智能基座"产教融合
协同育人基地入选高校数量分布情况（单位：所）

（二）研究生联合培养基地

2015 年 5 月，教育部为贯彻落实《教育部 国家发展改革委 财政部关于深化研究生教育改革的意见》《教育部 人力资源社会保障部关于深入推进专业学位研究生培养模式改革的意见》，深化专业学位研究生培养模式改革，提高培养质量，发布《教育部关于加强专业学位研究生案例教学和联合培养基地建设的意见》，在研究生培养中，科教融合、产教融合模式更加成熟，高校与科研院所、高水平企业联合培养的格局逐步形成，截止到 2023 年，共认定建设 108 家工程专业学位研究生联合培养示范基地。

在工程专业学位研究生联合培养示范基地数量分布中（见图 4-2），江苏省数量最多，有 16 家；北京市次之，有 15 家；陕西省有 11 家；天津市有 8 家；上海市和浙江省各有 6 家；安徽省、黑龙江省、辽宁省、广东省各有 5 家；山东省有 2 家。

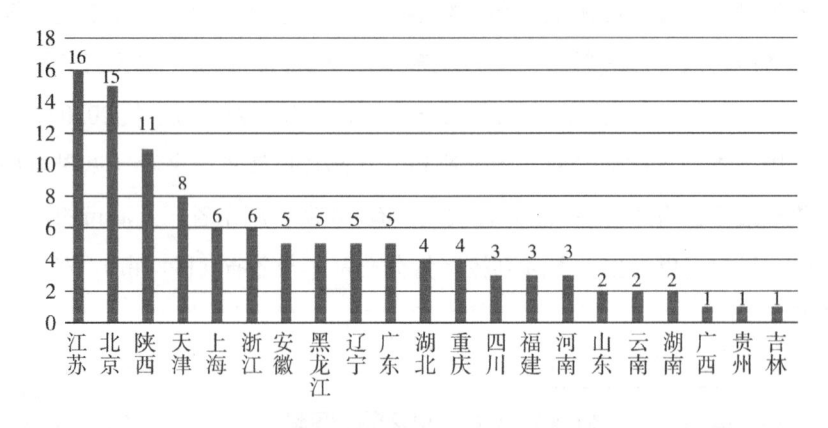

图 4-2 2023 年各省（区、市）工程专业学位研究生联合培养示范基地数量分布情况（单位：家）

二、共建产教融合创新平台与产教融合基地模式

（一）众创空间

众创空间是顺应网络时代创新创业特点和需求，通过市场化机制、专业化服务和资本化途径构建的低成本、便利化、全要素、开放式的新型创业服务平台。众创空间的主要功能是通过创新与创业相结合、线上与线下相结合、孵化与投资相结合，以专业化服务推动创业者应用新技术、开发新产品、开拓新市场、培育新业态。①

为贯彻落实党中央、国务院关于推进大众创业万众创新决策部署，推动科技创新创业高质量发展，加快创业孵化载体体系化、专业化建设，2022年6月28日，科技部印发《科技部关于公布2021年度国家备案众创空间的通知》，确定北京时代凌宇科技孵化器有限公司、SOLINK物联网产业链众创空间等350家机构为国家备案众创空间。《财政部 税务总局 科技部 教育部关于科技企业孵化器 大学科技园和众创空间税收政策的通知》规定，对国家级、省级科技企业孵化器、大学科技园和国家备案众创空间自用以及无偿或通过出租等方式提供给在孵对象使用的房产、土地，免征房产税和城镇土地使用税；对其向在孵对象提供孵化服务取得的收入，免征增值税。

从2021年各省（区、市）国家级备案众创空间入选企业数量来看（见图4-3），江苏省的数量遥遥领先，共有60家企业入选；浙江省入选44家，其中宁波市单独入选5家；山东省入选20家，其中青岛市单独入选6家。

从2021年各经济发展区来看（见图4-4），长三角经济区国家级备案众创空间发展突出，数量占比达37.43%。由于众创空间的发展多呈现出以都市圈为集聚中心的空间格局，城市金融资本、开放程度、经济规模、信息化程度和创新活力等影响作用最大，而长三角经济区在这些方面具备显著优势。中部经济区次之，数量占比为14.86%。

通过国家级备案众创空间名单，我们可以发现：

（1）各省份主要依托科技和产业发展众创空间，着眼实体经济，瞄准和培育未来新兴产业，重点聚焦电子信息、互联网、智能硬件、生物医药、高端装备制造、航空航天、文化创意和现代服务业等多个领域。

---

① 资料来源：科技部官网，《发展众创空间工作指引》。

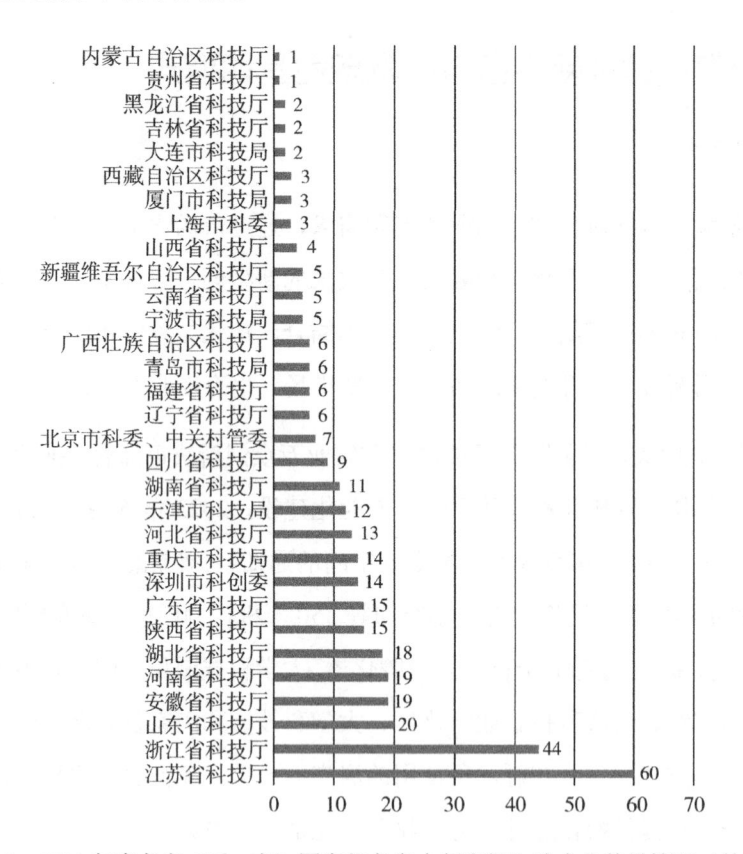

图4-3 2021年度各省（区、市）国家级备案众创空间入选企业数量情况（单位：家）

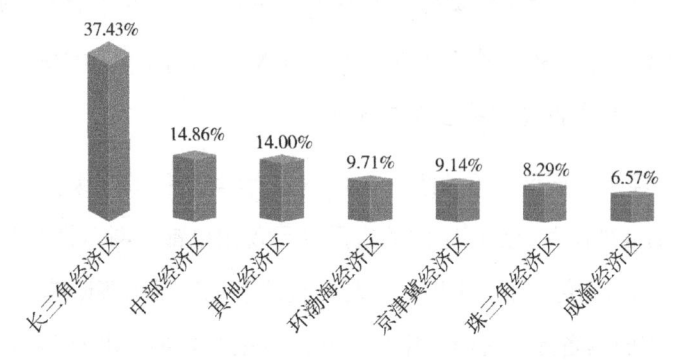

图4-4 2021年各经济发展区国家级备案众创空间数量分布占比①

（2）众创空间类型多种多样（见图4-5）。其中，专业技术领域型的113家，创客服务型的63家，开放办公交流型的52家，企业开放创新平台型的43家，创业教育培训型

---

① 长三角经济区包含上海市、江苏省、浙江省、安徽省；珠三角经济区包含广东省、香港特区、澳门特区；京津冀经济区包含北京市、天津市、河北省；环渤海经济区包含山东省、辽宁省；成渝经济区包含四川省、重庆市；中部经济区包含河南省、山西省、湖北省、湖南省、江西省。其他经济区指除上述经济区所包含省、市之外的部分城市组成的经济区，如西部经济区、东北经济区等。

的40家，创业投融资服务型的39家。从中可以看出，专业技术领域型的众创空间所占比例最高，达到32%，在一定程度上体现了众创空间未来的发展趋势。

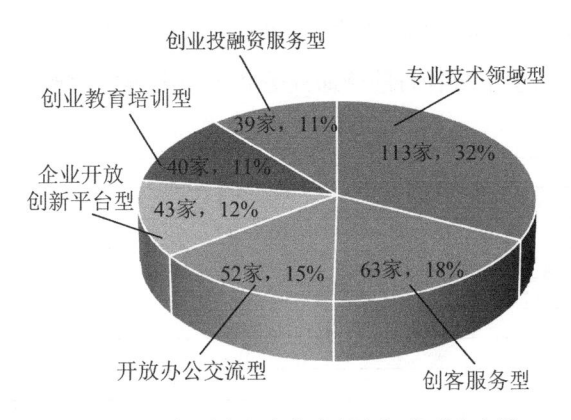

图 4-5　2021年国家级备案众创空间类型分布情况

（二）创新创业学院及教育实践基地

为全面贯彻落实《国务院办公厅关于进一步支持大学生创新创业的指导意见》，深化高等学校创新创业教育改革，加强创新创业人才培养，纵深推进大众创业万众创新，教育部决定开展国家级创新创业学院、国家级创新创业教育实践基地建设工作。面向全国普通高校，重点围绕开展创新创业教育教学改革、课程教材建设、师资培训等工作，整合校内外教学资源。建设100个"双创"学院，重点围绕开展大学生创新创业训练、筛选、培育、孵化创新创业项目等工作，整合校内外实践资源。建设100个实践基地，打造区域性创新创业人才培养示范区和创新创业实践基地，形成高校创新创业人才培养基本模式，建设以创新创业为导向的新型人才培养模式，优化创新创业教育资源配置机制。全面有效统筹校内外创新创业教育资源，汇聚各类政策、场地、人力、资本等资源强化区域内创新创业教育资源互促互补，实现创新创业教育改革的系统集成、协同高效，推动高校创新创业教育特色化差异化发展。

2022年6月13日，教育部办公厅公布了"国家级创新创业学院、国家级创新创业教育实践基地建设名单"。首批国家级创新创业学院有安徽大学、北京大学、北京工业大学、北京航空航天大学、北京科技大学、东北大学、复旦大学等170所本科院校，同时宁波职业技术学院、山东商业职业技术学院、深圳职业技术学院等27所职业技术学院入选。此次入选的197所院校中有84所"双一流"高校。"国家级创新创业教育实践基地建设名单"中有100所高校，包括安徽工程大学、北京建筑大学、成都理工大学等83所本科院校，以及成都职业技术学院、广东职业技术学院、河南工业职业技术学院等17所职业技术学院。从国家级创新创业学院与国家级创新创业教育实践基地数量分布情况（见图4-6）来看，江苏省拔得头筹，共有14所院校入选；之后是浙江省和广东省，分别有12所院校入选；山东省、湖北省、江西省、北京市、陕西省、四川省各有10所院校入选。所公布的建设名单基本与各省的普通高等教育与高等职业教育发展实力相匹配。

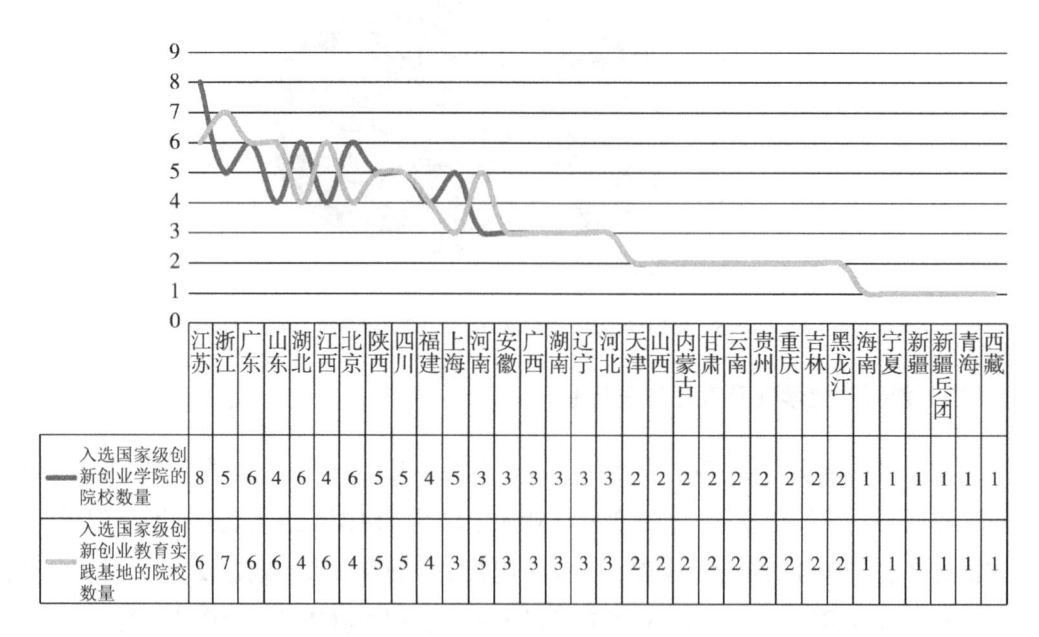

省份	江苏	浙江	广东	山东	湖北	江西	北京	陕西	四川	福建	上海	河南	安徽	广西	湖南	辽宁	河北	天津	山西	内蒙古	甘肃	云南	贵州	重庆	吉林	黑龙江	海南	宁夏	新疆	新疆兵团	青海	西藏
入选国家级创新创业学院的院校数量	8	5	6	4	6	4	6	5	5	4	5	3	3	3	3	3	3	3	2	2	2	2	2	2	2	2	1	1	1	1	1	1
入选国家级创新创业教育实践基地的院校数量	6	7	6	6	4	6	4	5	5	4	3	5	3	3	3	3	3	3	2	2	2	2	2	2	2	2	1	1	1	1	1	1

图4-6 国家级创新创业学院及国家级创新创业教育实践基地数量分布情况（单位：家）

（三）职业教育教师企业实践基地

为贯彻落实《中共中央 国务院关于全面深化新时代教师队伍建设改革的意见》精神，按照《国家职业教育改革实施方案》工作部署，根据《职业学校教师企业实践规定》要求，深化产教融合、校企合作，发挥企业在在职教师队伍建设中的重要作用，加快建设一支新时代高素质"双师型"教师队伍，经有关行业主管部门、行业组织及各省（区、市）推荐，教育部等部门组织专家遴选，确定中国通信服务股份有限公司等企业为第一批全国职业教育教师企业实践基地，共102家。其中，北京市26家，数量最多；上海市9家；湖北省和广东省分别有6家；山东省和四川省分别有5家。

2022年12月，为深入贯彻党的二十大精神，深化产教融合、校企合作，根据《教育部等七部门关于印发〈职业学校教师企业实践规定〉的通知》要求，进一步完善职业教育教师企业实践体系，推动"双师型"教师队伍建设，经各省份和行业组织推荐、专家综合评议，教育部、工业和信息化部等部门确定了第二批全国职业教育教师企业实践基地（国家级基地）名单。教育行政部门和职业院校要主动加强与国家级基地的联

第四章 产教融合的主要模式

系,严格落实职业院校专业课教师每年累计不少于 1 个月的企业实践制度,做好教师的企业实践规划、实施计划、组织管理、考核评价等工作。国家级基地应积极承担教师企业实践任务,加强建设,打造样板。具体来讲,国家级基地要提供必需的场所、设备和技术指导人员,通过组织技能培训、提供岗位实践、设置科研攻关项目等,让参训教师深入了解企业生产的组织方式、工艺流程、产业发展趋势等基本情况,熟悉企业相关岗位职责、操作规范、技能要求、用人标准、管理制度、企业文化等,学习所教专业在生产中应用的新知识、新技术、新工艺、新材料、新设备、新标准等。

如图 4-7 所示,从第二批全国职业教育教师企业实践基地数量分布情况来看,北京市仍然遥遥领先,浙江省、广东省、山东省和上海市的实践基地数量超过 5 家;与第一批全国职业教育教师企业实践基地数量分布情况相比,基地数量较多的省份依旧集中于北京市、浙江省、广东省、山东省和上海市等地,组成第一梯队。

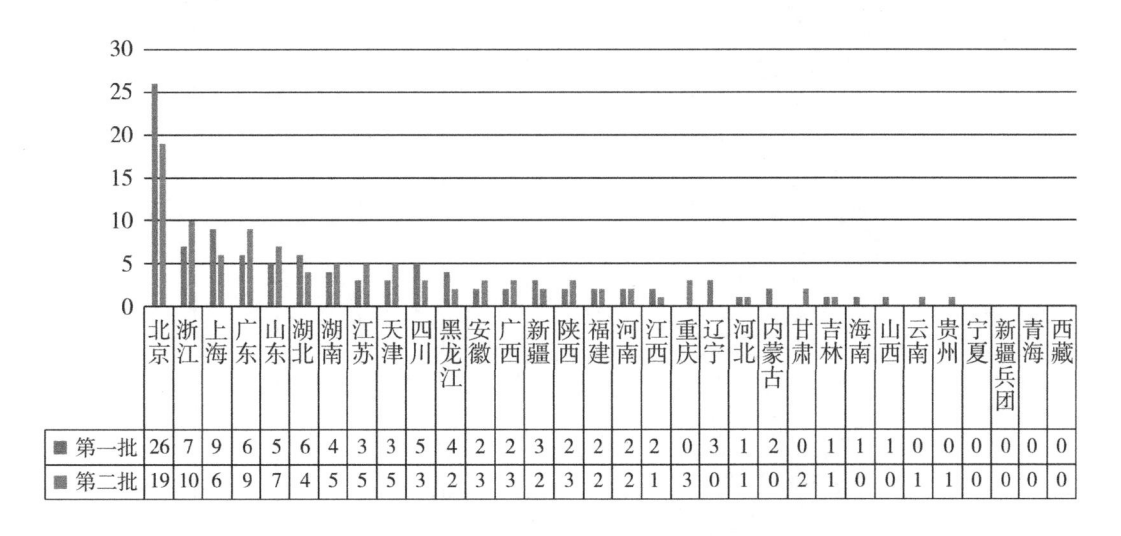

地区	北京	浙江	上海	广东	山东	湖北	湖南	江苏	天津	四川	黑龙江	安徽	广西	新疆	陕西	福建	河南	江西	重庆	辽宁	河北	内蒙古	甘肃	吉林	海南	山西	云南	贵州	宁夏	新疆兵团	青海	西藏
第一批	26	7	9	6	5	6	4	3	3	5	4	2	2	3	2	2	2	2	0	3	1	2	0	1	1	1	0	0	0	0	0	0
第二批	19	10	6	9	7	4	5	5	5	3	2	3	2	3	2	2	1	3	0	1	0	2	1	0	0	1	1	0	0	0	0	0

图 4-7 第一批、第二批全国职业教育教师企业实践基地数量分布情况(单位:家)

从实践基地所属行业领域来看(见图 4-8),第二批全国职业教育教师企业实践基地主要集中于工业和信息化、机械、交通运输等领域。其中,工业和信息化领域的企业实践基地集中于北京市、浙江省和广东省三省市,机械领域教师企业实践基地集中于湖南省、浙江省和天津市三省市,而交通运输领域企业实践基地集中于北京市和上海市。

此外,各省(区、市)也在积极开展省级职业教育教师企业实践基地建设。以山东省为例,为完善职业教育教师企业实践体系,丰富教师企业实践资源,加强职业院

产教融合的模式与实践研究

校"双师型"教师队伍建设,2023年2月,山东省教育厅等部门确定海尔集团公司等49家企业为山东省职业教育教师企业实践基地。各企业实践基地通过接纳教师到企业考察观摩、进行工程技术实践、参加专业技能实训、到生产和管理岗位兼职或任职、参与产品研发和技术创新、设置企业实践岗位和企业实践流动站等多种方式,积极承担职业院校教师企业实践任务,成为职业院校"双师型"教师培养的重要力量。同时,企业定期推荐具有实践经验的专业技术人员、高技能人才到职业院校交流或担任兼职教师、兼职指导教师,积极参与职业院校教学改革与研究,协同开发课程资源,促进"双元"育人。

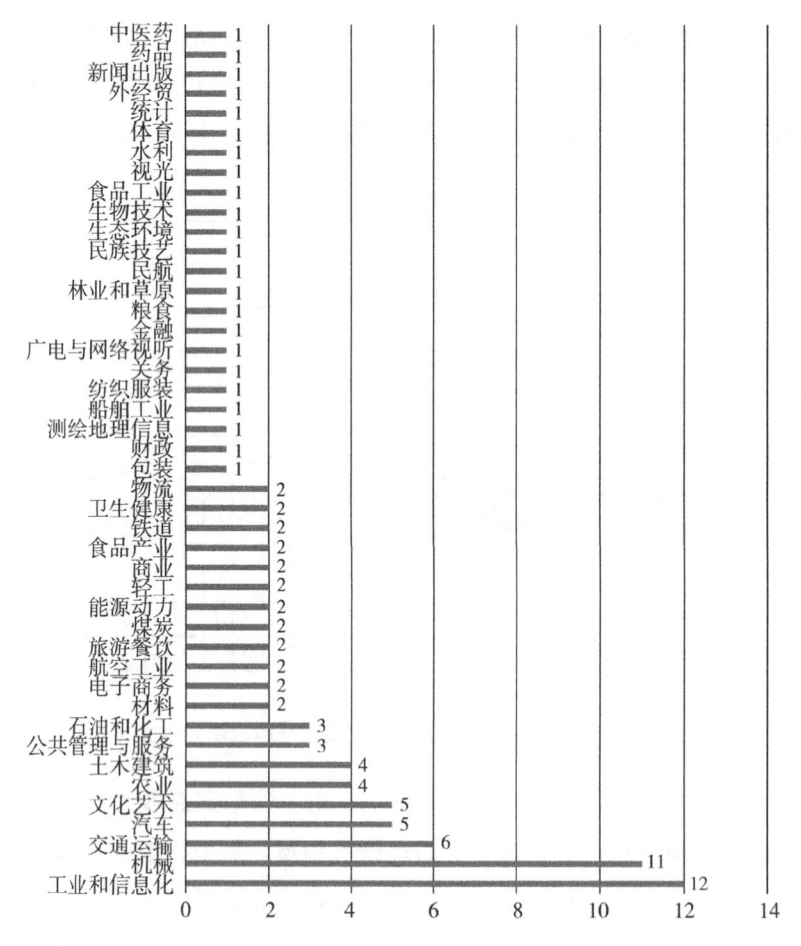

图 4-8 第二批全国职业教育教师企业实践基地所属行业领域分布情况(单位:家)

(四)创业孵化示范基地

创业孵化示范基地是集聚创业要素的重要载体,是落实创业政策、开展创业培训、提供创业服务的重要阵地。《国务院关于推动创新创业高质量发展打造"双创"升级版的意见》明确要求继续推进全国创业孵化示范基地建设。科技部火炬中心发布了《中国创业孵化发展报告（2022）》，报告重点介绍了2021年我国科技创新创业孵化发展的总体情况。2021年，全国创业孵化机构数量达15253家（其中孵化器6227家、国家级科技企业孵化器1287家），众创空间9026家（其中国家备案众创空间2551家）。全国创业孵化机构总体运营良好，总收入达到801.76亿元，同比增长10.58%。其中，孵化器在孵企业年总收入1.24万亿元，同比增长21.3%，逐步构建了"众创空间—孵化器—加速器—科技园区"全链条科技"双创"服务体系。

目前，全国创业孵化示范基地共有185家（见图4-9）。其中，辽宁省、吉林省、上海市、江苏省、浙江省、安徽省、湖南省、新疆维吾尔自治区各8家，内蒙古自治区、江西省、山东省、重庆市、陕西省、宁夏回族自治区各7家，北京市、甘肃省、黑龙江省、河南省、湖北省、广东省、四川省、贵州省各6家，福建省5家，河北省、山西省、广西壮族自治区、云南省各4家，青海省3家，海南省、西藏自治区、天津市各2家，新疆生产建设兵团（简称新疆兵团）1家。从基地数量来看，各省（区、市）、新疆兵团之间数量分布较为均衡，其中华东地区（36家）与西北地区（32家）具有一定优势。

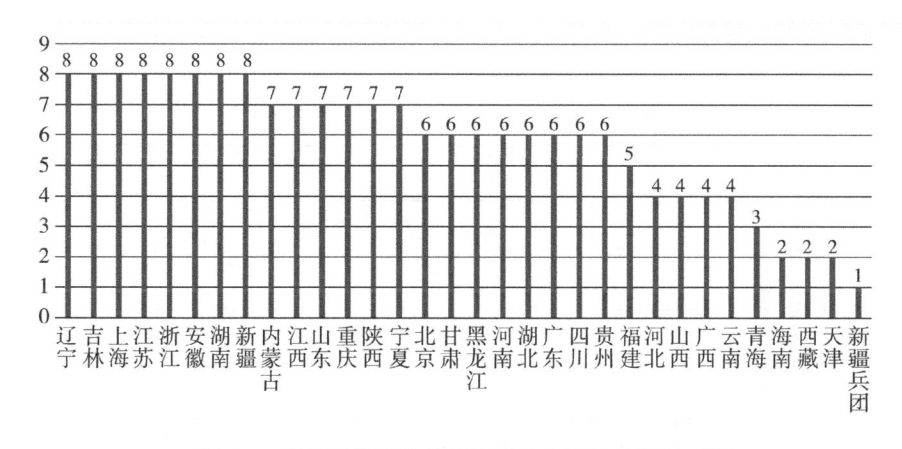

图4-9 创业孵化示范基地数量分布情况（单位：家）

三、现代产业学院、未来技术学院与产业技术研究院模式

（一）现代产业学院

现代产业学院是以提升职业院校服务区域产业能力为目标，整合地方政府、职业院

产教融合的模式与实践研究

校、行业协会、龙头企业和产业园区的资源，建立以人才培养为主，兼有学生创新创业、技术创新、科技服务、继续教育等多主体、多功能深度融合的新型办学实体。[①]现代产业学院是当前职业教育最有效的产教融合模式之一，是教育链、人才链与产业链、创新链有机衔接的结果。

为扎实推进新工科建设再深化、再拓展、再突破、再出发，协调推进新工科与新农科、新医科、新文科融合发展，全面提高人才培养能力，2020年7月30日，教育部办公厅、工业和信息化部办公厅印发了《现代产业学院建设指南（试行）》，明确提出在特色鲜明、与产业紧密联系的高校建设若干与地方政府、行业企业等多主体共建、共管、共享的现代产业学院。2021年12月27日，教育部办公厅与工业和信息化部办公厅公布了首批现代产业学院名单，确定了首批国家级现代产业学院，共50所（见图4-10）。其中，江苏省共有10所高校入选；广东省次之，共有7所高校入选；上海市和辽宁省分别有3所高校入选；河北省、吉林省、浙江省、安徽省、湖北省、重庆市、四川省各有2所高校入选。从各省（区、市）入选高校数量分布情况来看，现代产业学院的设置集中于江苏省和广东省。从现代产业学院的名称来看（见图4-11），各省（区、市）主要围绕人工智能、智能制造、智能装备、机器人、大数据等新兴产业建设现代产业学院。坚持产业为要，坚持产教融合，人才培养的主要专业与区域产业发展具有高契合性。遴选出的高校也主要是行业特色鲜明、与产业联系紧密的高校，重点是应用型高校和综合型高校。

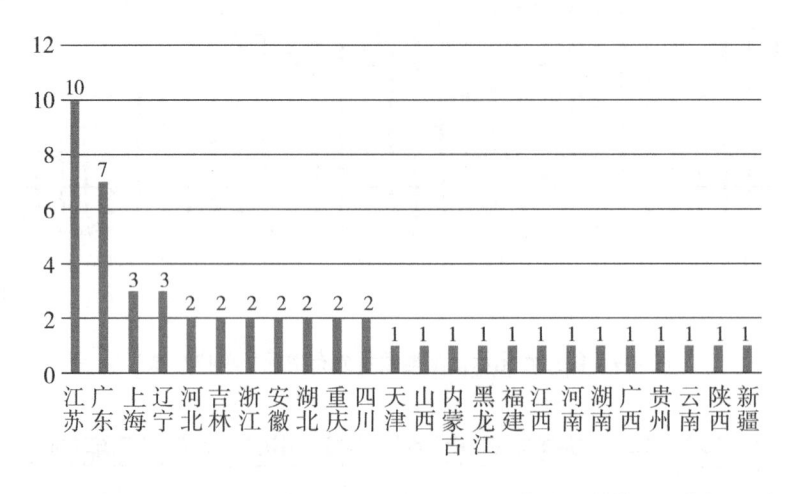

图4-10　各省（区、市）首批国家级现代产业学院数量分布情况（单位：所）

[①] 郑荣奕，蒋新革. 现代产业学院建设：发展历程、组织特征与改革路径［J］. 职业技术教育，2021，42（30）：14-19.

图 4-11 首批国家级现代产业学院名称词云分布情况

现代产业学院是促进产教融合的重要平台。各省级现代产业学院的建设也在如火如荼地开展着。以山东省为例，根据《教育部办公厅 工业和信息化部办公厅关于印发〈现代产业学院建设指南（试行）〉的通知》和《山东省教育厅 山东省工业和信息化厅关于印发〈推进本科高校现代产业学院建设实施方案〉的通知》等有关要求，山东省教育厅组织开展了 2021 年山东省现代产业学院建设遴选工作，经学校推荐、形式审查、专家评审、择优遴选等相关工作程序，确定了 30 所产业学院为首批建设的山东省现代产业学院。2022 年又确定了 22 所支持建设的山东省现代产业学院。

此外，部分高职院校对接区域战略支柱产业和战略性新兴产业，结合"双高计划"项目，探索高水平现代产业学院改革路径，建设模式更加灵活，产权结构更加多元，服务功能更加丰富。例如，深圳职业技术学院紧跟深圳产业前沿、技术前沿，与行业领军企业紧密合作，自 2018 年以来建设 ARM 智能硬件学院、华为信息与网络技术学院、阿里巴巴数字贸易学院等 11 所特色产业学院。深圳职业技术大学（原深圳职业技术学院）将专业群与世界 500 强企业强强联合，共建特色产业学院，校企共同开展党建活动、建设高水平专业、开发课程标准、打造师资团队、设立研发中心、开发高端认证证书、开展创新创业教育等。学校力推以企业能力为导向的教学改革，将领军企业认证证书等用人标准转化为教学标准，及时将新技术、新工艺等融入课程内容。再如，广东轻工职业技术学院积极探索校企混合所有制办学模式，推进"一群一院一联盟"产业学院建设，推动产教共享资源、共建师资、共育人才；主动对接广东现代服务业、先进制造业、电子信息、生物医药等支柱产业，依托二级学院与优势专业，先后成立化妆品学院、雷诺钟表学院、SGS 测试学院、白天鹅学院等 10 所产业学院，促进跨界深度融合，增强办学活力，逐步改造专业教学及人才培养、供应的整个链条。

（二）未来技术学院

为推动高校加快体制机制创新，做好未来科技创新领军人才的前瞻性和战略性培养，抢占未来科技发展先机，2020年5月12日，教育部办公厅印发了《未来技术学院建设指南（试行）》，明确提出汇聚科研院所、企业、投资机构等多方资源，为未来技术学院的人才培养等工作提供技术、经费、师资等全方位的有力支撑，促进未来技术发展、产业变革与创新创业教育深度融合，引入行业领军企业的优质资源，面向未来技术发展需求，将前沿科学技术有机融入人才培养全过程。2021年5月17日，教育部办公厅发布了首批未来技术学院名单，确定了首批国家级未来技术学院，共12家，具体如表4-1所示。

表4-1 首批国家级未来技术学院名单

序号	高校名称	学院名称	所在省（区、市）
1	北京大学	未来技术学院	北京
2	清华大学	未来技术学院	
3	北京航空航天大学	未来空天技术学院	
4	天津大学	未来技术学院	天津
5	东北大学	未来技术学院	辽宁
6	哈尔滨工业大学	未来技术学院	黑龙江
7	上海交通大学	未来技术学院	上海
8	东南大学	未来技术学院	江苏
9	中国科学技术大学	未来技术学院	安徽
10	华中科技大学	未来技术学院	湖北
11	华南理工大学	未来技术学院	广东
12	西安交通大学	未来技术学院	陕西

未来技术学院关注的未来技术是指那些具有前沿性、革命性、颠覆性的未来关键核心技术，涉及人工智能、量子信息、集成电路、生命健康、脑科学、生物育种、空天科技、深地深海等诸多领域。从入选高校的综合实力来看，未来技术学院主要设置在理工科实力雄厚的"双一流"高校，更加侧重科教融合、面向未来、学科交叉融合和以学生为中心，构建开放式协同创新人才培养大平台。作为未来技术领军人才培养和未来技术探索与研发的平台，未来技术学院的建设是时代赋予高等教育的历史使命，是高校，

尤其是学科专业优势突出、综合实力强、创新成果显著的部分高校应该承担的一项重要任务。[①]

(三) 产业技术研究院

产业技术研究院是由政府扶持，依托高校建设，基于技术、人才和资本三大要素有效运行的独立法人单位。[②]产业技术研究院是推动高校发展，促进高校科技与经济结合的新方式，也是提高企业自主创新能力，建设国家创新体系的重要手段。产业技术研究院具有综合性、开放性和整合性的特点，通过对具有巨大经济潜力的产业前沿技术、共性技术的研发，整合政府、高校、科研院所与企业的各种创新资源，推动产业结构升级和区域经济发展。产业技术研究院是现代交叉学科的建设平台、创新型人才的孵化平台、产业技术的集成平台、制度创新的运行平台，是实现"政产学研用"的有效途径。

较早成立产业技术研究院的省（区、市）有上海市（2012年）、江苏省（2013年）、贵州省（2013年）、山西省（2014年）。山东省于2019年7月成立山东产业技术研究院。以上海市为例，2012年8月，上海市成立上海产业技术研究院。上海产业技术研究院是"为共性技术研发、成果转化和产业引领提供统筹、支撑、服务的平台"。如果把科技创新形象地比喻为一项4×100米接力赛，那么，科学发现和机理验证是第一棒，技术形成和原型实验是第二棒，应用转化形成生产技术是第三棒，产业化和商品化是第四棒。上海产业技术研究院被定位为第三棒，即作为组织者和行动载体，推动共性技术的研发，推动科技成果的转化，推动商业模式的创新。

产业技术研究院的主要功能如下。

（1）战略咨询：研判国内外产业技术发展态势，制定产业技术发展战略、规划和路径，为政府部门提供咨询意见；开展技术情报市场分析工作，为企业、科研机构、投资界等提供行业咨询服务。

（2）联合研发：组织产学研用金等多方资源，联合开展平台建设和项目研发。

（3）成果转化：通过"与用户一起创新"及商业模式创新等手段加强科技金融合作（或孵化企业，或进行知识产权转让）促进共性技术转移和扩散。

---

① 林健. 未来技术学院建设：基础、目标、原则、保障 [J]. 清华大学教育研究，2020，41（6）：1-6.
② 丁云龙，孙冬柏. "政产学研用"一体化，打造产业技术研究院 [J]. 中国高校科技，2012（3）：20-23.

四、示范性职业教育集团(联盟)、产业技术创新战略联盟与产教融合共同体模式

(一)示范性职业教育集团(联盟)

为深入落实《国家职业教育改革实施方案》《职业教育提质培优行动计划(2020—2023年)》《教育部关于深入推进职业教育集团化办学的意见》等文件精神,以建设培育示范性职业教育集团(联盟)为契机,进一步完善职业院校治理结构,扎实有效开展试验探索,全面增强职业教育集团化办学的活力和服务能力,根据《关于开展示范性职业教育集团(联盟)建设的通知》相关要求,截止到2021年,已遴选确定两批国家级示范性职业教育集团(联盟)培育单位299家。

从各省(区、市)国家级示范性职业教育集团(联盟)培育单位数量分布情况(见图4-12)来看,江苏省与山东省的培育单位数量都超过20家,广东省、浙江省、湖南省的培育单位数量在15家以上。总体来说,国家级示范性职业教育集团(联盟)培育单位数量分布与各省(区、市)高等职业教育规模和水平相匹配。

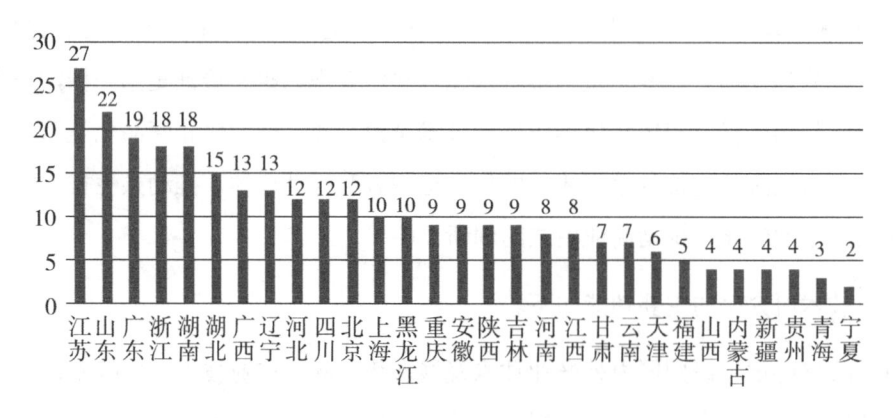

图4-12 各省(区、市)国家级示范性职业教育集团(联盟)培育单位数量分布情况(单位:家)

从示范性职业教育集团(联盟)的组织构成来看,高职院校占绝大多数,尤其是国家"双高计划"高职院校建设单位具有一定优势。具体来说,从公布立项的两批299个示范性职业教育集团(联盟)来看,第一牵头单位为高职院校的示范性职业教育集团(联盟)共有260个,占立项单位总数比例超过87%。其中,第一牵头单位为"双高计划"院校的有111个,约占立项单位总数的37%;第一牵头单位为普通高职院校的有149个,占比约为50%。除高职院校外,其他类型的牵头单位明显偏少。

从示范性职业教育集团(联盟)与产业的对应性来看,两批299个国家级示范性职业

教育集团（联盟）主要服务于国家重点产业和区域支柱产业。从产业布局来看（见图 4-13），面向现代服务业的有 78 个，占总数的 26%；面向现代农业的有 36 个，占总数的 12%；面向先进制造业的有 68 个，占总数的 23%；面向战略性新兴产业的有 42 个，占总数的 14%；面向其他产业的有 75 个，占总数的 25%。可以看出，面向先进制造业和面向战略性新兴产业的国家级示范性职业教育集团（联盟）合计 110 个，占总数比例超 1/3，但与国家大力发展高端产业和产业高端需求相对照，仍难以满足发展需要。

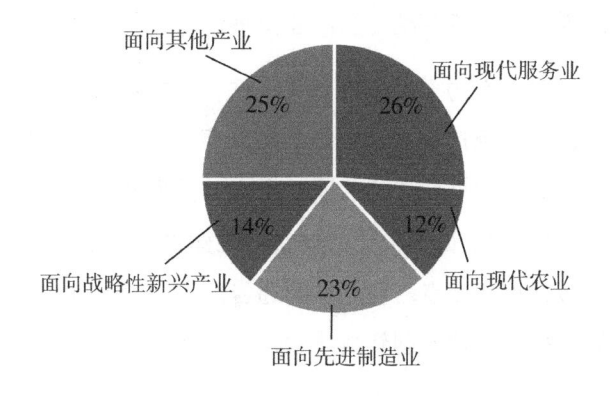

图 4-13　示范性职业教育集团（联盟）面向产业分布情况

从全国不同经济发展区来看（见图 4-14），长三角经济区的示范性职业教育集团（联盟）数量占比具有显著优势，达 21.40%；中部经济区次之，占比达 17.73%。

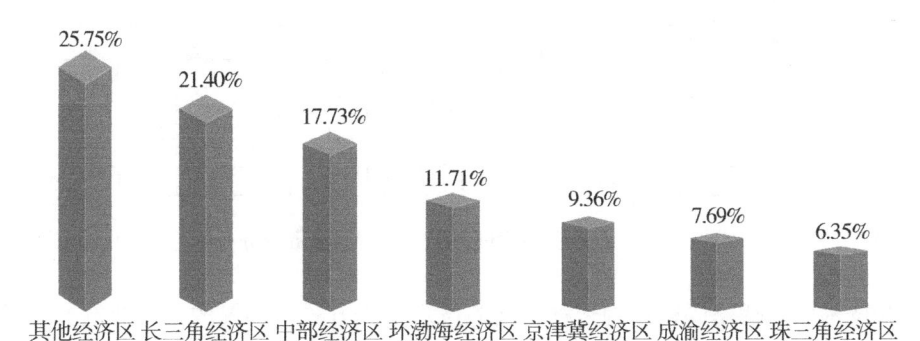

图 4-14　不同经济发展区示范性职业教育集团（联盟）数量占比情况

（二）产业技术创新战略联盟

产业技术创新战略联盟是由企业、大学、科研机构或其他组织机构，以企业的发展需求和各方的共同利益为基础，以提升产业技术创新能力为目标，以具有法律约束力的契约为保障，形成的联合开发、优势互补、利益共享、风险共担的技术创新合作组织。推动产业技术创新战略联盟构建的指导思想是，以国家战略产业和区域支柱产业的技术创新需求为导向,以形成产业核心竞争力为目标,以企业为主体,围绕产业技术创新链,运用市场机制集聚创新资源,实现企业、大学和科研机构等在战略层面的有效结合,共同突破产业发展的技术瓶颈。产业技术创新战略联盟的主要任务是组织企业、大学和科研机构等围绕产业技术创新的关键问题,开展技术合作,突破产业发展的核心技术,形成重要的产业技术标准;建立公共技术平台,实现创新资源的有效分工与合理衔接,实行知识产权共享;实施技术转移,加速科技成果的商业化运用,提升产业整体竞争力;联合培养人才,加强人员的交流互动,为产业持续创新提供人才支撑。[1]

2010年1月8日,科技部办公厅发布《关于选择一批产业技术创新战略联盟开展试点工作的通知》,共公布36家产业技术创新战略联盟。2012年4月28日,科技部发布《关于发布2012年度产业技术创新战略联盟试点名单的通知》,共公布39家产业技术创新战略联盟。2013年10月11日,科技部创新体系建设办公室《关于公示2013年度产业技术创新战略联盟拟试点和重点培育名单的通告》,共公布55家产业技术创新战略联盟。各省(区、市)三批产业技术创新战略联盟试点数量分布情况如图4-15所示。

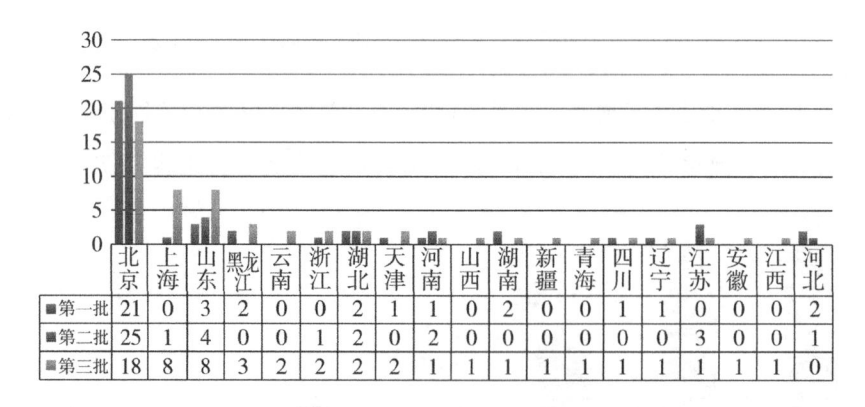

	北京	上海	山东	黑龙江	云南	浙江	湖北	天津	河南	山西	湖南	新疆	青海	四川	辽宁	江苏	安徽	江西	河北
第一批	21	0	3	2	0	0	2	1	1	0	2	0	0	1	1	0	0	0	2
第二批	25	1	4	0	0	1	2	0	2	0	0	0	0	0	0	3	0	0	1
第三批	18	8	8	3	2	2	2	2	1	1	1	1	1	1	1	1	1	1	0

图4-15 各省(区、市)三批产业技术创新战略联盟试点数量分布情况(单位:家)

产业技术创新战略联盟作为一种新兴的技术合作方式,不仅成为产业发展的必要途径,而且带来了高水平的知识交流和技术转移。近几年,我国产业技术创新战略联盟已得到较快发展。其发展主要体现在如下几方面。

(1)我国从国家到地方对产业技术创新战略联盟的构建和发展都很关注,逐步完善关于联盟的政策法规,为联盟的进一步发展提供了制度上的保障。

(2)产业技术创新战略联盟数量及成员数量大幅增长。从三批产业技术创新战略联

---

[1] 资料来源:科技部,《关于推动产业技术创新战略联盟构建的指导意见》。

盟试点数量来看，北京市占有绝对优势，三批试点数量共有 64 家，占三批试点总量的 49%，远超其他省份；山东省次之，三批试点数量共有 15 家。其他省（区、市）试点数量较为均衡。

（3）产业技术创新战略联盟的市场化程度提高。产业技术创新战略联盟以企业为中心。企业根据当今市场需求的特点选择合适的合作伙伴。科研机构和高校则按照市场对技术的需求情况进行技术创新，使其产品与技术更具有市场价值，从而实现创新成果的产业化。

（4）产业技术创新战略联盟主要集中在以北京市为代表的京津冀地区。北京作为首都，汇聚了众多部委、高校、科研机构、企业资源，在各领域推进产业技术创新战略联盟建设过程中走在前列。

各经济区产业技术创新战略联盟试点数量分布情况如图 4-16 所示。

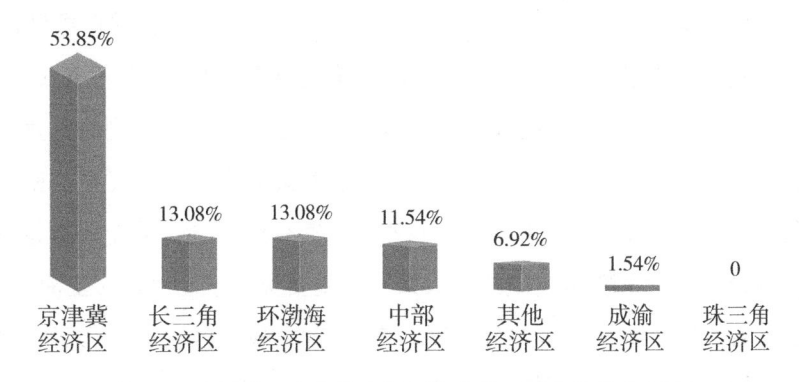

图 4-16　各经济区产业技术创新战略联盟试点数量分布情况

（三）产教融合共同体

1. 产教融合试点城市与产教融合型企业

为深化产教融合，促进教育链、人才链与产业链、创新链有机衔接，推动教育优先发展、人才引领发展、产业创新发展、经济高质量发展相互贯通、相互协同、相互促进，2019 年 9 月 25 日，国家发展改革委等部门印发《国家产教融合建设试点实施方案》，方案中明确国家产教融合建设试点对象包括产教融合型城市、产教融合型行业、产教融合型企业，充分发挥试点城市承载、试点行业聚合、试点企业主体作用。

2021 年 7 月 16 日，国家发展改革委办公厅、教育部办公厅联合发布了《关于印发产教融合型企业和产教融合试点城市名单的通知》。

该文件确定国家级产教融合型城市共 21 个，其中，山东省 2 个（济南市、青岛市）、浙江省 2 个（杭州市、宁波市）、广东省 2 个（广州市、深圳市）、江苏省 1 个（常州市）、安徽省 1 个（合肥市）、福建省 1 个（泉州市）、上海市 1 个[中国（上海）自由贸易试验区临港新片区]、广西壮族自治区 1 个（柳州市）、湖北省 1 个（襄阳市）、湖南省 1 个（长株潭城市群）、河南省 1 个（郑州市）、江西省 1 个（景德镇市）、天津市 1 个（津南区）、河北省 1 个（唐山市）、新疆维吾尔自治区 1 个（巴音郭楞蒙古自治州）、陕西省 1 个（咸阳市）、四川省 1 个（宜宾市）、辽宁省 1 个（沈阳市）。

从城市发展水平来看，试点城市的设置主要依据国家区域发展战略和产业布局，综合考虑区域发展水平，具有较强的经济产业基础支撑和相对集聚的教育人才资源，试点城市布局规划较为平衡，能促使产教融合与经济社会发展同步联动。从地域分布来看，国家级产教融合型城市主要集中于华东地区（8 个）。

为依托区域优势主导产业或特色产业集群，推进重点行业、重点领域深化产教融合，该文件还确定了国家级产教融合型企业 63 家（见图 4-17）。在各省（区、市）中，北京市独领风骚，共有 18 家企业入选；上海市和广东省次之，分别有 6 家企业入选；山东省和浙江省分别有 4 家企业入选；辽宁省有 3 家企业入选；天津市和江苏省分别有 2 家企业入选；其余 18 个省（区、市）各有 1 家企业入选。从企业数量分布来看，国家级产教融合型企业呈现出典型的集聚效应，主要集中于北京市、上海市、广东省、山东省、浙江省等国企数量较多的省（区、市），部分省（区、市）之间在数量上出现显著差异。从地域分布来看，国家级产教融合型企业主要集中于华北地区（23 个）和华东地区（18 个）。

除了建设国家级产教融合型企业，各省（区、市）还积极培育与建设省级产教融合型企业，作为产教融合型企业储备库。以山东省为例，2020 年 4 月 29 日，山东省发展改革委公布了山东省第一批产教融合型企业入库培育名单，山东省港口集团有限公司、山东省商业集团有限公司、山东钢铁集团有限公司等企业上榜。2022 年 3 月 1 日，山东省发展改革委又公布了山东省第二批产教融合型企业入库培育名单，并将烟台市、潍坊市、济宁市、威海市、日照市列为山东省产教融合试点城市。从山东省各地市省级产教融合型企业数量分布情况来看（见图 4-18），济南市、济宁市、潍坊市三市的数量均超过 30 家，组成第一梯队；威海市、淄博市、滨州市、青岛市的数量均超过 20 家，组成第二梯队。

第四章 产教融合的主要模式

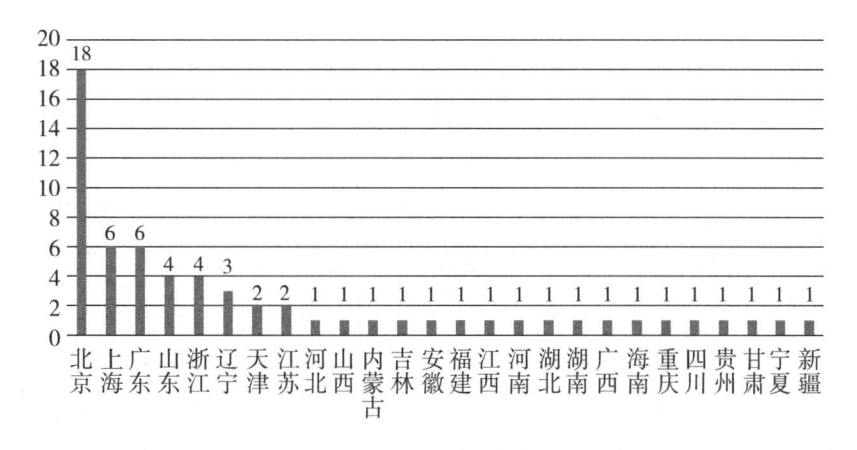

图 4-17 各省（区、市）国家级产教融合型企业数量分布情况（单位：家）

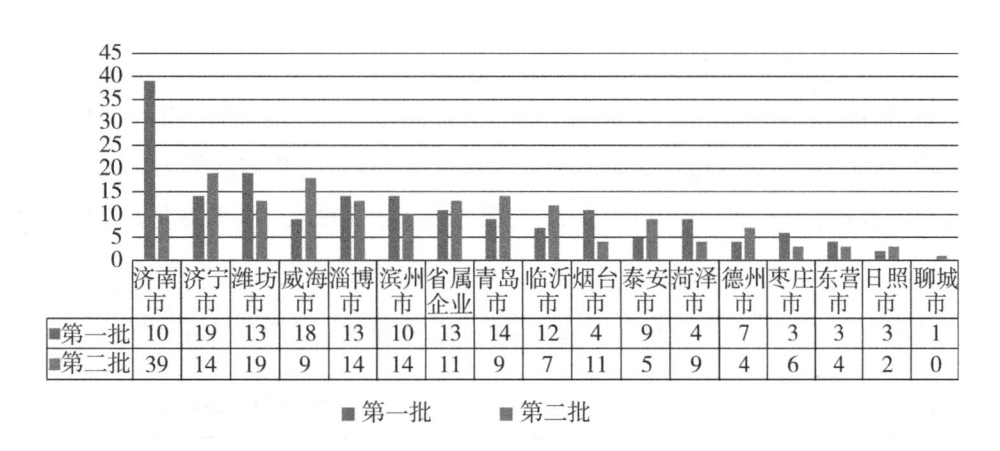

图 4-18 山东省各地市省级产教融合型企业数量分布情况（单位：家）

2. 市域产教联合体和行业产教融合共同体

2022 年 12 月，中共中央办公厅、国务院办公厅印发《关于深化现代职业教育体系建设改革的意见》，创新地提出了建设市域产教联合体和行业产教融合共同体的制度设计。2023 年 4 月，教育部办公厅发布《关于开展市域产教联合体建设的通知》，目的在于坚持以教促产、以产助教，深化产教融合、产学合作，充分发挥政府统筹、产业聚合、企业牵引、学校主体的作用，以产业园区为基础，打造一批兼具人才培养、创新创业、促进产业经济高质量发展功能的市域产教联合体。市域产教联合体实施教育与产业双轮驱动，汇聚资金、技术、人才、政策等资源，兼具人才培养、创新创业、促进产业经济高质量发展功能。市域产教联合体实行政府主导、校企为主体、多元参与、实体化运行；成立政府、企业、学校、科研机构等多方参与的理事会，制定联合体章程，拟定发展规划和建设方案，明确组织架构、运行机制、任务分工和各单位责任、权利与义务等。

产教融合的模式与实践研究

各省（区、市）积极响应，山东省教育厅等5部门发布《关于推进市域产教联合体建设的指导意见》（鲁教职字〔2023〕4号），文件提出，立足各地实际，用1年左右时间，原则上全省16个设区的市，济南新旧动能转换起步区、青岛西海岸新区及16个国家级经济技术开发区、13个国家高新技术产业开发区、4个省级新区分别建立联合体；空间组织紧凑、经济联系紧密的城市群也可建立联合体。到"十四五"末，原则上各产业聚集区均建立产教联合体，且运行机制完善，建设成效明显，同时建成一批国家级、省级联合体，实现教育链、人才链和产业链、创新链有效衔接。省会经济圈、胶东经济圈、鲁南经济圈基于经济圈的运行机制，建设经济圈产教联合体，统筹推进经济圈内重大产业与教育布局，引导产教资源对接，强化区域联动发展，提高区域发展协调性。2023年6月19日，山东省教育厅公布了第一批26个市域产教联合体。

2023年5月7日，山东省8部门联合印发《关于成立"十强"优势产业集群产教融合共同体的通知》（鲁教职函〔2023〕13号），提出建设产教融合共同体，其核心在于推进教育资源与重大产业布局战略匹配，统筹产教资源、对接产教需求、深化产教融合、支撑产教发展；产教融合共同体采取行业指导、校企牵头、多元参与、实体化运行的模式。

山东省"十强"优势产业集群产教融合共同体建设规划情况如表4-2所示。

表4-2 山东省"十强"优势产业集群产教融合共同体建设规划情况

产业领域	牵头单位	培养方向	技术转化主攻领域
新一代信息技术产教融合共同体	山东科技大学、济南职业学院、浪潮集团有限公司	系统架构师、软件开发工程师、固件工程师、交互设计师、三维设计师、数据分析师、网络安全运维工程师、算法工程师	云计算、大数据、物联网、人工智能、元宇宙、应用软件、工业互联网、新一代通信技术、虚拟现实、区块链、网络安全、集成电路、基础软件等
高端装备产教融合共同体	山东大学、淄博职业学院、中国重型汽车集团有限公司	高档数控机床与机器人、先进轨道交通装备、新能源汽车、高性能医疗设备、农业装备、海洋工程装备及高技术船舶、航空航天装备、石油化工装备、电力装备、节能环保装备等领域高素质技术技能人才	智能制造系统、增一等一减材制造、人机协作、智慧物流、控制系统、高端影像诊断设备、先进治疗设备、氢燃料电池、智能网联汽车、新型清洁能源、智能耕种收获及精量植保装备、工程机械装备、精密减速器、伺服控制器、高效动力部件、精密检测等
新能源产教融合共同体	中国石油大学（华东）、山东理工职业学院、山东瑞福锂业有限公司	氢能、风能、智能电网与储能、核能、太阳能等领域高素质技术技能人才	氢能、风能、智能电网与储能、核能、太阳能等

第四章 产教融合的主要模式

续表

产业领域	牵头单位	培养方向	技术转化主攻领域
新材料产教融合共同体	山东大学、山东工业职业学院、万华化学集团股份有限公司	化工新材料、金属新材料、高性能纤维及复合材料、先进功能陶瓷、稀土功能材料、新能源材料等领域高素质技术技能人才	高性能纤维及复合材料、高性能有色合金、特种尼龙、先进陶瓷、特高压绝缘材料、稀土功能材料、聚氨酯、石墨烯等
现代海洋产教融合共同体	中国海洋大学、日照职业技术学院、山东省港口集团有限公司	海洋装备制造、海洋食品、海洋生物医药、海水养殖、海洋交通运输、海洋服务业、海洋渔业等领域高素质技术技能人才	现代海洋牧场建设、深远海养殖、水产品加工仓储、海洋生物医药、海洋装备制造等
医养健康产教融合共同体	山东大学、山东医学高等专科学校、山东颐养健康产业发展集团有限公司	智慧健康养老服务与管理人才、制药工程人才、智慧医疗器械智造人才、智慧健康信息化人才、公共卫生人才	智能康复辅助器具、数字医疗诊疗装备、移动医疗装备、健康医疗大数据、生物医药科技创新、中医药科技创新、医药新材料及高端耗材产品、医用纺织材料及纺织技术、健康营养食品等
高端化工产教融合共同体	中国石油大学（华东）、东营职业学院、山东华鲁恒升化工股份有限公司	炼化一体化、化工新材料、海洋化工、煤化工、精细化工、轮胎制造等领域高素质技术技能人才	烧碱离子膜制备、氢燃料电池膜制备、聚碳酸酯生产、光气法制备MDI、无汞催化剂PVC生产、特殊膜材料制备、针状焦生产、碳纤维生产、化工产品检验检测等
现代高效农业产教融合共同体	山东农业大学、潍坊职业学院、山东省寿光蔬菜产业集团有限公司	农作物育种栽培、家畜良繁育技术、饲料配制技术、生物安全防控与疾病防治、农业生物工程、农业信息技术、农业园区规划等领域高素质技术技能人才，设施农业、农业经营管理等领域农技推广人才和农村实用技术人才	现代农作物种植、现代种业、粮食畜牧产业、设施农业、农产品精深加工及再利用、生态循环农业、智慧农业等
文化创意产教融合共同体	山东工艺美术学院、济宁职业技术学院、山东演艺集团有限责任公司	文物修复、考古探掘、高端策划、文化产品研发、新媒体运营、数字出版、工艺美术、现代会展等专业技术人才，数字创意、专业设计、工业设计、广告服务、广播影视创作等领域设计创作人才等	文物保护、文明探源；儒家文化、齐文化、墨子文化、鲁班工匠精神等齐鲁文化传承与创新研究；文化艺术、文化旅游、广播影视、出版传媒、创意设计、文化会展商贸、文化制造等
精品旅游产教融合共同体	山东师范大学、青岛酒店管理职业技术学院、山东文旅集团有限公司	景区运营管理师、研学旅行指导师、旅行社计调员、导游、旅游咨询员、公共游览场所服务员、休闲农业服务员、会展服务师、民宿管家、调酒师、调饮师、茶艺师、中西式面点师、中西式烹调师、营养配餐员、宴会定制服务师等	海洋旅游、乡村旅游、文化旅游、红色旅游、邮轮游艇旅游、康养旅游、研学旅游、低空旅游、工业旅游、体育旅游、自驾车旅居车旅游等

109

续表

产业领域	牵头单位	培养方向	技术转化主攻领域
现代金融产教融合共同体	山东财经大学、山东商业职业技术学院、中泰证券股份有限公司	金融客服、证券投资顾问、理财师、保险理赔员、金融产品推广营销员、网络信息系统开发维护人员、金融大数据分析员	智能投研、金融大数据分析、普惠金融、科技金融、绿色金融、海洋金融、文化金融等
现代轻工纺织产教融合共同体	青岛大学、山东科技职业学院、鲁泰纺织股份有限公司	服装产品设计、样板设计,食品质量安全管理、食品营养与健康,制浆、造纸、纸制品生产加工,智能家电测试、技术支持,家具设计与产品开发,家具制造与管理等领域高素质技术技能人才	纺织工艺设计、纺织面料开发、食品产品研发、生物发酵技术、酒体风味设计、制浆造纸清洁生产和污染控制、智能家电控制技术、现代家具制造工艺等

五、混合所有制模式

2014年发布的《国务院关于加快发展现代职业教育的决定》提出,探索发展股份制、混合所有制职业院校,允许以资本、知识、技术、管理等要素参与办学并享有相应权利。该文件指出了发展产教融合的新模式——混合所有制。推广混合所有制高职院校的发展,推动了企业成为职业院校重要办学主体,是激发职业教育办学活力、实现校企深度融合办学体制改革的重要决策。高职院校成为混合所有制办学的经济组织,其内涵就是由股份制企业、私营企业和外资企业以资本、知识、技术、管理、设备等为资源要素,以投资的形式参与高职院校办学,引起高职院校产权结构发生革命性变化,由国家单一所有制办学主体转变为不同所有制经济主体共同投入、共同实施高职院校决策、培养、评价、改进的新型办学主体,建立现代产权制度与现代学校制度相结合基础上的法人治理组织。通过这一过程,企业成为高职院校办学的重要利益主体和责任主体,走向与职业教育的深度融合。[①]

加快推动高职院校混合所有制发展,是建设现代职业教育体系、提升高职院校内涵和人才培养质量的迫切要求。高职院校混合所有制对高职院校发展的重要作用主要表现在以下几方面。

(1) 扩大增量资源。由于有企业资源的进入,企业全过程参与人才培养的培养链和高职院校参与企业的产业链,可以增加高职院校的组织资源、人力资源、设备资源、实

---

① 刘家枢. 混合所有制——高职院校产教深度融合的路径与模式思考[J]. 职教论坛, 2015 (4): 4-10.

训资源。

（2）优化存量资源。企业的资源支持使得高职院校办学资源实现结构优化，同时，对企业需求的满足提升了高职院校的服务结构。高职院校与企业的存量资源中的资金、人力、设备将得到更全面、更系统的开发利用，同时实现资源结构与资源利用的优势互补。

（3）形成资源集聚效应。混合所有制办学体制可以发挥两个或两个以上多主体资源集聚作用，并通过其他渠道与形式，如企业的产业集群和院校的专业集群，聚集其他资源，产生资源集聚效应。

（4）创新资源配置模式，优化人才培养过程。高职院校的教育链增加了企业的产业资源，必然进行组织再造与流程再造，建立人才培养的新模式，以及基于新产权结构与制度要求的资源运用管理的新模式，同时全面建立工学交替的培养制度。而建立在现代企业管理制度基础上的人才培养模式必然会优化人才培养过程。

（5）促进要素互动。在高职院校混合所有制下，必须按照效益效率优先的原则，改变各类要素在运用过程中或运用过程外的形态，使资源在运用中实现价值增值。

（6）促进管理专业化。在高职院校混合所有制体制下，高职院校将选择专业人才进行专业化管理，推动组织重构和管理流程再造，推动法人治理的现代学校制度建设，建立董事会领导下的专业化办学管理体制，在此基础上全面激发办学活力。

（7）提升人才培养质量。企业成为办学主体将更注重遵循市场规则，基于效率与效益兼顾的管理原则制定发展高职院校战略。由于面临生产与人才培养的竞争性市场压力，优胜劣汰市场机制将发挥积极作用，提供高质量教育服务、全面提升人才培养质量成为"双主体"的唯一战略选择。[①]

关于混合所有制模式，我国已有一些高职院校进行了探索，总结其模式主要有如下几种：公办高职院校与外资企业联合组成的混合所有制办学体，如广东工程职业技术学院；公办高职院校同国内私营独资企业建立的混合所有制办学体，如沈阳职业技术学院；民办高职院校与公办事业单位联合组成的混合所有制办学体，如江苏紫琅职业技术学院；民办教育集团托管公办、企业办、民办教育资源组成混合所有制办学体，如黑龙江东亚学团。

---

① 刘家枢. 混合所有制——高职院校产教深度融合的路径与模式思考[J]. 职教论坛，2015（4）：4-10.

产教融合的模式与实践研究

典型案例：作为探索混合所有制产教融合模式的成功案例，山东海事职业学院基于自身办学实际，秉承"政府引导、企业主体、市场运作、利益共享"的办学理念，以产权改革与体制创新为重点，逐步形成了独具特色的混合所有制办学模式——山海模式。其多元主体办学机制、现代法人治理机制、校企协同育人机制及"大混套小混"下的二级学院（实训基地）建设模式等内容为我国职业教育办学制度创新提供了研究蓝本，对职业院校深化产教融合、校企合作具有重要的借鉴意义[①]。

山东海事职业学院是潍坊市政府投入 536 万元财政资金，撬动三家企业的 3.6 亿元社会资本，创办的"混合体制、民办高校、事业单位"高职院校。建校初期，潍坊市政府以加快职业教育办学体制改革为引领，依据 2007 年国务院政府工作报告"深化职业教育管理体制改革，建立行业、企业、学校共同参与的机制，推行工学结合、校企合作的办学模式"等文件精神，明确"市政府出资拥有 1%股份，并担任董事和独立董事"，三家企业各持股 33%，由此确立政府与社会资本股份制办学体制。

2012 年，教育部、山东省人民政府签署共建潍坊国家职业教育创新发展试验区协议，约定"在职业教育发展的重点领域和关键环节进行改革创新试验""着力解决企业参与职业教育积极性不高、校企合作实效性不强的问题"。山东海事职业学院成为试验区办学体制改革、校企合作深化的试点院校。2013 年，潍坊市人民政府下发《关于进一步加快发展民办教育的意见》，提出"鼓励发展混合制民办教育，积极探索国有资本、集体资本和非公有资本以多种形式举办混合制民办教育的办学模式"，学校混合所有制办学模式得到潍坊市政府的重要政策支持。2014 年，国务院下发《国务院关于加快发展现代职业教育的决定》，首次提出"探索发展股份制、混合所有制职业院校"，学校混合所有制改革进入深化与完善时期。同年，山东海事职业学院完成资产评估，组建新的董事会，进一步完善了混合所有制办学体制。2016 年，山东海事职业学院被山东省教育厅认定为山东省职业院校混合所有制改革的唯一办学实践单位；"开展职业教育混合所有制试点，支持各类企业和境外机构兴办、参股、合办职业教育"被写入潍坊市政府年度工作报告。2019 年，"推进职业教育创新发展示范区建设，探索混合所有制办学模式"被写入中共潍坊市委《关于进一步深化改革开放加快制度创新的实施意见》，职业学校混合所有制改革成为地方制度创新的典型。

学校抱定"体制改革就是最大教育生产力"的坚定信念，理清了改革与发展的思路：

---

① 王敬良，张成宽. 职业院校混合所有制办学体制的实践与研究——以山东海事职业学院为例 [J]. 中国职业技术教育，2019（34）：42-47.

秉承"政府引导、企业主体、市场运作、利益共享"的办学理念，以产权改革和体制创新为重点，把握"办学资产产权化、治理结构现代化、办学效益共享化"三个内涵，强调"公有资本公益性和社会资本市场性相统一，民事主体关系和行政法律关系相统一，公办院校资源优势和民办院校机制优势相统一，资本管理与经营管理相分离"四个辩证关系，用动态性的股权变更机制吸纳公有资本和社会资本出资完善基础办学条件，用产权式校企合作吸纳企业（社会）师资、课程等资源共建二级学院、公共实训基地及相关专业，实现了第一轮"弯道超越"计划。由此，探索形成"一个平台、两类资本、三驾马车、四套机制、五项原则"的混合所有制办学"山海模式"：搭建"一个平台"，开放式、融合性、共享型的高职院校产教融合平台；汇聚"两类资本"，政府资本和企业社会资本股份制合作办学；健全"三驾马车"，董事会、监事会和办学管理团队相对独立、相互支撑；完善"四套机制"，资本管理、人事管理、教学管理和质量监控有序运行；秉承"五项原则"，坚持资本保值增值、多方利益共享、协商共治办学、依法依规运营、创新驱动发展。完善了以地方政府与企业社会资本股份制合作办学、动态性股权变更、校企共建混合所有制二级学院为重点的"多元主体办学机制"，以现代化的法人治理结构、市场化的内部运行机制、社会化的办学生态为重点的"现代法人治理机制"，以"对接产业"的人才培养导向、"校企共同体"式的专业建设、"混双师"的师资队伍建设、"耦合式"的学历教育和行业培训体系建设为重点的"校企协同育人机制"，实现了两类资本、管理、师资、课程、文化的深度融合，系统、科学、全面地实践并完善了职业院校混合所有制办学体制、运营机制及办学生态。

六、企业办学模式

将企业作为重要办学主体是促进产教融合深入发展的必然要求。落实企业重要办学主体责任，构建多元化办学格局是新时代我国职业教育改革创新的重要内容。企业办学模式中的企业和学校存在天然统一的内部治理关系，企业办学模式是校企联系最紧密、产教融合成本最低的一种办学形式。

从企业办学的发展及运行情况来看，企业办学的优势主要体现在以下几方面：一是企业办学拥有更大的办学自主权，有利于形成充满活力的办学体制、运行机制、理念优势和管理特色；二是依托办学企业，学校便于获取前沿的行业信息和市场动态，对企业用人要求有更直接、深入的了解，有利于明确办学定位和人才培养标准；三是大型企业拥有的产业集团为推行工学结合的人才培养模式，实施校企合作育人、合作发展提供了条件；四是有利于充分发挥校企双方的资源优势，在资金、设备、人力、信息、场地等方面实现资源利用最大化；五是有利于顺应高等职业教育的发展趋势，在建立职业教育集团化办学，建立现代大学制度方面具有先天的优越条件。

受企业办学特点的影响，企业办学也容易出现一些问题。比如，过度重视利润，与教育的公益性相矛盾；企业举办的职业院校经费相对紧张；企业办学容易忽视教育规律等[1]。

典型案例[2]：湖南三一工业职业技术学院是经教育部备案，湖南省人民政府批准，由三一集团投资创办的全日制普通高等院校。在企业办学背景下，校企深度合作、产教深度融合、校企协同育人的"八链对接"办学模式形成了。

1. 专业集群对接企业产业链

湖南三一工业职业技术学院本着"立足三一、服务湖南"的办学理念，2018年完成对三一集团各事业部、长沙智能制造研究总院、蓝思科技等32个企业人才需求的调研，根据湖南工程机械产业发展趋势，专业对接三一集团主营产业，调整专业结构（新增专业5个，撤销专业1个，调整专业方向5个），形成了工程机械智能制造、工程机械营销维护、工程机械生产性服务、建筑工业化、信息化服务五大专业群。

2. 课程体系对接企业技术链

湖南三一工业职业技术学院紧密对标三一集团岗位需求、岗位标准和岗位技能，科学设置课程体系和教学内容，培养下得去、用得上、留得住，具有良好职业伦理的创新应用型技能人才，真正做到学以致用。

3. 实践教学对接企业项目链

实践教学体系对应着产业链中的业务链，是以项目的形式出现的，由虚拟项目向真实项目过渡。湖南三一工业职业技术学院制定《湖南三一工业职业技术学院项目化教学规范及实施流程》，全面推动专业、课程和教学方法改革，通过项目化教学，实现"知识学习向能力培养迁移，教师中心向学生中心迁移，成绩产出向成果产出迁移"，提升学生的实践创新能力。

---

[1] 马尔立，樊伟伟，王振华，等. 大型企业办学的体制改革与机制创新研究[J]. 中国职业技术教育，2012（27）：58-62，66.
[2] 周先进，李伟，周明星. 基于产教融合的现代企业办学模式初探——湖南三一工业职业技术学院"八链对接"例证[J]. 高等农业教育，2020（5）：118-122.

4. "双师双能型"教师对接企业人才链

湖南三一工业职业技术学院基于共享师资理念，通过"外聘+内化"双渠道构建共享师资平台，将三一集团的高级科研技术人员、技能大师和高级管理人员内化为学院师资力量，聘请其他高校、行业优秀人才为外聘教师，充分利用企业和社会资源，实现教师资源共享，提高教师资源利用率，实现多方共赢。学院制定并实施了《三一工学院双师双能型教师管理办法》，鼓励教师前往企业进行锻炼，积极引导教师除教学外的多种能力共同发展，定期组织教师进行校本培训。

5. 就业体系对接企业岗位链

湖南三一工业职业技术学院依托三一集团的企业优势，以其遍及全国各地的代理商为就业渠道，实施实习就业同单位、实习试用同时期的"实习—就业联动"的一体化策略，以就业"全面覆盖、全程指导、全员参与"的服务导向，坚持推动"全员化的就业队伍体系，全方位的就业服务体系，全程化的职业指导体系"的就业工作质量工程，努力提升就业质量。

6. "双创"体系对接企业研发链

湖南三一工业职业技术学院联合三一集团研究院，探索实施企业研发外包培养模式，设立研发设计工作室，校企共建协同创新中心，重点培养教师和学生的研发能力；通过承接企业的研发设计任务，为学生提供实践机会，培养学生的创新设计能力，以及分析问题和解决问题的能力。

7. 职业培训对接企业发展链

湖南三一工业职业技术学院将培训体系对应企业人才发展链，主动发掘和服务三一集团对工程机械技术人员的需要，培养具有国际视野的技术技能人才和中国企业海外生产经营需要的本土人才，大力开展行业培训，助力湖南工程机械"走出去"。学院形成了完善的、覆盖全员和全过程的培训体系，建立了完善的培训制度。学院根据三一集团分布全球的特点，采用线上与线下、分散与集中、课堂与车间、课本与生产线等多种培训模式，采取集中面授、全球视频培训、移动学习平台学习等方式进行培训。

8. 评价体系对接企业质量体系

湖南三一工业职业技术学院围绕学院发展质量主线，对照 ISO9001 质量标准，构建"双闭环"质量保障体系，建立目标体系，完善标准体系和制度体系。学院将质量诊断与改进工作与学院内涵式发展相结合，将质量保障工作作为重点工作推进。学院对专业、课程、教师、学生等多个质量关键点进行重点监测，采取一日一反馈、一事一评估、一周一通报等方式，牢筑"质量防火墙"。

本章小结

产教融合模式以不同类型的实践平台为载体，进行不同层次的产教融合，使政府、产业、高校、研究院、企业能够协同开展关键核心技术人才培养、科技创新和学科专业建设，打通基础研究、应用开发、成果转移和产业化链条，有效统筹城市承载平台、行业聚合平台与企业主体平台互联互通，为数字化、智能化、网络化融合发展创造交汇点。放眼国外，西方国家已形成了富有特色的产教融合模式，如美国的企业本位型、院校本位型和自愿合作型模式，德国的"双元制"模式，英国的行业参与模式，以及日本的"产学官合作"模式等。产教融合作为推动教育与产业深度融合的重要途径，在我国已经形成了多种具有特色的模式。这些模式以不同的实践平台为载体，进行多层次的产教融合，旨在培养适应产业发展需求的高素质人才。例如，委托培养与联合培养，共建产教融合创新平台与产教融合基地，现代产业学院、未来技术学院与产业技术研究院，示范性职业教育集团（联盟）、产业技术创新战略联盟与产教融合共同体，混合所有制，以及企业办学等模式。这些模式在实践中不断探索和创新，为推动教育与产业的深度融合提供了有力支撑。未来，随着科技的进步和产业的发展，产教融合的模式也将不断创新和完善，为培养更多高素质人才和推动经济社会发展做出更大贡献。

第五章

产教融合协同育人实践

现阶段，各地区、各学校积极践行产教融合教育理念，深入推进产教融合协同育人，不断探索新的人才培养模式，打破高校与企业间的人才培养边界，培养具有创新能力、符合产业要求的复合型、创新型人才。在不断地探索和实践中，不仅衍生了基于产教融合教育理念的人才培养模式，而且在紧密围绕产业建学科专业进行教学资源建设和课程体系改革，实习实训，师资培训等微观领域开展了生动有效的育人实践。

第一节 创新产教融合人才培养模式

产教融合人才培养模式是指学校为了实现培养创新创业能力强的应用型人才目标，基于产教融合教育理念，对人才培养的专业设置、师资配备、课程体系、教学方式、考核评价等诸要素和招生、培养、就业等全过程进行有机整合、设计建构的过程。在具体办学实践中，学校结合自身办学特色和专业设置，密切联系当地经济发展和产业布局进行积极探索，形成了诸多人才培养模式。大致来看，产教融合人才培养的典型模式主要有以下几种。

产教融合的模式与实践研究

一、"订单式"人才培养模式

自 2002 年 10 月以来，教育部在湖南省永州市、湖北省武汉市和江苏省无锡市先后三次召开了全国高等职业教育的产学研结合经验交流会，明确了高等职业教育的发展要以服务为宗旨，以就业为导向，走产学研结合的发展道路。《教育部关于全面提高高等职业教育教学质量的若干意见》明确提出要大力推行工学结合，突出实践能力培养，改革人才培养模式，积极推行订单培养。这为高等职业教育"订单式"人才培养模式研究提供了政策依据。全国各级各类职业院校都在用不同的形式对这种模式进行探索。所谓的"订单式"人才培养模式，就是学校为了实现人才培养目标，以校企双方互相信任为基础，以紧密合作为表现形式，以学生就业为导向，以学校、企业、学生三赢为目标，与企业签订协议，使校企双方共同参与制定教学目标、设计教学方案、组织教学和上岗实训等一系列教育教学活动，以提高人才培养的针对性、实用性及企业参与程度，实现学校、企业与学生三赢的一种产学合作的人才培养模式。[1]"订单式"人才培养模式的基本特征是学习与工作相结合。这与职业教育鲜明的职业定向性高度吻合，能够有效地解决职业院校毕业生就业难的问题。但传统的"订单式"人才培养模式是由学校专门为某一个企业培养特定的人才的培养模式，这对于学校、学生、企业都存在极大的风险，若"断单"将给职业院校的教学、教育资源造成极大的浪费。

在新时代推进产教融合，尤其是在加快新工科建设的背景下，为适应以"新技术、新业态、新产业"为特点的新经济发展，"订单式"人才培养模式被赋予了更深层次、更广领域的内涵。应用型高校应在总结当前"订单式"人才培养模式经验的基础上，将课程思政融入课堂，协同价值塑造、知识传授和能力培养，确立"以学生为中心，以成果为导向，持续改进"的专业发展新思维，贯彻落实工程教育新标准，使学生具有更广的适应面，使其在理论基础、技术技能和综合素质方面具有更高的水平。为了保证"订单式"人才培养模式下学生发展的可持续性，应将"订单"要求与综合能力培养进行深度融合，使"订单式"人才培养模式焕发新的活力。

北京交通大学充分发挥轨道交通领域学科优势与特色，聚焦"一带一路"共建国家对高速铁路专业人才的需求，"订单式"培养铁路建设、运营及管理人才，深入做好轨道交通培训任务；与国内企业签署"一带一路"国际人才联合培养合作协议，校企协同、

---

[1] 黄尧. 职业教育学——原理与应用[M]. 北京：高等教育出版社，2009.

产教融合，共同致力于为东非铁路网建设培养本土化人才；派出多名教授进行实地考察，充分了解当地人才需求状况。校企双方共同设计培养目标、制定培养方案、组建师资队伍，为学生配备学校老师和企业工程师"双导师"，建立定期会商制度，在培养过程中随时保持沟通，及时解决问题，确保培养质量。

二、"双主体"协同育人模式

校企合作是推动高等教育现代化发展、优化高校教学模式、提高人才培养质量的重要途径。"双主体"协同育人是指人才供给侧（高校）和人才需求侧（行业企业）进行深度合作，共同制定人才培养目标，共同投入实训基地，共同建设教学资源，共同培养师资队伍，共同促进学生能力培养，双方进行优势互补，形成合力，实现人才供给与人才需求的精准对接。[①]在"双主体"协同育人模式下，高校和企业之间能够建立紧密的合作关系，实现校企资源的匹配整合，满足经济社会发展对专业人才的需求，从而推动教育和产业的同频共振、协同发展。

2012—2022 年，"双主体"协同育人模式已呈现出多样化格局。比如，全国组建了 1500 多个职业教育集团（联盟），涵盖了包括企业、学校、行业、科研机构在内的 4.5 万余家成员单位，形成了资源共享、责任共担、合作发展的具有中国特色的职业教育办学模式。在世界 500 强企业中，有 175 家企业参与职业教育集团（联盟）化办学。在"土地+财政+税收"政策激励下，职业院校与企业共建实习实训基地 2.49 万个，年均增幅达 8.6%，现代学徒制试点覆盖 1000 多个专业点，惠及 10 万余名学生（学徒），逐步形成专业共建、人才共育、过程共管、资源共享、责任共担的校企合作新局面。

现代学徒制是"双主体"协同育人模式的典型代表。在该模式下，学生具有学生、学徒双身份，有学校教师和企业工程师"双导师"。学校和企业共同培养人才，共同设立课程标准、人才培养方案、监督评价机制等，二者实现深度融合。2019 年 5 月 14 日，在总结现代学徒制试点成功经验的基础上，教育部办公厅发布《关于全面推进现代学徒制工作的通知》，全面推广政府引导、行业参与、社会支持、企业和职业学校"双主体"育人的中国特色现代学徒制。目前，现代学徒制主要有两种形式：一是教育部推进

---

① 平凡，刘丽娜. 产教融合"双主体"协同育人模式实践研究［J］. 开放学习研究，2020，25（3）：52-57.

产教融合的模式与实践研究

的职业学校为牵头试点的现代学徒制；二是人力资源和社会保障部推进的企业为牵头试点的企业新型学徒制。应该说，两个部门推进试点的立足点不一样，前者针对的是未入职的城乡新增劳动者，后者是为已经在企业工作或想要转岗的职工所提供的职业能力提升服务，但两个部门推进试点的目的是一样的，就是要推进教育界与产业界的"双向跨界"。

针对校企合作实践中存在的诸如"校热企冷"的对接不紧密、企业利益诉求难以体现、校企低层次合作、激励机制不健全等困境和问题，有专家建议基于"双主体"协同育人模式进行创新，提出构建嵌入式"双主体"协同育人模式，即职业学校负责学生的理论学习，将职业培训模块嵌入职业教育过程中，由行业协会制定职业培训标准，由企业申办人才培训基地，按照职业培训标准开发培训模块对学生进行培训，学生参加由考核基地组织的考核。具体而言，这种模式包含如下四方面。[1]

一是把职业培训模块作为职业教育的核心要件，并以法律的形式固定下来。

二是以省（区、市）为单位，建立涉及各行各业的行业协会，由行业协会制定本行业的职业培训标准体系，各省（区、市）职业教育主管部门鼓励企业按照职业培训标准体系申办人才培训基地，进行职业培训模块的开发。

三是按照职业培训标准体系建立考教分离的考核体系，并由政府或行业协会建立考核基地。

四是做好经费保障：一方面，政府要以法律形式保障企业的利益诉求；另一方面，允许企业在同职业学校协同育人的过程中获得合法利益，用来支撑设备更换、场地建设、师资培训等方面的费用。

此外，应用型本科高校在深化产教融合，探索应用型人才培养的实践中，基于"双主体"协同育人模式，提出了多元主体协同育人模式，通过学校、企业、行业协会等主体之间的合作，促进优质资源共享，拓展学生培养途径。[2]学校、企业、行业协会协同育人体系框架如图5-1所示。

---

[1] 董英山. 浅谈如何构建"嵌入式"校企双主体协同育人模式 [J]. 中共郑州市委党校学报, 2019（1）：99-101.
[2] 王辉，黄卫东，张庆永. 应用型本科高校多元主体协同育人模式探索 [J]. 海峡科学, 2021（3）：67-72.

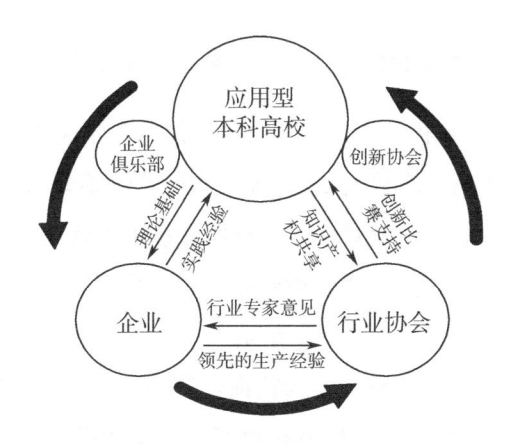

图 5-1　学校、企业、行业协会协同育人体系框架

三、"岗课赛证"综合育人模式

"赛课融合"始于 2008 年启动的全国职业院校技能大赛，自该大赛创办以来，形成了政府主导、学校为主体、行业指导、企业参与、社会各界大力支持的办赛格局，构建了以校赛为基础、省赛为支撑、国赛为龙头、行业赛为补充的完整赛事体系。2018 年，教育部等部门联合发布《全国职业院校技能大赛章程》，把"坚持以赛促教、以赛促学、以赛促改，内容设计围绕专业教学标准和真实工作的过程、任务与要求"确定为大赛总基调，充分发挥大赛"树旗、导航、定标、催化"作用，从而催生了一系列可复制、可借鉴和可推广的"赛课融合"的经验做法。

自党的十八大以来，党中央、国务院积极推进新时代职业教育高质量发展。2021 年，全国职业教育大会首次提出"岗课赛证"综合育人的新要求。中共中央办公厅、国务院办公厅印发的《关于推动现代职业教育高质量发展的意见》进一步提出完善"岗课赛证"综合育人机制，按照生产实际和岗位需求设计开发课程，开发模块化、系统化的实训课程体系，提升学生实践能力的新任务。"岗课赛证"综合育人强调一体化设计技术技能人才培养方案，把真实情境中的典型工作任务融入课程，把富有趣味的技能竞赛融入案例和情境训练，把具有含金量的职业证书融入学习成果评价，实现相互间的有效衔接和有机融合，使课程教学理实一体、充满活力，形成德技并修、理实并重、手脑并用、工学结合的技术技能人才培养模式。[①]一些地方和职业学校积极探索，大胆实践，不同程度地开展了"岗课赛证融通"培养高技能人才的生动实践。

---

① 曾天山. 试论"岗课赛证"综合育人 [J]. 教育研究，2022（5）：98-107.

产教融合的模式与实践研究

（一）"课证融通"人才培养模式——深圳职业技术学院

在"课证融通"人才培养模式中，学校专业课程与企业认证（证书）对接，在教学过程中融入企业培训认证体系，使学生在知行合一中习得"真功夫"——在学校所学知识、技能与企业岗位需求之间实现无缝对接。深圳职业技术学院与华为技术有限公司联合培养信息通信技术技能人才，在信息通信类专业推进以企业能力为导向，进行了"课证融通"人才培养模式改革。通过推进"课证融通"人才培养模式改革，近年来，深圳职业技术学院全校 1000 多名在校生通过华为认证。其中，超过 8%的 2018 届毕业生通过 HCIE（华为认证 ICT 专家）认证，华为在粤产业链企业已成为深圳职业技术学院的用人大户[①]。

（二）"赛教融合"人才培养模式——金华职业技术学院

在"赛教融合"人才培养模式中，金华职业技术学院的人才培养与技能大赛系统衔接，将大赛项目融入人才培养方案、将大赛内容融入课程教学内容、将大赛评价融入课程评价等，以大赛为引领，提升人才培养质量。金华职业技术学院电气自动化技术专业将大赛项目进行教学化改造，将单独的知识点和技能点设计成课程项目，将综合运用设计成学期项目，在人才培养方案的大二、大三阶段增设以"课程+学期"项目为特色的创新综合实践、技能大赛及 X 证书类拓展课程，打破了常规课程安排。这类拓展类课程采用导师指导、项目实施的形式。同时，该专业将大赛资源进行碎片化、项目化改造，建设了基于技能大赛项目和 X 证书项目的网络学习课程和可实施理实一体教学的若干项目，编写了理实一体的校本教材及课程标准、评价标准等教学文件。教师将指导竞赛中了解、应用的行业标准、规范融入日常教学和训练，使技能教学标准化、规范化，同时将职业道德、职业素养等基本要求融入评价体系，增加了经济性、安全性等指标，体现了对学生素质、知识能力的综合评价要求[②]。

"赛教融合"人才培养模式使金华职业技术学院在技能大赛中捷报频传，人才培养效果明显，获奖总数位居全国第一。这种人才培养模式也在其他院校被广泛应用，带动了教学改革。比如，深圳职业技术学院的"开发技能赛项与教学资源推进高职机电类专业综合实训教学的改革与实践"荣获 2014 年国家职业教育教学成果特等奖，宁波市教育局

[①] 刘盾. 深职院课程体系与华为工程师认证体系互嵌融通，人才链无缝对接产业链——课证共生长，携手育人才[N]. 中国教育报，2019-08-05（1）.

[②] 张婳. "赛教融合"助力高职拔尖创新人才培养[N]. 中国教育报，2020-12-22（11）.

职成教教研室的"构建学—赛—训互促机制提升学生专业技能水平"和湖南化工职业技术学院的"职业技能竞赛融入高技能人才培养过程的研究与实践"都获得了国家教学成果奖项[①]。

（三）"赛证课相通"人才培养模式——山东职业学院

在"赛证课相通"人才培养模式中，学校的专业课程与技能大赛、企业认证（证书）相衔接，以行业认证、技能竞赛的能力和素养要求为目标整合教学内容，实现学生"课程教学—技能竞赛—企业考证"的相通培养。山东职业学院计算机网络技术专业将新华三数据通信、安全等方向认证课程的最新行业认证标准融入专业人才培养方案。校企共同制定核心课程标准，共同开发专业课程，联合讲授专业核心课程，动态更新课程内容。此外，该专业还将全国职业院校技能大赛"计算机网络应用"赛项、"信息安全管理与评估"赛项，以及创新创业大赛等赛项所涉及的技能点、新技术融入课程标准及专业课程教学内容，实现以赛促教、以赛促学。

对于实践教学，该专业设计"技能逐级递进，能力渐次提升"的实践教学体系，采取主线（课堂教学，涵盖公共实践环节、理实一体教学环节、岗位实践或顶岗环节）与辅线（课外培养，以技能竞赛、行业认证、专业认知与实践、特长生、创新教育、校外社会实践等为载体展开）相辅相成、共同培养的形式。为规范教学活动，保证教学质量，该专业围绕行业企业岗位用人标准，与企业共同制定教学质量评价体系：根据专业课程、技能竞赛、行业认证考核要求及其岗位具体情况设计评价标准，可采用学校评价、企业评价、同学评价、行业评价、社会评价、技能竞赛评价等形式。

实践证明，山东职业学院的"赛证课相通"人才培养模式改革成效显著。计算机网络技术专业技能竞赛硕果累累，连续11年获得山东省高职院校技能大赛一等奖，先后3次获得全国职业院校技能大赛一等奖；学生职业资格证书获取率达100%，历届就业率为98%以上，专业对口率为70%以上。

四、科教融合协同育人模式

《关于深化产教融合的若干意见》指出，完善世界一流大学和一流学科建设推进机制，注重发挥对国家和区域创新中心发展的支撑引领作用，构建梯次有序、功能互补、资源

[①] 曾天山. "岗课赛证融通"培养高技能人才的实践探索 [J]. 中国职业技术教育，2021（8）：5-10.

产教融合的模式与实践研究

共享、合作紧密的产教融合网络。《现代产业学院建设指南（试行）》也提出将人才培养、教师专业化发展、实训实习实践、学生创新创业、企业服务科技创新功能有机结合，促进产教融合、科教融合，打造集产、学、研、转、创、用于一体，互补、互利、互动、多赢的实体型人才培养创新平台。这就需要高等教育，尤其是肩负培养高层次拔尖创新人才使命的"双一流"大学把人才培养、科学研究和社会需求联系起来，综合配置社会各种优质教育资源。我国的科教融合协同育人模式随着社会经济的发展，大体上经历了三个发展阶段：科教结合育人阶段、科教协同育人阶段、科教融合协同育人阶段[①]。

2015年，中国科学院大学成立国内首家科教融合物理科学学院，以"科教融合、育人为本、协同创新、服务国家"的办学方针，对科教融合特色办学模式进行了实践。2020年9月，教育部、国家发展改革委和财政部印发《关于加快新时代研究生教育改革发展的意见》，提出完善科教融合育人机制，加强系统科研训练，以大团队、大平台、大项目支撑高质量研究生培养，以科研强化原始创新能力，实现高层次人才培养。2020年12月，教育部印发《教育部科学技术委员会章程》，强调教育部科学技术委员会的主要任务是要面向教育强国和人才强国建设，推动科教融合、产教融合，加快教育结构、学科专业结构和人才培养结构优化，以适应新发展格局。基于此，国内高校的科教融合发展空间得到了极大拓展，深度、广度得到了极大延伸，科教融合协同育人进入了新的发展阶段。

山东省教育厅在落实推进科教融合协同育人方面率先开展了示范活动，组织省内多所高校与中国科学院研究所开展了科教融合协同育人战略合作，凝聚各方优质资源，为国家经济发展培养高层次人才。2022年10月，山东省教育厅等部门联合印发的《山东省科教融合协同育人联合体建设实施方案》提出，以"双一流"建设高校和高水平大学建设高校为主体，聚焦海洋、先进制造、现代农业等重点领域，会同其他高校，联合高水平科研院所、新型研发机构和实验室，以基础学科研究生培养为重点，建设10个左右的联合体。联合体坚持"共建、共享、共育"原则，利用5年时间，共同搭建一批高规格科研育人平台，共同建设一支高水平导师队伍，共同打造一批高质量科研教学资源，共同构建一套高效协同育人机制，共同培育一批高层次创新人才。

山东省教育厅一方面汇聚创新要素，开展协同攻关，先后与中国科学院大学、中国科学院沈阳分院、中国科学院海洋大科学研究中心等高水平科研院所签订战略合作协议，

---

① 关明，孙月双. 科教融合协同育人的历史演进、现实意义及发展走向 [J]. 中国轻工教育，2022（1）：8-14.

推动 20 余所高校与 60 余家科研机构、行业领军企业组建协同创新团队，联合开展科技攻关，以"大平台、大项目、大团队"为支撑，合作培养 1800 余名研究生，实现科技创新和人才培养的双赢；另一方面，整合教育科技资源，推动科教融合，整合原齐鲁工业大学与山东省科学院组建新的齐鲁工业大学，整合泰山医学院、山东省医学科学院组建山东第一医科大学，形成了科教相互支撑的一体化发展新模式，构建了"学院—研究所—产业集团"深度融合的人才培养新机制，并取得了明显成效。齐鲁工业大学和山东第一医科大学先后获批博士学位授予单位；海洋监测技术专家王军成增选为中国工程院院士；计算机科学与技术、临床医学等入选山东省"高水平学科"建设名单；高标准建设了国家超级计算济南中心、省部共建国家重点实验室、国家工程技术研究中心等高能级平台，成为吸引高层次人才的重要载体，科技协同创新和人才培养能力显著增强。

第二节　注重专业建设，优化培养方案

要构建产业和教育统筹融合发展格局，就要求各地同步规划产教融合与区域发展、产业发展、城市建设和重大生产力布局，重视引导高校瞄准区域产业特点和急需专业人才，围绕产业建学科专业，促进教育链、人才链与产业链、创新链有机衔接。基于此，高校将产教融合确定为办学理念和发展定位，优化学科专业布局，改革人才培养模式，探索产教融合新机制，提升融合发展的实效。

一、明确导向：围绕产业建学科专业

专业不仅是人才培养的基本单元，更是高校尤其是职业院校对接区域产业发展的重要支撑。各省在推进产教融合的过程中应瞄准区域产业特点和急需专业人才，加强统筹规划，优化专业布局，提高专业需求吻合度。

（一）山东省围绕国家、本省重大战略需求，加强新兴专业建设

2019 年 4 月 19 日，山东省人民政府办公厅印发《关于推进新时代山东高等教育高质量发展的若干意见》，提出优化高校和学科专业布局，逐步建立与城市总体规划、产业结构布局相呼应的高等教育空间布局和学科专业体系。2022 年 11 月 9 日，山东省委办

产教融合的模式与实践研究

公厅、省政府办公厅印发的《关于深入推动山东高等教育高质量发展的若干措施》提出，实施服务山东省"十大创新""十强产业""十大扩需求"行动计划，加强新兴专业建设；围绕海洋工程、集成电路、智能制造、网络安全等领域发展 100 个左右新工科专业，围绕医学材料、公共卫生、医学生物信息、智能医学等领域发展 10 个以上新医科专业，围绕育种技术、智慧农业、农业大数据、生态修复等领域发展 10 个以上新农科专业，围绕金融科技、旅游经济、涉外法学、知识产权等领域发展 80 个左右新文科专业；加快升级传统专业，优化高校专业结构，提升人才培养质量，到 2025 年，新工科、新医科、新农科、新文科专业比例达到 80%以上。

2023 年 5 月 19 日，教育部与山东省人民政府联合出台了《关于促进职业教育提质升级 赋能绿色低碳高质量发展先行区建设的实施意见》，全面启动省域现代职业教育体系新模式试点建设。该文件的第二部分为面向产业，深度推进校地协同、产教融合，为"十强"优势产业集群壮大提供支持。一是围绕"十强"产业，组建一批产教融合共同体，明确了每个共同体的参与院校、企业、培养方向及主攻领域。二是围绕省会经济圈、胶东经济圈、鲁南经济圈、16 个市及各个功能区，组建一批产教联合体，明确了每个联合体的参与院校、企业及产教融合实践中心、技术攻关平台、中试基地。三是围绕支撑县域经济高质量发展，提出加大高职院校建设力度，支持高水平中职学校联合高职学校举办初中后五年制高职教育。四是围绕服务企业"走出去"，组建一批海外职业技术学院，明确了每个海外职业技术学院的所在国家、参建院校和企业、开设专业和工作任务。

（二）江苏省坚持教育与产业统筹规划，推动集群式发展

2020 年 10 月 25 日，江苏省教育厅发布《关于推动江苏高水平大学建设高校服务集成电路产业高质量发展的意见》，提出推动江苏省高水平大学建设高校加快集成电路领域学科建设，应注重产教融合，围绕集成电路产业发展，加强校企人才供需对接，推动校企共建创新平台，深化协同创新，鼓励跨领域、跨学科交叉研究，完善集成电路人才培养和技术创新体系。为推动专业与产业吻合对接，江苏省发布《江苏省职业教育专业结构与产业结构吻合度预警报告》，建立专业建设与产业结构调整对接机制，以每 2～3 年为一个周期，对苏州市、无锡市、常州市职业教育与产业结构吻合度做出基本判断，并就存在的问题及未来产业发展趋势研究制定专业结构调整思路和策略，引导职业学校根据产业需求设置或调整专业[①]。

---

① 资料来源：教育部官网，《江苏省大力推进苏锡常都市圈职业教育高质量发展》。

根据工业向园区集中、人口向城市集中、住宅向社区集中的总体趋势和要求,江苏省建立职业学校与产业园区建设良性互动机制,努力实现职业学校与产业园区同步规划、同步建设、同步发展。全省13个设区市中9个建有职教园区,80多所中高职院校入驻,超过60%的县级职教中心到产业园区、开发区或高新区进行新建,在园区就读的学生达60余万人。学校主动对接地方产业转型升级需求,根据全省产业集群式发展特点和规律,推动重点专业集群建设,建成骨干(品牌)高职专业300个、中职现代化专业群308个。江苏省定期开展职业学校专业结构与产业结构吻合度调查,发布吻合度预警报告,引导职业学校根据地方经济发展需求和产业升级状况,科学调整专业设置、增设紧缺专业、优化专业结构,不断推进专业规范化、品牌化、特色化建设。2019年,全省职业院校新增的295个专业主要是服务于先进制造、轨道交通、信息技术、航空、老年服务等产业,在先进制造、现代服务等专业类就读的学生占比约60%。

(三)辽宁省优化专业结构和布局,提高专业需求吻合度

辽宁省人民政府按照"优化结构、提高质量、服务振兴、分类指导"原则,引导高职院校根据区域产业发展和社会需求,科学合理地调整、设置专业,优化专业结构和布局;对接"五大区域发展"战略和"一带五基地"建设,重点支持建设10所高水平现代化高职院校和60个高水平特色专业群,专业布点273个;对接全省优势产业和战略性新兴产业,合并调整高职院校2所;开展近三年高职院校毕业生跟踪调查,及时了解全省高职教育专业结构与社会经济发展的吻合度、人才培养与社会需求的契合度;建立高职院校专业设置预警机制及动态调整机制,提高专业结构调整的前瞻性和针对性,促进专业建设服务地方产业转型升级。2020年,围绕区域经济发展需求,辽宁省高职院校新增智能控制技术等社会急需专业116个,停招、撤销、减招布点较多、就业率较低的专业172个[①]。

(四)浙江省强化高等教育与区域发展融合,优化产教融合结构

《浙江省加快推进职业教育高质量发展》提出对接全省产业发展,优化专业设置,紧贴产业办学。浙江省聚焦数字经济"一号工程"、三大科创高地和产业链提升工程,在专业设置上优先向数字经济等战略性新兴产业倾斜。截止到2022年年底,浙江省中职学校专业布点2553个,高职院校专业布点1631个,现代农业、先进制造业、现代服务业等领域比重持续优化。为了深化产教融合,强化部门和行业指导,浙江省成立由省级行业

---

① 资料来源:教育部官网,《辽宁省加强校企合作 全面做好高职院校毕业生就业工作》。

产教融合的模式与实践研究

主管行政部门牵头的 10 个省级职业教育行业指导委员会，汇聚行业企业资源，指导行业企业深度参与职业教育[①]。面对高职院校培养的人才很难下沉到县的问题，2022 年 5 月，浙江省在全省范围内启动了区域中高职一体化人才培养改革工作，旨在有针对性地培养地方优势产业集群迫切需要的复合型高端技术技能人才。要实现这一目标，关键是推动优质高等职业教育资源下沉到县，扩大辐射面，让高等教育更直接、更好地服务县域发展。浙江工商职业技术学院与宁波行知中等职业学校合作成立慈溪学院，金华职业技术学院计划与永康市职业技术学校合作成立五金制造产业学院……可预见的是，伴随着区域中高职一体化人才培养的深入推进，县城如何因地制宜地探索高职下沉到县的有效模式，办好"大职教"，为当地培养更多的高素质技能型人才，将成为未来一段时间内的重要命题之一。

宁波市致力于打造产教融合发展新格局，统筹高等教育与区域发展布局，大力推进高校特色学院到产业集聚区办学，基本形成主要产业集聚区均设立特色学院、产业研究院的格局。2018 年，宁波市启动实施新一轮高校学科专业能力提升计划，以服务宁波"3511"产业体系和八大细分产业需求为导向，投入 1.87 亿元经费扶持建设 50 个市级重点学科和 80 个市级重点专业；鼓励和扶持高校开设新专业对接新产业，在重点专业评审中单列新兴专业，遴选计算机科学与技术、幼儿发展与健康管理、工业机器人技术等一批新兴专业进行重点建设[②]。

二、明确定位：服务区域经济发展

2023 年 3 月，教育部等部门印发的《普通高等教育学科专业设置调整优化改革方案》指出，高校要科学制定学科专业发展中长期规划，主动适应国家和区域经济社会发展、知识创新、科技进步、产业升级需要，做好学科专业优化、调整、升级、换代和新建工作。产教融合已成为高校确定办学理念和发展定位，优化学科专业布局，改革人才培养模式的动力源和助推器，全国各地的高水平大学、应用型本科院校和职业院校积极围绕产业建专业，探索产教融合新机制，提升融合发展的实效。

（一）高水平大学学科专业建设案例

浙江大学围绕国家战略、行业发展等需要，推动学科专业建设与产业转型升级相适

[①] 资料来源：浙江省教育厅官网，《浙江省加快推进职业教育高质量发展》。
[②] 资料来源：教育部官网，《浙江省宁波市全力打造产教融合发展新格局》。

应。其充分挖掘产业、行业、企业等育人属性，建立紧密对接产业链、创新链的学科专业体系，加快设置"应急管理""储能技术"等二级学科，进一步将经济和产业优势转化为学科发展资源。[1]

江南大学构建具有江南特色的"基于学科、融入产业"的创新创业教育模式，瞄准地方建设"智能制造强市"需求，主动对接地方机械电子、环保工程、精细化工、艺术设计等产业发展，通过合并、重组，成立环境与土木工程学院、数字媒体学院、物联网工程学院等；确立"削枝强干、强化特色"的专业优化思路，精简发展目标不明确或办学水平较低的专业，学校本科招生专业从原有的 63 个减少到 51 个，确保人才培养与地方需求对接更加精准。[2]

南昌大学大力推进实施产教融合战略，持续强化组织领导、平台建设和精准合作，不断增强科技创新和社会服务能力，努力为区域经济社会高质量发展提供人才保障和智力支撑。其制定了《名城名校融合发展总体规划》，实施"学科产业对接、创新平台培育、高端人才汇聚、新型智库建设、医疗事业提升、教育资源共享、文体事业繁荣、校园建设优化"等九大工程，着力推动形成教育和产业统筹融合、良性互动的发展格局。[3]

（二）应用型本科院校学科专业建设案例

湖南科技学院坚持"地方性、应用型、有特色"的办学定位，积极服务湖南省"三高四新"战略定位和使命任务。其围绕大湘南产业规划和资源分布，优化学科专业布局，着力构建与区域经济发展相适应、与学校办学定位和办学特色相匹配的人才培养体系；成立智能制造学院、信息工程学院，新增数据科学与大数据技术、智能制造工程、跨境电子商务等本科专业，打造应用型现代教师教育、产品设计、文旅传媒、生物化学类、电信类专业集群。[4]

宁波工程学院全面融入地方经济社会发展，通过牵手名院大所，推进产教融合、校政企合作，为区域发展培养高层次的应用型人才。其与中国科学院武汉岩土力学研究所共建岩土力学与工程国家重点实验室宁波工程学院工程软土实验中心，与同济大学国家

---

[1] 资料来源：教育部官网，《勇当高水平产教融合先行者 聚力打造卓越的研究生教育》。
[2] 资料来源：教育部官网，《江南大学"四个融入"推进产教深度融合发展》。
[3] 资料来源：教育部官网，《南昌大学深化产教融合 服务区域经济社会发展》。
[4] 资料来源：教育部官网，《湖南科技学院深化产教融合、校企合作 助力区域经济社会发展》。

产教融合的模式与实践研究

土建结构预制装配化中心合作建设国家土建结构预制装配化中心宁波分中心；与中国社会科学院合作共建港口城市发展与环境研究中心和国际港口与物流中心；与吉林大学、太原理工大学、长安大学等联合培养研究生；与厦门大学共建应用技术大学研究中心；与中国科学院材料研究所、中石化镇海炼化、宁波市安监局共建材料与化学工程学院；与宁波市交通委、宁波市交警总队、宁波市住建委、宁波市建设集团共建建筑与交通工程学院；校地共建象山研究院、奉化研究院、三门研究院及中乌新材料研究院；与杭州湾管委会、大众和吉利汽车等以理事会形式共同建立政产学研人才培养教育联盟；投资3亿元建成宁波市先进制造业公共培训平台；与教育部共建国家先进技术课程创新基地和中国现代教育研修中心宁波分中心（落户翠柏校区）；实施百名博士（教授）服务百家企业的"双百"工程，助力地方经济转型升级。[1]

山东石油化工学院聚焦服务国家能源战略和行业转型升级重大需求，立足新发展阶段，全面落实学校"高端、特色、开放"的办学理念，在黄河三角洲全力打造服务国家"双碳"目标新引擎，建设"双碳"特色应用型人才培养基地，助力黄河流域生态保护和高质量发展。该学院打造对接产业链的"双碳"专业群：紧密对接区域石油化工产业链，以减碳和零碳为主攻方向，集中优势资源建设储能科学与工程、新能源科学与工程等特色专业，积极布局碳储科学与工程专业等"双碳"领域新兴专业，建设新业态、新需求下的应用型本科新专业体系；以油气绿色转化、二氧化碳捕集封存与转化、储能及碳基新材料、碳管理碳交易为重点，推动石油工程等传统优势专业向绿色低碳特色方向内涵式发展，设置碳封存及利用、碳储科学与工程、碳管理碳交易等多个"双碳"相关微专业，着力建设"双碳"相关专业群，构建人才培养新格局。

（三）职业院校学科专业建设案例

产教融合是职业教育的本质特征，也是基本路径。只有基于产业链来谋划发展职业教育，才能让职业教育内生于经济社会，形成教育链、人才链与产业链、创新链共生共荣的生态系统。自国家产教融合政策实施以来，职业院校牢固树立职业教育本质属性，坚持走服务区域经济社会发展的特色化办学之路，主动联合区域行业、产业，根据产业建专业，全面推进产教深度融合。在这个过程中，一大批经典案例涌现出来。

深圳职业技术学院对标区域经济优化专业布局，完善绿黄红牌专业动态调整机制，

---

[1] 资料来源：宁波工程学院官网。

第五章　产教融合协同育人实践

紧密对接产业升级和技术变革趋势，围绕先进制造业和现代服务业优化专业布局；强化数字经济背景下的多专业融合和多技术整合，对标深圳"20+8"产业集群组建和升级专业群。深圳职业技术学院与世界 500 强企业或行业领军企业联合，共同建设高水平专业，共同研究专业设置标准，共同打造专业方向与内容，比如与华为、ARM 合作建设两大高水平专业群。校企双方将行业企业最认可的用人标准作为构建课程体系的"锚"，把企业技术标准转化为课程标准，及时将新技术、新工艺等融入课程内容，形成教学资源。学校联合企业开发 1000 多个培训包、50 部教材，用最新的实用课程培养企业需要的毕业生。校企共同开发认证证书，将证书的标准和内容融入人才培养方案，并嵌入质量评价体系。这样，学生毕业即可作为专业技术人员上岗。①

南京工业职业技术大学是我国首家公办本科层次职业教育试点学校。学校近年来聚焦高端智能装备制造业、现代服务业等技术领域，围绕"创模式、搭平台、广合作、共发展"思路，发挥各类科技平台优势，开展区域服务，坚持优势互补、互利共赢，积极推进政校企行深度融合，打造校企深度合作命运共同体。学校将每个专业的定位从相关产业中低端岗位群向产业高端岗位群上移，推进专业升级与数字化改造，系统推进教师、教材、教法"三教改革"；响应新兴产业发展要求，拓展专业办学方向，设置新兴专业；力争未来 5 年再新建一批本科专业，同时以高标准做好 1+X 证书制度试点，促进书证融通。

湖南铁道职业技术学院长期深耕于轨道交通装备制造全产业链，紧跟产业变革，形成了覆盖高铁、普铁、地铁等轨道交通装备制造、运用、管理与维护全产业链的专业体系。学校坚持走产教融合、校企合作之路，实施"产教融合升级工程"，与轨道交通企业创新共建、共享、共赢"三级双轨"产教融合运行机制，推行"一个专业群对接一个高端产业链、一个专业对接一个行业龙头企业"的产教融合实践模式，与行业龙头企业共同牵头成立了湖南省轨道交通装备制造与运用职教集团（第一批国家示范性职业教育集团）、机械行业高铁装备制造产教联盟和湖南省集成电路技术应用产教联盟，构建起以行业头部企业为龙头，政企行校共同参与、共生共荣的产教融合生态圈和基于高铁装备全生命周期的"校企命运共同体"。②

淄博职业学院服务国家制造强国重大战略、对接山东省"十强"现代优势产业、淄博市"四强"产业，瞄准产业升级和技术变革趋势，搭建产教深度融合新平台。该学院

---

① 许建领. 给产业增值　为师生赋能 [N]. 中国教育报，2021-06-29（5）.
② 资料来源：现代高等职业技术教育网，《湖南铁道职院：产教融合"向深里走"，校企合作"往实里去"》。

高起点共建产业学院，助推"双高端"创新引领。契合高端产业与产业高端需求，依托高水平专业群，对接高端装备、新能源、新材料等国家战略性新兴与区域支柱链式产业集群，联合山东新华医疗器械股份有限公司、西铁城（中国）精密机械有限公司、北京新能源汽车股份有限公司、山东一诺威聚氨酯股份有限公司、淄博齐翔腾达化工股份有限公司等行业领军企业，按照"面向产业、服务发展"原则，遵循"依法依规运营、资本保值增值、多方利益共享、创新驱动发展、协商共治办学"理念，共建产业学院、协同创新中心、工程技术中心等高水平产教融合平台。[1]

青岛职业技术学院紧密对接山东"十强"产业、青岛"7+10+7"产业地图，提出"专业建在产业链上、专业群融入产业群之中"，推进校企合作"1+1+N"工程，即通过"每个专业群至少与龙头企业共建 1 个产教融合实训基地、1 个新兴产业学院，与中小微企业共建 N 个协同创新共同体"的"1+1+N"模式，打造校企协同创新共同体，实现产教高度融合。该学院打破二级学院行政架构，已组建智能制造技术、智能家电、服装服饰设计、电子商务、学前教育等九大专业群，建立起 22 个生产性实训基地、10 个产业学院、35 个协同创新共同体。[2]

威海职业学院优化专业布局，服务区域重点产业集群。其对接威海市"十四五"规划，围绕七大千亿级产业集群，分析区域产业布局和发展趋势，瞄准高端产业，优化智慧物联专业群、机械设计与制造专业群、文旅创业专业群等 19 个专业群的专业组成，使群内专业相互支撑更加充分、与产业链条的对接更为紧密。[3]

第三节　加强"双师型"教师队伍与培训基地建设

教师队伍是发展职业教育的第一资源，是支撑新时代国家职业教育改革的关键力量。建设高素质"双师型"教师队伍不仅是加快推进职业教育现代化的基础性工作，也是产教融合落到实处的关键所在。针对职业教育教师队伍存在数量不足、来源单一、校企双向流动不畅、结构性矛盾突出、管理体制机制不灵活、专业化水平偏低等问题，尤其是"双师型"教师和教学团队短缺这一制约职业教育改革发展的问题，党中央、国务院统筹

---

[1] 资料来源：现代高等职业技术教育网，《淄博职业学院：深化产教融合 校企共育高质量技术技能人才》。
[2] 资料来源：现代高等职业技术教育网，《青岛职业技术学院四个"一公里"，打通校企合作"发展路"》。
[3] 资料来源：威海职业学院官网，《威海职业学院高等职业教育质量年度报告（2023 年）》。

兼顾，积极部署，密集出台一系列加强"双师型"教师队伍建设的制度文件，建设了一大批教师培训基地，有力推动了高校加强"双师型"教师队伍建设。

一、"双师型"教师队伍建设状况

为进一步加强职业院校"双师型"教师队伍建设，2016年，教育部、财政部联合印发《关于实施职业院校教师素质提高计划（2017—2020年）的意见》，决定对"双师型"教师进行专业技能培训。2019年1月，《国务院关于印发国家职业教育改革实施方案的通知》提出，到2022年，"双师型"教师（同时具备理论教学和实践教学能力的教师）占专业课教师总数超过一半。2019年5月，教育部印发《全国职业院校教师教学创新团队建设方案》，提出推动学校与行业企业合作共建、共享人才、共用资源，形成命运共同体，支持企业深度参与教师能力建设和资源配置，建立学校优秀教师与产业导师相结合的"双师"结构团队。2019年8月，教育部等四部门印发的《深化新时代职业教育"双师型"教师队伍建设改革实施方案》，提出经过5~10年时间，构建政府统筹管理、行业企业和院校深度融合的教师队伍建设机制，健全中等和高等职业教育教师培养培训体系，打通校企人员双向流动渠道，"双师型"教师和教学团队数量充足，双师结构明显改善。2021年，中共中央办公厅、国务院办公厅印发的《关于推动现代职业教育高质量发展的意见》提出，要强化"双师型"教师队伍建设，制定"双师型"教师标准，建设一支高素质"双师型"的教师队伍。2022年10月25日，教育部印发《教育部办公厅关于做好职业教育"双师型"教师认定工作的通知》，并且发布了《职业教育"双师型"教师基本标准（试行）》。为总结凝练各职业院校"双师型"教师队伍建设的好做法、好举措、好经验，供全国职业院校学习借鉴，共同提高职业院校"双师型"教师队伍建设水平，2020年4月29日，教育部遴选公布了首批320个在全国有影响力、具有示范引领作用的"双师型"教师队伍建设典型案例。

2022年5月，教育部召开"教育这十年""1+1"系列新闻发布会，介绍了自党的十八大以来职业教育教师队伍面貌发生的可喜变化。全国职业学校专任教师规模从2012年的111万人增加到2021年的129万人（其中，中职学校专任教师69.5万人，高职专科学校专任教师57.0万人，高职本科学校专任教师2.5万人），为职业教育高质量发展提供了有力支撑。从年龄结构看，中职学校50岁以下专任教师占比接近80%，高职院校此项占比为83%，中青年正成为职业院校教师队伍的骨干力量；在学历结构方面，中职学校

产教融合的模式与实践研究

本科及以上学历专任教师占比94%，高职院校本科及以上学历专任教师占比99%，研究生及以上学历专任教师占比41%；在"双师型"教师结构方面，"双师型"教师占专业课教师所占比重为中职56%、高职专科59%、高职本科59%，均超过了占比过半的基本要求。但各省间的"双师型"教师规模发展并不均衡。贵州省、云南省、青海省、山西省、江西省、河南省、海南省、安徽省等少部分中西部省份的"双师型"职业教育教师占比情况尚未达到50%的标准要求。

2021年高职院校"双师型"教师占比情况统计（部分）如表5-1所示。

表5-1　2021年高职院校"双师型"教师占比情况统计（部分）

序号	省（区、市）、新疆兵团	专任教师总数/人	"双师型"教师占比/%
1	山东	41127	68.97
2	江苏	35232	80.23
3	安徽	24903	47.61
4	浙江	18357	80.54
5	福建	15116	63.65
6	上海	5343	63.72
7	广东	47871	64.84
8	广西	18877	50.11
9	海南	3579	46.16
10	湖北	20410	59.53
11	湖南	27140	65.67
12	河南	48564	46.17
13	江西	23387	46.44
14	北京	4253	72.0
15	天津	6727	60.8
16	河北	27192	52.12
17	山西	13642	46.19
18	内蒙古	10618	49.24
19	宁夏	2131	49.46
20	新疆	—	44.84
21	新疆兵团	1057	46.17
22	青海	1380	46.13

续表

序号	省（区、市）、新疆兵团	专任教师总数/人	双师型教师占比/%
23	陕西	16229	51.31
24	甘肃	11307	51.23
25	四川	32031	37.68
26	云南	15733	46.3
27	贵州	16759	49.19
28	西藏	—	26.69
29	重庆	20400	57.13
30	辽宁	13372	58.57
31	吉林	—	—
32	黑龙江	12063	67.79

注：吉林省未公布2021年高职院校"双师型"教师占比情况。

二、双师素质培训与教学创新团队建设

2021年7月29日，教育部、财政部发布的《关于实施职业院校教师素质提高计划（2021—2025年）的通知》中指出，深化产教融合、校企合作，突出"双师型"教师个体成长和"双师型"教学团队建设相结合，提高教师教育教学能力，努力造就一支师德高尚、技艺精湛、专兼结合、充满活力的高素质"双师型"教师队伍，推动职业教育高质量发展；支持高水平学校和大中型企业共建"双师型"教师培养培训基地、企业实践基地，充分发挥引领作用，辐射区域内学校和企业，提升校企合作育人水平。

（一）"双师型"教师培养培训基地建设情况

2019年7月1日，教育部公布《高等职业教育创新发展行动计划（2015—2018年）》项目认定结果，"双师型"教师培养培训基地共计440家（见图5-2）。其中，江苏省57家，湖南省36家，浙江省35家，河北省与广东省各有29家，湖北省28家，河南省22家，重庆市18家，陕西省、天津市、福建省、安徽省各有15家，北京市、江西省、上海市、山东省各有10家。

从不同经济发展区来看（见图5-3），长三角经济区"双师型"教师培养培训基地占比最大，达到26.59%；中部经济区占比为23.86%，发展较好；环渤海经济区占比仅为2.73%。

产教融合的模式与实践研究

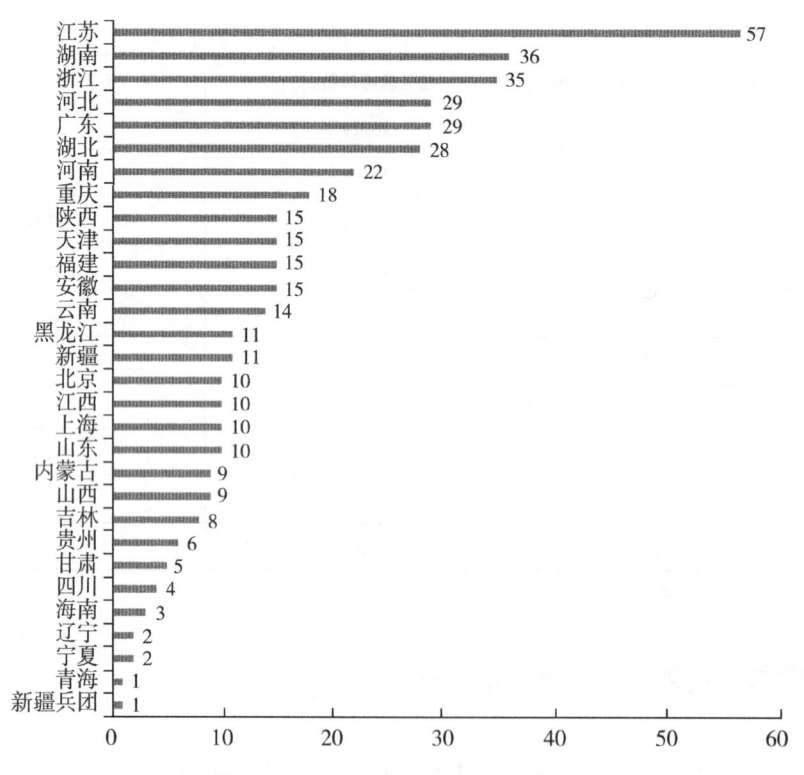

图 5-2 2015—2018年各省（区、市）、新疆兵团"双师型"
教师培养培训基地数量分布情况（单位：家）

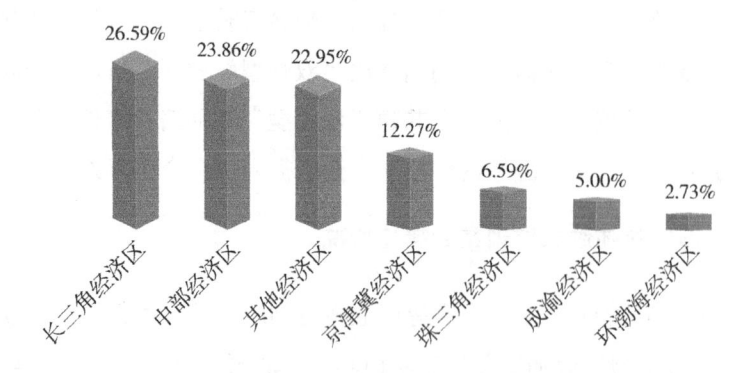

图 5-3 2015—2018年各经济区"双师型"教师培养培训基地数量占比情况

2022年12月，教育部办公厅印发《关于公布国家级职业教育"双师型"教师培训基地（2023—2025年）的通知》，公布了170家国家级职业教育"双师型"教师培训基地，即职教国培基地。职教国培基地是职业教育师资培养培训体系的重要组成部分，是职业学校教师素质提高计划、"职教国培"示范项目、名师（名匠）名校长培养计划等国家级培训任务和各地各校教师培训的重要承训力量，旨在优化职教国培基地布局，推进职普融通、产教融合、科教融汇。职教国培基地涵盖职业教育19个专业大类、46个专业中类。基地牵头单位涵盖各类型高校，包含"双一流"大学、高职院校等。从职教国培基地数量来看（见图5-4），北京市的数量最多，有19所高校；广东省、江苏省、湖北省、山东省和浙江省的数量为10～11所。

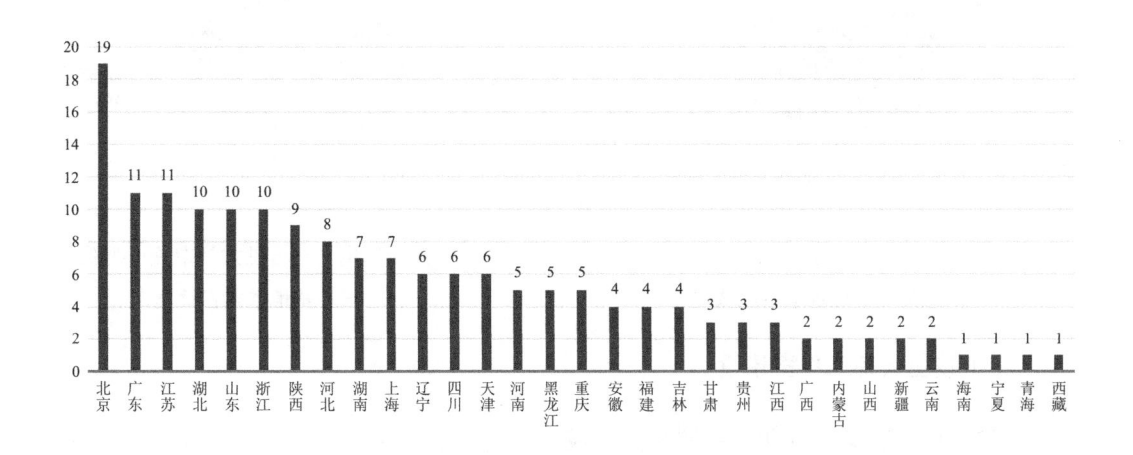

图5-4　2023—2025年各省（区、市）职教国培基地数量统计情况（单位：家）

从职业教育专业大类来看（见图5-5），装备制造大类职教国培基地数量最多，有43家；电子与信息大类职教国培基地数量次之，有34家。在装备制造大类中，自动化类职教国培基地占比最大（46%），机械设计制造类职教国培基地占比次之（26%）（见图5-6）。在电子与信息大类中，计算机类职教国培基地占比最大（62%），电子信息类职教国培基地占比次之（29%）（见图5-7）。

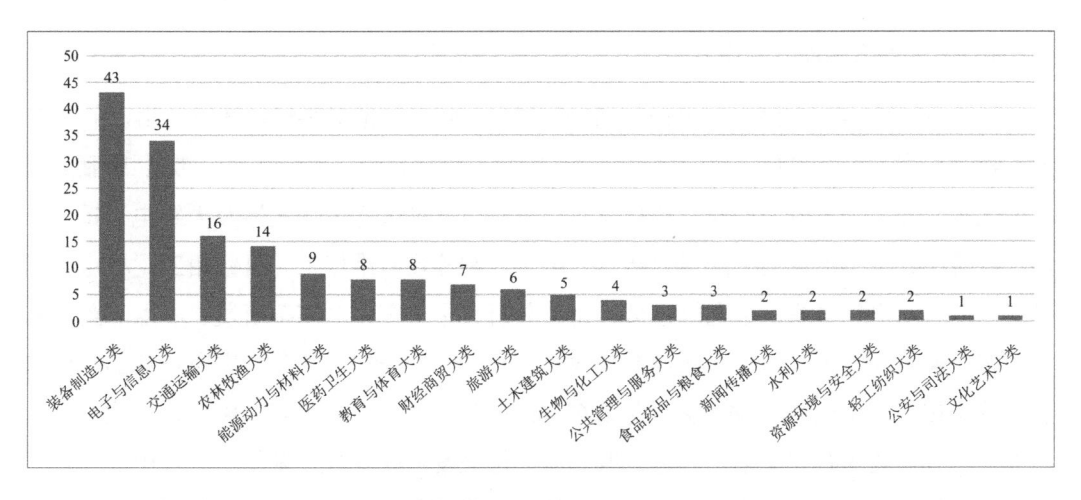

图5-5　2023—2025年职教国培基地所属专业大类分布情况（单位：家）

产教融合的模式与实践研究

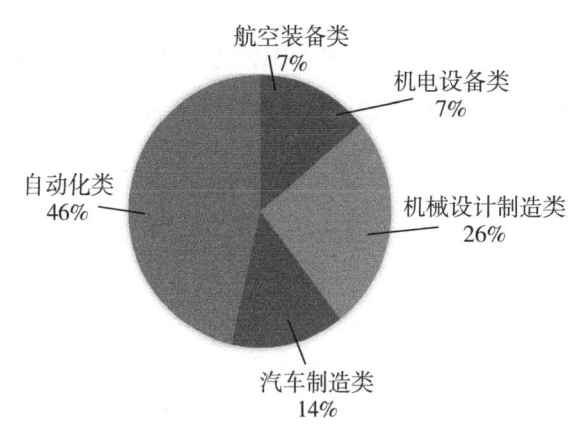

图 5-6 装备制造大类中各小类职教国培基地数量占比情况

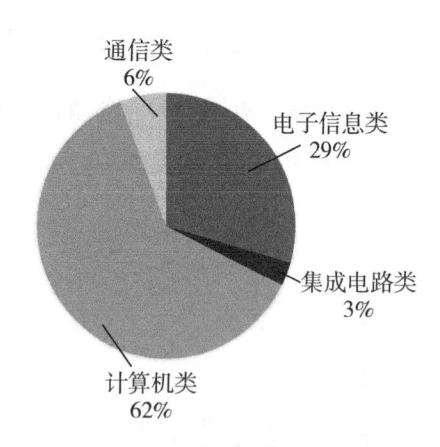

图 5-7 电子与信息大类中各小类职教国培基地数量占比情况

（二）技能大师工作室建设

技能大师是指某一行业（领域）技能拔尖、技艺精湛并具有较强创新创造能力和社会影响力的高技能人才。技能大师工作室的主要功能是发挥高技能领军人才在带徒传技、技能攻关、技艺传承、技能推广等方面的重要作用，面向企业职工及相关人员开展培训、研修、攻关、交流等活动，建立高技能人才技术技能创新成果和绝技绝活代际传承机制，将技术技能创新成果和绝技绝活加以推广。技能大师工作室不仅能够搭建高职院校与企业合作的平台，提升高级技能型人才的培养质量，还能对"双师型"教师队伍的建设起到推动作用，因此应努力探索高职院校"专业+技能大师工作室"高技能人才培养的创新模式。

1. 国家级技能大师工作室

截止到2023年，国家级技能大师工作室共1024家（见图5-8），其中，北京市有57家，数量最多；河南省有50家；上海市有49家。总体来说，各省（区、市）、新疆兵团技能大师工作室数量较为均衡。从职业类型来看，技能大师工作室涉及无线电调试工、汽车维修工、汽车调试工、汽车焊装工、电工、制冷设备维修工、机修钳工、机电火炮试装、单轨车电气维修、用电检查员、化工分析、中式烹调、榨菜研发、石雕石刻、陶瓷工艺、美发师、美容师、工艺美术等60余个职业（工种）。按工作室所依托的单位来看，分布在国有企业的有644家，占比63%；分布在职业院校的有101家，占比10%；分布在民办企业的有278家，占比27%。从各经济发展区来看（见图5-9），中部经济区国家级技能大师工作室占比较大（25%），长三角经济区占比15.63%。可以看出，这两个经济发展区国家级技能大师工作室发展情况较好。

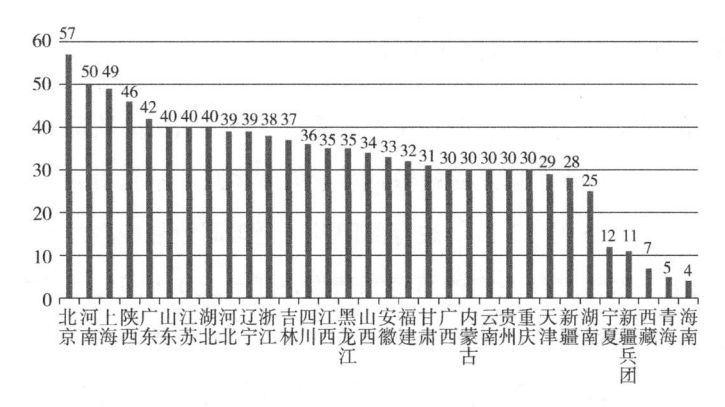

图 5-8　各省（区、市）、新疆兵团国家级技能大师工作室数量分布情况（单位：家）

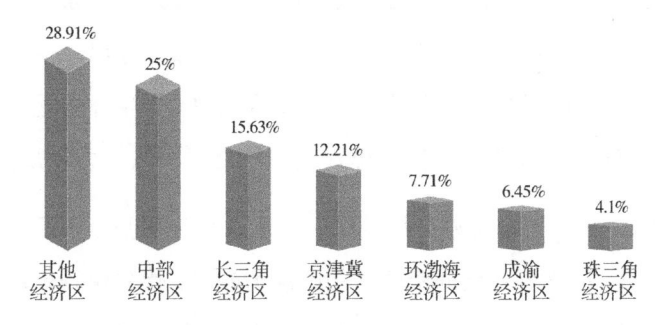

图 5-9　各经济发展区国家级技能大师工作室数量占比情况

2. 高职院校技能大师工作室

根据《教育部办公厅关于开展〈高等职业教育创新发展行动计划（2015—2018 年）〉项目认定的通知》，高职院校技能大师工作室共 94 所高职院校入选（见图 5-10）。其中，山东省、广东省分别有 10 所高职院校入选，江苏省有 9 所高职院校入选，浙江省有 8 所高职院校入选，湖南省有 7 所高职院校入选。可以看出，这 5 个省份都是入选高职院校数量较多、实力较强的省份。

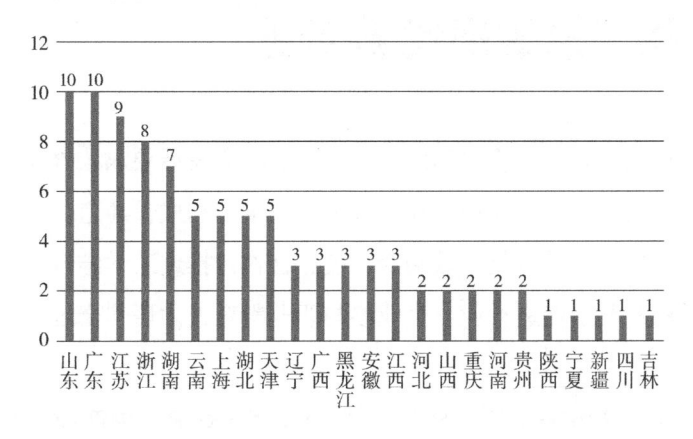

图 5-10　各省（区、市）高职院校技能大师工作室数量分布情况（单位：家）

139

（三）职业教育教师教学创新团队建设

教学创新团队建设是加快职业教育和"双师型"教师队伍高质量发展的有力抓手和重要举措。为打造一批高水平职业院校教师教学创新团队，示范引领高素质"双师型"教师队伍建设，2019年5月13日，教育部印发《全国职业院校教师教学创新团队建设方案》。该方案指出，经过3年左右的培育和建设，打造360个满足职业教育教学和培训实际需要的高水平、结构化的国家级团队，通过高水平学校领衔、高层次团队示范，教师按照国家职业标准和教学标准开展教学、培训和评价的能力全面提升，教师分工协作进行模块化教学的模式全面实施，辐射带动全国职业院校加强高素质"双师型"教师队伍建设。2021年12月21日，教育部办公厅公布了第二批国家级职业教育教师教学创新团队课题研究项目。本批研究项目分为专业领域和公共领域两种类型[1]。这些项目建设将使职业院校教师分工协作模块化教学模式逐步建立，团队能力素质全面提高[2]。

2022年9月22日，教育部办公厅发布《关于进一步加强全国职业院校教师教学创新团队建设的通知》，指出要强化创新团队教师能力建设，优先保障创新团队教师企业实践，充分利用各级企业实践基地和对口企业，通过参加技能培训、兼职锻炼、参与产品研发和技术创新不断提升实习实训指导和技术技能创新能力，每年累计时长不少于1个月，且尽量连续实施。天津城市职业学院围绕高水平专兼结合"双师双能"师资队伍建设目标，实施企业实践卡和贡献卡制度。2021年，该校全体教职工深入216家企业（社区）实践，人均实践32.3天，其中专任教师人均实践42.27天。这表明，职业院校"双师型"教师队伍建设与实践教学水平持续增强。[2]

第四节 积极推进现代学徒制

建立现代学徒制是职业教育主动服务当前经济社会发展要求，推动职业教育体系和劳动就业体系互动发展，打通和拓宽技术技能人才培养和成长通道，推进现代职业教育体系建设的战略选择，也是深化产教融合、校企合作，推进工学结合、知行合一的有效途径。现代学徒制有利于促进行业、企业参与职业教育人才培养全过程，实现专业设置

---

[1] 资料来源：教育部官网，《教育部办公厅关于公布第二批国家级职业教育教师教学创新团队课题研究项目的通知》。
[2] 中华职教社. 中华职业教育发展评价报告（2022）[M]. 北京：中共中央党校出版社，2022.

与产业需求对接，课程内容与职业标准对接，教学过程与生产过程对接，毕业证书与职业资格证书对接，职业教育与终身学习对接，提高人才培养质量和针对性。

一、现代学徒制开展状况

2014年8月，教育部发布《教育部关于开展现代学徒制试点工作的意见》，启动现代学徒制试点工作。2015年8月，教育部组织各地开展了现代学徒制试点申报工作，经专家评议，遴选165家单位作为第一批现代学徒制试点单位和行业试点牵头单位（试点地区17个，试点企业8家，试点高职院校100家，试点中职学校27家，行业试点牵头单位13家）。2017年8月，教育部组织开展了第二批现代学徒制试点遴选和第一批试点年度检查工作，确定第二批203个现代学徒制试点（试点地区2个，试点行业组织4个，试点企业5家，试点高职院校154所，试点中职学校38所）。2018年8月，经遴选，确定第三批现代学徒制试点194个（试点地区1个，试点行业组织4个，试点企业4家，试点高职院校156所，试点中职学校29所）。从遴选的三批试点中职学校数量上看，重庆市、河北省、江苏省、广东省、浙江省、上海市等均有5个及以上的中职学校被遴选为现代学徒制试点（见表5-2）。从三批遴选的高职院校数量情况看，山东省、广东省、湖北省、四川省、河北省、辽宁省、湖南省等所遴选的试点高职院校数量较多，在一定程度上反映了这些省份高职院校的发展质量（见表5-3）。

表5-2 三批现代学徒制试点中职学校统计

单位：所

序号	所在地区	三批合计	第一批试点中职学校	第二批试点中职学校	第三批试点中职学校
1	山东	3	1		2
2	江苏	6		5	1
3	安徽	2	1	1	
4	浙江	5	2	1	2
5	福建	2	2		
6	上海	5	1	3	1
7	广东	5	1	2	2
8	广西	1			1
9	海南	0			
10	湖北	1		1	
11	湖南	3		1	2

续表

序号	所在地区	三批合计	第一批试点中职学校	第二批试点中职学校	第三批试点中职学校
12	河南	2	1	1	
13	江西	1	1		
14	北京	3	1	1	1
15	天津	0			
16	河北	7	1	4	2
17	山西	2		1	1
18	内蒙古	1	1		
19	宁夏	2			1
20	新疆	4	1	3	
21	新疆兵团	2		1	
22	青海	4	1	1	2
23	陕西	2	1	1	
24	甘肃	3	1	1	1
25	四川	3	1	1	1
26	云南	2	1	1	
27	贵州	6	1	2	3
28	西藏	2		1	
29	重庆	8	1	3	4
30	辽宁	2	1	1	
31	吉林	2	1		1
32	黑龙江	3	1	1	1

表 5-3　三批现代学徒制试点高职院校统计

单位：所

序号	所在地区	三批合计	第一批试点高职院校	第二批试点高职院校	第三批试点高职院校
1	山东	27	7	7	13
2	江苏	17	6	4	7
3	安徽	17	3	7	7
4	浙江	16	6	5	5
5	福建	10	3	3	4
6	上海	8	3	3	2

续表

序号	所在地区	三批合计	第一批试点高职院校	第二批试点高职院校	第三批试点高职院校
7	广东	27	7	9	11
8	广西	10	3	5	2
9	海南	6	2	4	
10	湖北	20	4	7	9
11	湖南	19	4	5	10
12	河南	14	5	2	7
13	江西	16	2	6	8
14	北京	8	3	4	1
15	天津	13	3	8	2
16	河北	19	6	7	6
17	山西	14	3	3	8
18	内蒙古	8	2	3	3
19	宁夏	5	1	4	
20	新疆	13	2	7	4
21	新疆兵团	1	1		
22	青海	5	1	1	3
23	陕西	16	2	10	4
24	甘肃	6	2	2	2
25	四川	20	3	7	10
26	云南	9	2	4	3
27	贵州	11	2	4	5
28	西藏	0			
29	重庆	15	3	5	7
30	辽宁	19	4	9	6
31	吉林	7	2	2	3
32	黑龙江	14	3	7	4

二、部分地区的经验做法

自国家启动现代学徒制试点工作以来，全国各地积极响应，广泛动员宣传，组织试点工作，积累了很多值得推广的经验。

产教融合的模式与实践研究

（一）山东省

自2015年起，山东省积极推动现代学徒制试点工作，实施职业院校与合作企业联合招生、联合培养，深入推进产教融合、校企合作，逐步建立起学校和企业"双主体"协同育人、教师和师傅"双导师"教学的现代学徒制。截至2021年，山东省共遴选现代学徒制试点专业137个。2021年，山东省组织专家对2017年、2018年、2019年省级职业院校现代学徒制项目进行验收，122个试点项目全部通过。[①]

山东商务职业学院打造特色校企合作模式，以"学徒制"为切入点，推动了山东商务职业学院人才培养模式改革：以工程经验丰富的工程师为企业导师，对学生进行技术指导，培养熟悉专业要求的本企化技术技能人才。学生在完成培养过程后，顺利通过集团公司及各自实习分公司的实习考核及结业考试，成绩被评定为优良的，即可成为烟建集团的员工。校企一体化的合作形式、人才培养模式及考评体系，成为山东商务职业学院教学改革的特色环节。[②]

淄博职业学院创建了现代学徒制"一线、三段、两协同"人才培养模式，畅通了"识岗—融岗—轮岗—顶岗"四步人才成长路径，搭建了基于工作过程的"平台+模块+项目包"课程体系，建设了以国家教学资源库为引领的优质教学资源。校企双方协同将思政教育与专业教学结合起来，将企业文化、工匠精神纳入教学模块，将在学校和企业进行的实训实践作为技能培训分模块。师傅与学徒通过实行从"多对一"多岗位协同轮训到"一对一"定岗实践锻炼教学模式，实现了育人、成才、生产三者需求的有效契合，从而培养出高素质技术技能人才。自"一线、三段、两协同"人才培养模式实施以来，现代学徒制试点的学生就业率、对口率、薪资水平、社会认可度均显著提高。[③]

枣庄职业学院构建"校企协同、双师带徒、宜教宜师、亦生亦徒"学徒制人才培养模式，实行以"招生即招工、入校即入企、校企双师联合培养"为主要内容的现代学徒制，建立学院教师和企业师傅共同承担教育教学任务的"双导师"制度，明确学徒的企业员工和职业学校学生双重身份，实现了校企共同以学生为中心的"一体两翼""双元"育人格局。该学院与山东天科新能源有限责任公司等企业共建10个产业学院，积极开展现代学徒制培养。[④]

[①] 资料来源：山东省教育厅官网，《山东省高等职业教育质量年度报告（2022）》。
[②] 资料来源：山东省教育厅官网，《山东商务职业学院打造特色校企合作模式》。
[③] 资料来源：山东省教育厅官网，《淄博职业学院深化产教融合培养高素质技能人才》。
[④] 资料来源：山东省教育厅官网，《枣庄职业学院构建"四位一体"产教融合新模式》。

（二）江苏省

江苏省积极开展现代学徒制试点，截止到 2020 年，有国家级现代学徒制试点单位 27 个、省级试点单位 26 个，试点学校占全省职业院校总数的一半以上。为不断完善现代学徒制工作制度，江苏省在省教育科学研究院设立全省职业院校现代学徒制工作办公室，鼓励市级层面出台试点工作实施意见、试点项目成本分担办法、"双导师"管理办法、学徒培训管理办法、校企"双主体"协同育人责任分工等实施性文件。比如太仓市政府设立对德合作产业发展专项资金支持开展现代学徒制试点，年度总规模为 5000 万元，每个学生平均补 1.5 万元；对共建在企业或学校内的培训中心给予补贴 100 万～200 万元。

扬州工业职业技术学院积极开展企业新型学徒制培养工作，经过几年的探索和实践，实现了以"招工即招生、入企即入校、企校双师联合培养"为主要内容的企业新型学徒制。学校牵头成立职教集团，制定出台相关文件，与地方政府共建产业园，各二级学院与企业成立"共建学院"，积极主动地为企业员工技能提升服务，形成"职教集团—地方政府—试点企业"三方联动的工作机制，打造"区园企校"共发展新模式。[①]

无锡商业职业技术学院积极探索现代学徒制。2008 年 5 月，该学校与红豆集团共同实施"千名店长培养"工程，企业店长以言传身教的方式为学生传授职业技能，现代学徒制雏形显现。2013 年，该学院作为全国商贸类院校的唯一代表承担教育部"职业教育现代学徒制的实践探索——高职连锁经营管理专业"专项工作，于 2015 年入选教育部第一批现代学徒制试点单位。在多年"订单式"和"先行先试"现代学徒培养经验积累的基础上，该学院探索中国特色商贸类专业现代学徒制的"进阶版"。该学院相关人士介绍，学院聚焦提升商贸人才培养质量和服务产业企业发展能力，将职业教育集团化办学与实施现代学徒制育人有机结合，探索实践以学校牵头组建的全国商贸职教集团、江苏商贸职教集团为依托，充分体现商贸类专业特征和技术技能人才培养规律的"定主体、定协议、定要素、定权益、定流程"的"五定"协同育人新模式。该学院"基于职教集团的商贸类专业现代学徒制育人探索与实践"项目获得了 2018 年全国职业教育国家级教学成果一等奖。[②]

南京机电职业技术学院以现代学徒制试点为契机，创新人才培养模式。该学院与苏

[①] 资料来源：江苏省教育厅官网，《扬州工业职业技术学院深化新型学徒制技能人才培养》。
[②] 无锡市教育局. 探索职业教育现代化的"无锡模式"[N]. 无锡日报，2019-7-10（A09）.

产教融合的模式与实践研究

州富纳智能制造学院开展现代学徒制人才培养模式改革：以企业用人需求与岗位资格标准为导向，以学生（学徒）技能培养为核心，以学校、企业的深度参与和教师、师傅的深入教授为支撑，全面推广政府引导、行业参与、社会支持、企业和学校"双主体"协同育人的中国特色现代学徒制，深化教育模式改革，推进教育机制创新，提升高职教育的核心竞争力。

（三）浙江省

2016年2月，浙江省教育厅等多部门联合印发《关于开展现代学徒制试点工作的通知》，提出立足行业企业发展实际，重点围绕产业转型升级，结合"职业教育质量提升行动计划""百校千企工程"等重点工程项目，分类分层分专业开展不同形式的现代学徒制试点。通过试点、总结、完善、提升、推广，到2016年年底，全省有五分之一及以上的职业院校开展现代学徒制试点，并在此基础上逐步扩大试点规模与范围；到2020年，实现凡适合现代学徒制形式培养技术技能人才的学校、专业均开展试点，大部分大中型企业及相关行业参与试点。

浙江工业职业技术学院以入选教育部第二批现代学徒制试点为契机，针对现代学徒制改革中生源不稳定、职业发展受限，专业匹配性不强、职业规划与学生需求不相符，人才培养知识技能面狭窄、实践岗位单一，专业课程体系与蓝领岗位需求生态不相适应，以及校企合作不够紧密，教学模式与学生学习需求、职业素养及综合发展不相适应等问题开展了一系列实践探索——深化产教融合，探索现代学徒制在专业群层面上的基层实践，协调相关主体的利益诉求，准确定位人才培养目标，构建合理课程体系，实施有效教学模式，制定学业评价标准，形成了具有自身特色的高素质技术技能人才产教融合培养机制。[①]

台州职业技术学院大力推行以"招工即招生、入企即入校、企校双师联合培养"为主要内容的现代学徒制和企业新型学徒制，采取"学生学徒一体、教师师傅一体、教室车间一体、教学生产一体"的"四个一体"培养方式，有针对性地实行弹性学制、弹性学期、弹性学时，鼓励半工半读、工学结合。该学院先后建立了西门子智能制造产业学院、恩泽护理学院、标力建筑工程学院、新东港医化学院等一批具有鲜明地域特色的产业学院，着力打造校企行命运共同体，共同组建师资队伍，共同开发课程，共同编写教

---

① 资料来源：浙江省教育厅官网，《现代学徒制"蓝领岗位生态系统"的校企协同构建与实践——浙江工业职业技术学院》。

材，共同设计顶岗实习方案。①

（四）广东省

广东省是全国职业教育规模最大的省份，也是在全国率先开展现代学徒制实践的地区之一。广东省接连发布《广东省现代职业教育体系建设规划（2015—2020年）》《关于大力开展职业教育现代学徒制试点工作的实施意见》《广东省职业教育发展条例》《广东省职业教育"扩容、提质、强服务"三年行动计划（2019—2021年）》等重磅文件，制定了落实促进校企合作的激励政策，为现代学徒制试点工作、改革创新职业教育人才培养模式提供了坚实的制度基础。经过多年探索和实践，广东省职业教育现代学徒制实现了校企联合招生、联合培养，校企双元育人、交互训教，学生学徒双重身份、工学交替、岗位成才。

2021年10月26日，河源广播电视台《河源新闻联播》对河源职业技术学院电子与信息工程学院的"中兴通讯现代学徒制班"进行了报道：2018年，河源职业技术学院成为教育部组织的第三批现代学徒制试点，电子与信息工程学院应用电子技术专业作为现代学徒制试点专业联合中兴通讯（河源）有限公司开办了"中兴通讯现代学徒制班"，通过党建引领、双培双导，大力培养现代学徒制"大国工匠"，为"示范区""排头兵"建设持续输送技术技能型人才，并于2021年10月顺利通过了教育部组织的第三批现代学徒制试点的验收。

（五）江西省

江西省发布的《关于全面推行企业新型学徒制的实施意见》明确江西省将遴选当地重点产业和企业，全面推行以"招工即招生、入企即入校、企校双师联合培养"为主要内容的企业新型学徒制。江西省对开展学徒培训的企业给予职业培训和职业技能鉴定补贴。职业培训补贴标准为中级工每人每年4000元、高级工每人每年5000元、技师和高级技师每人每年6000元。

该文件提出，新型学徒制培养目标由企业结合岗位需求确定，以培养符合企业岗位需求的中、高级技术工人为主，培养期限为1~2年；培养对象应为从事技能岗位工作，且与企业签订一年以上期限劳动合同的新招用和新转岗人员；学徒培训期满，可参加职业技能鉴定或结业（毕业）考核，合格者将获得相应证书。根据该文件，企业新型学徒

---

① 资料来源：浙江省教育厅，《台州职业技术学院：坚持四个"接地气" 不断提升人才培养质量》。

制将采取"企校双制、工学一体"的培养模式，即由企业与职业院校（含技工学校）、职业培训机构、企业培训中心等教育培训机构采取企校双师带徒、工学交替培养、脱产或半脱产培训等模式共同培养学徒。

第五节 探索 1+X 证书制度

1+X 证书（学历证书+若干职业技能等级证书）制度试点是职业教育教学模式改革和评价模式改革的重要举措，是"职教 20 条"的一项重要创新。党中央、国务院高度重视 1+X 证书制度的试点工作。国家发展改革委、教育部印发的《建设产教融合型企业实施办法（试行）》将承担实施 1+X 证书制度试点任务作为产教融合型企业建设的重要任务。教育部、财政部发布的《关于实施中国特色高水平高职学校和专业建设计划的意见》也将深化复合型技术技能人才培养培训模式改革，率先开展将 1+X 证书制度试点作为"双高计划"的重要改革发展任务。所实行的中央财政奖补机制通过相关转移支付对各省 1+X 证书制度试点工作予以奖补。

2019 年 4 月，教育部等部门联合印发《关于在院校实施"学历证书+若干职业技能等级证书"制度试点方案》，部署启动"学历证书+若干职业技能等级证书"制度试点工作，积极探索建设职业教育国家"学分银行"，对学历证书和职业技能等级证书所体现的学习成果进行认证、积累与转换。参与首批试点的 5 个领域为建筑工程技术、信息与通信技术、物流管理、老年服务与管理、汽车运用与维修技术。

2019 年 11 月，教育部办公厅、国家发展改革委办公厅、财政部办公厅发布《关于推进 1+X 证书制度试点工作的指导意见》，指出要切实把 1+X 证书制度试点工作作为深化职业教育改革、提高人才培养质量、拓展就业本领的重要抓手，加大统筹推进力度。几年来，在各相关部门的大力支持和密切配合下，1+X 证书制度试点工作稳步推进，并取得长足发展，为全国职业教育发展走上提质培优、增值赋能"快车道"做出巨大贡献。

一、1+X 证书制度试点院校规模

从首批和第二批 1+X 证书制度试点院校规模看（见表 5-4），山东省、江苏省、广东省居前三位。这在很大程度上彰显了此三省作为全国经济大省的地位，也从侧面反映了

第五章 产教融合协同育人实践

1+X 证书制度的实施与各省的经济发展，尤其是产业情况息息相关。

表 5-4　1+X 证书制度试点院校统计

单位：所

序号	所在地区	两批合计	首批	第二批
1	山东	515	156	359
2	江苏	424	144	280
3	安徽	320	106	214
4	浙江	256	76	180
5	福建	316	110	206
6	上海	133	58	75
7	广东	349	191	158
8	广西	161	52	109
9	海南	58	21	37
10	湖北	122	92	30
11	湖南	149	40	109
12	河南	143	31	112
13	江西	290	51	239
14	北京	124	52	72
15	天津	120	54	66
16	河北	237	113	124
17	山西	106	36	70
18	内蒙古	135	66	69
19	宁夏	53	18	35
20	新疆	68	21	47
21	新疆兵团	25	14	11
22	青海	38	19	19
23	陕西	201	109	92
24	甘肃	56	21	35
25	四川	259	114	145
26	云南	107	40	67
27	贵州	68	25	43
28	西藏	6	1	5
29	重庆	80	37	43

续表

序号	所在地区	两批合计	首批	第二批
30	辽宁	133	33	100
31	吉林	137	50	87
32	黑龙江	72	32	40

二、1+X 证书制度试点工作推进情况

2019 年 4 月 4 日，国务院召开全国深化职业教育改革电视电话会议，对推进"职教 20 条"的贯彻落实进行全面部署。时任副总理孙春兰在会议讲话中明确要求稳妥推进1+X 证书制度试点工作，鼓励学生在获得学历证书的同时，取得多种职业技能等级证书，拓展就业创业本领。为做好试点工作，教育部等部门联合印发了《关于在院校实施"学历证书+若干职业技能等级证书"制度试点方案》，明确了试点工作的指导思想、总体原则、目标任务，对试点内容、试点范围及进度安排、组织实施等进行了总体部署。中央主流媒体、教育部官网等进行了宣传报道和政策解读。教育部、财政部发布了《关于实施中国特色高水平高职学校和专业建设计划的意见》。[①]

各地精心组织，试点工作稳步展开。2019 年 4 月 17 日，教育部职业教育与成人教育司印发《关于做好首批 1+X 证书制度试点工作的通知》，要求各地做好动员、政策解读，将 1+X 证书制度试点工作方案和有关通知转发至区域内所有职业院校。从现实情况来看，试点院校以高等职业院校、中等职业学校（不含技工学校）为主，应用型本科院校及国家开放大学积极参与。然而，由于 1+X 证书制度特别强调"课证融通"，需要将体现人的个性化、社会化水平的学历证书与体现产业、企业和职业岗位综合职业能力水平的若干种职业技能等级证书相互衔接和融通，职业技能等级标准必须与各层次职业教育的专业教学标准相互对接，X 证书的培训内容与专业人才培养方案的课程内容相互融合，X 证书的培训过程与学历教育专业教学过程统筹组织、同步实施，X 证书的职业技能考核与学历教育专业课程考试统筹安排、同步考试和评价，学历证书与职业技能等级证书体现的学习成果相互转换，这对 1+X 证书制度的高质量实施提出了严峻挑战。

职业教育培训评价组织（后称培训评价组织）是面向社会公开招募遴选的，而不是由教育行政主管部门、其下属机构或委托特定机构来承担相应职能的。这一根本性变化

[①] 资料来源：辽宁省职业教育管理与服务平台，《1+X 证书制度试点工作推进情况介绍》。

不可避免地使得 1+X 证书制度试点工作在开展过程中出现诸如工作推进缓慢、配套资源开发不足、操作过程违规、承担主体变更，以及部分 X 证书的社会认可度不高等现实问题。[①]为推动 1+X 证书制度实施，落实职业技能等级证书和培训评价组织目录动态管理机制，根据《职业教育培训评价组织遴选与监督管理办法（试行）》，2023 年 1 月 6 日，国务院职业教育工作部际联席会议办公室发布《职业教育培训评价组织及职业技能等级证书退出目录实施细则》。该政策对培训评价组织资质退出和职业技能等级证书实施资格退出等内容进行明确规范，为 1+X 证书制度的健康持续实施举旗定向，对于助力 1+X 证书制度守正创新具有重大意义。

三、部分省份的 1+X 证书制度建设经验

（一）山东省

教育部、山东省人民政府 2020 年 1 月 10 日印发的《关于整省推进提质培优建设职业教育创新发展高地的意见》提到自主开展 1+X 证书制度试点，全省有 218 个学校承担 1+X 证书制度试点，试点规模为 45200 人。

2020 年 9 月 25 日，山东省 1+X 证书制度试点联盟成立。该联盟由潍坊职业学院牵头，全省参与 1+X 证书制度试点的 273 个职业院校、73 个培训评价组织共同组建。该联盟在山东省教育厅的指导下，凝聚各方力量，整合优质资源，深化 1+X 证书制度理论研究与创新实践，为全国 1+X 证书制度贡献了"山东经验"。

2020 年 9 月 25 日，山东省教育厅与京东集团签署职业教育战略合作协议。按照协议，2020—2025 年，京东集团将与山东省教育厅深度合作，共建未来产业学院，在电子商务、跨境电商、大数据、云计算、人工智能等专业领域进行课程开发、人才培养、创新创业、技能扶贫，支持建设共享型大型智能（仿真）实习实训基地，联合推动 1+X 证书制度试点，培训"双师型"教师，建设技术推广服务中心、科技成果转化和技术转移基地，京东集团还将联合职业院校在海外开设国际分校等。

青岛酒店管理职业技术学院 1+X 证书制度试点工作推进经验

青岛酒店管理职业技术学院从三个方面着手系统推进 1+X 证书制度试点工作。一是

---

① 王寿斌. 进退有据，助力"1+X"证书制度守正创新 [N]. 中国教育报，2023-02-04（4）.

制定专业教学标准,促进其与职业技能等级标准多维融合。积极推动企业主导的职业技能等级标准与学校主导的教学标准有效衔接,以 X 证书体现的企业岗位能力评价要求引导专业教学标准全方位对接行业企业需求,以专业教学标准的宏观约束性保障 X 证书对应企业真实岗位(群)。二是全面修订人才培养方案,分类推动 X 证书精确匹配。推动完全学分制管理,依托专业教学标准,全方位修订专业人才培养方案,根据学制、来源、办学模式等不同生源属性,分类匹配 X 证书的权重和数量,在专业能力、素质、知识、通用能力和前导知识中实现过程性衔接与融通,做到职业技能等级标准与专业人才培养方案有效对接。根据不同职业面向明确不同 X 证书的试点学期、融通方式和多样化程度,根据学生基础能力区分 X 证书的约束条件、考核方式和侧重知识技能点,提升专业人才培养方案与学生职业能力需求的融合度。三是重构课程体系,稳步推动证书标准融入课程。积极拆解职业技能等级标准的知识点、技能点和素养点,与课程的知识点、技能点和素养点进行精确匹配、重组,植入现有课程,同时纳入考核方式改革,允许针对 X 证书体现的学习成果进行学分置换、以证代课,建立免修、免听制度,实现职业技能等级标准与课程体系的全链条融通。针对职业技能等级标准中难以融入专业人才培养方案的内容或确需强化的实践项目,以 X 证书专班等形式直接列入专业人才培养方案的专创实践课或专业核心项目化实践课,明确其在教学进程中的定位与教学要求。同时,积极推进混合式教学模式改革,探索新场景下的 X 证书专门课程和学习资源,满足学生在认识实习、跟岗实习、顶岗实习阶段对 X 证书的培训考证需求。

资料来源:山东省教育厅官网。

(二)江苏省

江苏省教育厅发布的《关于做好 1+X 证书制度试点工作的通知》指出了试点工作的主要任务。

其一,优选试点证书(专业)。江苏省教育厅根据国家统一部署统筹推进试点工作,积极引导院校自主选择产业契合度高、用人企业认可度高的职业技能等级证书开展试点工作。各试点院校要建立证书入校的准入与退出机制,充分发挥专家组织作用,逐一论证,严把职业技能等级证书入校关。

其二,深化 1+X 证书教学改革。试点院校要坚持学历教育与职业培训相结合,正确把握学历证书"1"与职业技能等级证书"X"的关系,要与培训评价组织按专业(证书)逐个研讨,根据职业技能等级标准和专业教学标准要求,将证书培训内容有机融入专业人才培养方案，优化课程设置和教学内容。

其三，强化师资队伍培训。试点院校要对接 1+X 证书制度试点需求，将 X 证书师资培训作为必修模块，纳入 5 年一周期的全员轮训内容。推动多方联合培训，统一协调培训资源，按照证书类别组建培训联合体，互聘教师开展培训。探索适应职业技能培训等级要求的教师分级培训模式，分类别、分区域培育一批优质"种子"师资。严格培训师资质审核，确保来自行业企业的专家比例不少于 40%，切实保障培训质量。

其四，同步推进学分银行建设。江苏省终身教育学分银行管理委员会及时修订《江苏省终身教育学分银行建设管理办法》，结合 1+X 证书制度试点工作，完成试点院校和试点专业学生的账户开设工作，有序开展学历证书和职业技能等级证书所体现的学习成果的认定、积累和转换。试点院校要会同培训评价组织，对照专业教学标准、课程标准与相关证书的职业技能等级标准，依据有关规则研制具体的学习成果转换办法，实现课证双向互认，并在学分银行备案发布。

江苏建筑职业技术学院推进 1+X 证书制度试点工作的经验

江苏建筑职业技术学院为了深入推进 1+X 证书制度试点工作，围绕教师、教材、教法实施改革。学校全面升级实施"教师金泉工程 3.0 方案"，实行"二维 X 梯度有序培养"，打通"双师型"教师向"技术型教师""大师工匠型教师"转变的路径；引导教师在学懂、吃透"1+X"相关政策文件的基础上，通过访学进修、企业实践、跟工匠大师学技艺等渠道进一步提高教学能力、实践能力和科研能力；各专业紧盯行业新技术、新工艺、新规范，并及时纳入教材。学校教师团队和企业团队合作开发教材，增强教材的岗位匹配度和解决实际问题的针对性，努力构建通用平台+专业模块+个性发展模块化课程教材体系。

学校大力推进教法改革，改变课堂形态，优化教学过程，全部专业核心课程实施项目化教学、线上线下混合式教学、研讨式学习与团队协作化实践，以学习过程和成果评价学习效果，实现了线上线下结合、理论案例结合、课上课下结合，打造了一批线上、线下和线上线下混合式"金课"。学校将项目教学、案例教学、情境教学、模块化教学等教学方式在全校范围内普及推广，为推进 1+X 证书制度试点工作打下坚实的基础。

缪昌武. 精准布局 谋出好发展[N]. 中国教育报，2021-5-23（3）.

(三)广东省

2020年1月,广东省教育厅、省发展改革委、省财政厅联合发文指出,试点院校要遴选高素质的同志参与试点工作,打造一支高水平的项目管理与培训队伍;要充分调动教师的积极性、增强教师的使命感,鼓励教师积极承担试点工作和证书培训任务;统筹用好中央财政和省财政奖补资金,严禁将专项资金用于偿还债务、支付利息、对外投资、弥补其他项目资金缺口等,不得从专项资金中提取工作经费和管理经费,而用于1+X证书制度试点工作的经费支出(如师资培训、设备采购、证书考核等)均可据实列支;鼓励支持试点院校抱团组建培训联合体,集中与培训评价组织协商,根据自身需求开展"订单式"师资(考评员)培训,商议确定考核等费用标准;要积极探索培训、考评师资与设施的共享机制,资源相对富余的院校要积极支持其他兄弟院校,形成院校合力,共同推进试点工作。

2021年11月,广东省教育厅开展对所有参与1+X证书制度试点工作的院校和部分在粤培训评价组织1+X证书制度试点抽查监测工作,抽查监测各校、各单位2020年、2021年度1+X证书制度试点情况,重点监测2021年度情况。2022年7月5日,广东省人民政府新闻办公室举行广东经济社会发展成就系列新闻发布会,提到广东省深入推进1+X证书制度试点,加强复合型人才培养,累计完成考核评价约38万人次,位居全国第一。[①]

广东机电职业技术学院1+X证书制度试点工作推进经验

为做好1+X证书制度试点工作,广东机电职业技术学院出台了《广东机电职业技术学院实施"学历证书+若干职业技能等级证书"制度试点工作方案》《广东机电职业技术学院考试专项绩效发放管理办法》等文件,成立试点工作领导小组和专门办公室,全面统筹推进试点工作。具体做法:以课证匹配为基础,优化试点专业遴选机制。在研究试点专业培养目标、职业面向及专业标准等方面与证书的匹配性基础上,综合考虑专业的人才培养质量、结构化师资团队、教学资源和实训条件等,并通过专业指导委员会论证与专家审议相结合的选拔程序,保证选拔出最优试点专业。

该学院以证书标准为前提,推进"三段式"人才培养"新"方案。首先,对试点专业在对其证书的标准、能力要求和知识要点,以及专业人才培养关键要素进行全面梳理的

---

① 资料来源:广东省教育厅,《从"有学上"到"上好学"!这个发布会透露了这些信息》。

基础上,将相近专业组建成专业群,打通基础课和大部分的专业基础课,形成大类培养—专业培养—分流培养的"三段式"人才培养方案;然后,将专业教学标准和证书标准无缝对接,把证书标准的知识和能力要求转化为教学模块,重构"1"与"X"深度融合的人才培养方案,实现课证融合。

> 资料来源:广东省1+X证书制度试点工作办公室,《构建遴选机制 深化课证融合 强化育训并举 全面统筹推进1+X证书制度试点》。

本章小结

产教融合是国家高质量发展的内在需求,也是必然路径,而推进产教融合协同育人更是事关国家高质量发展的全局。现阶段,各层次、各类型高等教育,尤其是应用型高校和职业院校应积极改变办学观念,全身心投入到这场伟大的变革中去。虽然产教融合协同育人的诸多实践尚在尝试阶段,存在着上热下冷、校企融合度不高等痛点、难点,但全国各地在具体的办学实践探索中形成了"订单式"人才培养、"双主体"协同育人、"岗课赛证"综合育人、科教融合协同育人等多种不同样态迭代更新的人才培养模式,产教融合程度不断加深。

产教融合的资源集成程度和汇聚程度不断提高,"1+1>2"的聚合效应变得愈发明显。教育和产业融合发展的内在要求促使各地前瞻规划,提前布局,重视引导高校瞄准区域产业特点和急需专业人才,围绕产业建学科专业,促进教育链、人才链与产业链、创新链有机衔接。同时,作为育人主体的学校则主动融入地方经济社会发展,优化学科专业布局,改革人才培养模式,探索产教融合新机制,提升融合发展的实效。

产教融合内容不断丰富,推动职业教育提质增效、增值赋能的路径越发清晰。建设高素质"双师型"教师队伍不仅是加快推进职业教育现代化的基础性工作,也是产教融合落到实处的关键所在。在强有力的政府推动下,一大批"双师型"教师培养培训基地、技能大师工作室、职业教育教师教学创新团队落地实施。我国的"双师型"教师队伍建设成效显著,结构逐步优化,实践教学水平大大提升。现代学徒制和1+X证书制度试点则推进了校企育人的精准对接,有利于解决课程内容与职业标准、教学过程与生产过程脱节的问题,有利于实现专业教学标准与职业技能等级标准之间的融通。

第六章
推进产教融合未来发展建议

产教融合是产业与教育发展到一定阶段的必然产物，符合当前阶段产业与教育高质量发展的共同要求。从政策上看，产教融合逐渐被纳入国家和地方发展战略规划中；从实践来看，政府、各级各类院校和行业企业都在主动探索产教融合发展的有效路径；从具体成效来看，在实践探索中，产教融合获得了较大发展，为产教双方的质量提升注入了新的活力，尤其是促进了创新创业人才的培养。但从长效发展的角度来讲，产教融合作为产教双方乃至整个经济社会持续发展的重要动力机制，还具有较大的改进空间，集中表现在产教双方尚未达到理想的"融合"状态，因此难以为产教双方及其多元利益相关主体充分实现协同创新提供可靠载体。究其原因，主要在于无论是教育还是产业，对传统发展模式存在路径依赖，产教双方在合作发展能力上都存在不足，难以突破传统模式的制度与技术锁定；作为重要利益相关主体，政府的政策与制度体系尚不完善，没有充分调动产教双方及其他主体参与融合发展的积极性，难以为产教融合发展的实践探索提供有效保障。可见，基于产教融合的重要价值及其在实践中存在的诸多不足，深化产教融合及其配套机制改革，完善产教融合体系，是教育、产业现代化探索的重要任务。未来我国产教融合改革发展的主要向度包括国家或政府关于产教融合顶层设计的优化、基于企业主体需求的制度完善、以创新创业人才培养为导向的育人体系建设及产教融合评价机制的创新等。

第六章 推进产教融合未来发展建议

第一节 加强顶层设计，建立产教融合长效机制

产教融合被纳入国家教育强国战略、创新驱动战略的顶层设计之中，成为涵盖整个教育领域的整体人才战略，有利于将深入推进产教融合转化为高质量发展效能合力。正如2017年《关于深化产教融合的若干意见》中所提出的深化产教融合的主要目标："逐步提高行业企业参与办学程度，健全多元化办学体制，全面推行校企协同育人""以实现教育和产业统筹融合、良性互动的发展格局"。真正推动教育领域与行业企业等的"跨界"，需要切实加强顶层设计的统筹驱动。

一、形成协同发展共识，激发内生动力

（一）亟须形成产教融合协同发展新共识

为了加快解决人才培养供给侧和产业需求侧在结构、质量、水平上还不能完全适应等突出问题，国家从政府层面不断推进产教融合。深化产教融合是助推产业、行业、企业高质量发展的必由之路，也是逐步提升办学质量的有效途径。产教融合政策既是深入贯彻习近平新时代中国特色社会主义思想的重要举措，也是落实党中央、国务院关于教育和人才改革发展重大决策部署的重要行动，更是适应引领新一轮科技革命和产业变革趋势的必然要求。面对新要求，亟须形成产教融合协同发展共识，汇聚智慧力量，抓住产教融合的有效契机，不断创新人才培养模式，在专业设置和合作载体方面注入新动能，为新时代提供有力的人才支撑，打造具有特色的产教融合新路径。

（二）加大宣传，增强思想文化动力

尽管不少地方政府或者学校已经发布产教融合发展行动方案，规划引领区域、院校、企业等多维度的产教融合工作，但在具体落实中产教"融而不合"等现象依然存在，因此需要不断加大宣传力度，为有效推进教育、科技、人才整体布局创造条件，彰显相关主体的时代新使命。此外，各地方还需要围绕协同发展及产教联合体等进行充分探索，推动形成同企业需求逐步适应、同产业结构进一步匹配的校企合作模式、人才培养模式等，并就如何有效建立产教融合服务平台、载体等达成共识，明确前期的协同发展重点，以及产教融合实践方向、范围等，使更多相关主体了解政策支持、资源整合、平台支撑

等方面的规划及举措。

二、完善多部门联动机制，强化政府主导作用

（一）完善多部门联动机制

虽然产教融合的试点项目、方案等出台较多，但整体来说还较为凌乱，系统规划欠缺，难以达到预期效果。比如，行业、企业等参与人才培养的时机不对，财政、人事等资源整合力度有待强化。四川省有政协委员提出在产教融合项目实施过程中还存在需要改进和完善之处，主要表现为协同推进产教深度融合的多部门联动机制尚未形成，如非教育主管部门对吸引优质企业积极参与产教融合、校企合作的政策引导不够；校企合作机制创新不够等。应当从国家法律层面和省市规范性文件层面双管齐下，保障其从顶层设计到具体落实的制度体系的完整性和有效性。[1]按照中国式现代化的要求，国家及省级层面应制定具体工作规划及中长期规划，明确新时代产教融合的战略目标、政策体系及实施框架，以激活产教融合的内生动力，构建产教融合生态体系，包括如何提高师资队伍的产教融合能力、强化人才培养的针对性及科学性等。

（二）充分发挥政府的主导作用，健全产教融合指导机制

我国体制有自身的优势，可以通过政府把各个部门、行业、企业、院校紧密结合在一起，建立健全教育、财政、人社、税务等部门全方位配合的工作协调机制，形成多部门促进产教融合的工作合力，比如2020年国家发展改革委、教育部、科技部等16部门发布《关于推动公共实训基地共建共享的指导意见》，提出坚持统筹融合、合理布局、开放共享，体现统筹联动的工作重点；健全产教融合与经济社会发展同步联动规划机制，在城市规划建设、产业园区开发、重大项目布局中，充分考虑教育和人力资源开发需求，将产教融合发展作为基础性要求融入相关政策，同步提出可操作的支持方式、配套措施和项目安排。[2]面向产业和区域发展需求，完善教育资源布局，统筹优化教育和产业结构，促进教育和产业联动发展。必要时可以设立专门机构，在制定工作制度的同时保证决策、执行、监督的顺利实施。地方也需要建立健全产教融合指导机制，形成联席会议制度。此外，尝试推动建立政府、行业、企业、学校四方联动的常态化沟通机制，定期召开产

---

[1] 资料来源：人民网，《刘建超委员：推动产教融合 完善和优化四川产教融合示范项目的政策支持》。
[2] 资料来源：人民资讯，《积极构建良好的产教融合生态链》。

教融合问题对接会。[①]各省亟须出台符合区域实际、彰显特色及契合当地诉求的产教深度融合指导性文件和支持性政策，进一步优化政府统筹管理、行业企业积极举办、社会力量深度参与的多元办学体制。[②]各省可以立足区域经济社会发展需求，建立高等院校专业设置与区域社会经济高质量发展相匹配的良性互动机制，完善由教育主管部门牵头，其他相关部门、行业、企业、社会组织等共同参与的院校专业设置评议制度，指导院校对专业进行科学有效的动态调整。相关部门也需要根据实际情况定期发布专业人才需求或预测报告，及时公布产业结构调整和发展趋势，为相关院校专业设置提供决策参考。

三、明确各部门职责，强化政策执行力

（一）统筹协调，强化政策可操作性

我国已出台多个产教融合政策，但政策涉及单位多、层级跨度大，跨单位、跨层级的统筹协调责任未明确，导致部分政策缺乏针对性与可操作性。很多政策法规还只是聚焦于原则性、方向性、纲领性的规定和指导意见，整体处于制定、探索、推动层面，规范性、约束性的政策相对较少，执行保障及监督体系还不完善，因此亟须出台一些能够起到具体作用、行业指导性强的政策，助力形成人才有效衔接的长效机制。此外，前期政策没有全面考虑各个地区经济发展、人才供给等方面的差异性，政策执行难免不到位。比如，可以就具体学科、产业领域等制定产教融合方面的政策，研究制定深化某个区域、某个行业技术领域产教融合的指导意见，加快推动相关行业、企业与高校的深度合作，带动其他领域产教融合的有效实施。

（二）相关制度法规的约束性文件还需强化

尽管前期政策已经对产教融合各方的权、责、利等做出规定，但是在实际推行产教融合过程中，由于参与项目或者融合要素的不确定性，制度法规方面的刚性约束还需要不断增强，使人才培养、知识产权、技术创新、成果转化等方面的权益有一个清晰界定并得到有效保障。因此亟须相关制度来明确权责分工，激发主体动能。[③]

[①] 资料来源：百家号，《深化新一代信息技术领域产教融合 助力实现高水平科技自立自强》。
[②] 资料来源：人民网，《刘建超委员：推动产教融合 完善和优化四川产教融合示范项目的政策支持》。
[③] 方益权，闫静. 关于完善我国产教融合制度建设的思考[J]. 高等工程教育研究，2021（5）：113-120.

四、增强治理能力，保障相关方利益

（一）以改革破除体制机制的束缚

产教融合之所以较多地停留在表层而难以深入下去，主要原因在于相关方的利益并没有得到保障。要想使政府、企业、学校、社会协同参与的育人体系有效运行，就必须解决相关方的利益关切，做到合作共赢。对此，《关于深化产教融合的若干意见》早已进行了针对性设计，比如支持企业、行业组织参与产教融合的方式就有三类：政府或学校的服务购买，校企的共建共赢，税收减免与融资支持。这些支持方式的明确，破解了校企合作中的一些棘手问题，为相关方以利益为纽带形成长期的合作关系提供了稳固的政策基础。[①]但实际执行中由于产教融合利益相关方的情况较为复杂，方向性、推动性的政策还不能实现具体利益的平衡。具体表现如下。

（1）当前产教融合的具体方式较为单一，仍然以简单的双方协议、研学走访、学生实习及"点对点"合作办学为主，无论是推进企业员工与教师的双岗互聘方案，还是校企协同育人、科技成果转化、技术研发创新等深层次合作路径都较为不足，致使人才需求的预测、职业资格标准的制定、人才培养方案的修订、课程开发、成果转化的参与等无法顺利开展。

（2）体制机制方面的鸿沟还有待填平。由于产教融合涉及政府、学校、行业、企业、学生等多方主体，且各方利益诉求差异较大，现有模式下诸如能工巧匠带项目、带技术进校园，参与评聘专业技术职称等环节还不够通畅，行业企业参与专业设置或动态调整的程序仍需改善，合作企业聘请师生从事相关科技研发、产品运营等以获取报酬或利益的保障等也有待改进。学校认为师生利益无法得到切实保障，企业认为其所需承担的额外成本较高，多方互利共赢的合作机制尚未形成，致使相关方无法就项目、平台、成果转化、资源共享等进行深入且持续的合作。

（二）亟须出台专门的法律法规

产教融合涉及政府、学校、行业、企业、学生等多方主体的利益博弈，缺少法律的刚性约束和坚实保障，难以有效调动相关主体切实参与产教融合的积极性。因此需要明晰产业系统与教育系统的不同属性，基于产教融合各利益相关方的角色定位和价值诉求，结合当前政策落实情况及实际融合中暴露出的多元问题，积极探索并出台产教融合政策

---

① 资料来源：中华人民共和国中央人民政府网，《破解产教深度融合的瓶颈》。

的专门法律法规，以立法的形式明确各政策参与主体的责任、权利，如《产教融合促进法》《学生实习法》等，并在具体法规条例中就主要举措、保障制度、监督评价机制、法律责任及奖惩制度等进行明确，免除学生、学校、企业、社会的后顾之忧，确保产教融合发展有法可依，这也是推动我国教育法律体系建设的重要举措。[①]

第二节 健全激励机制，强化企业的重要主体作用

2019 年发布的《国家产教融合建设试点实施方案》中提出要紧密围绕产教融合制度和模式创新，建立产教融合型企业制度和组合式激励政策体系。针对产教融合仍然处于浅层次、自发式、松散型等现状，《职业教育产教融合赋能提升行动实施方案（2023—2025 年）》进一步提出完善相关配套政策，对如何有效建立健全组合激励、优惠体系及激励责任机制进行探索，进而提高各主体尤其是行业企业参与产教融合的深度，切实保障融合质量。

一、完善政策法规措施，提高企业深度参与的积极性

（一）完善支持产教融合的激励制度

当前出台的产教融合政策较为宏观，对企业的具体行为缺乏细节性指导，企业不容易深入学校人才培养全过程，比如试点支持政策有的还仅是落实组合投资和财政补贴等政策激励，以及强化产业和教育政策牵引。对此，应从操作层面加强制度设计、细化激励政策，对参与产教融合成效显著的企业，除落实抵扣 30%的教育费附加和地方教育附加税收政策外，还可通过多种方式给予创新激励，实现利益共赢。比如作为全国首批产教融合试点省份之一的山东省，山东省教育厅等 11 部门联合下发《关于印发"金融+财政+土地+信用"产教融合 10 条激励措施的通知》，细化"金融+财政+土地+信用"组合式产教融合激励政策。这些措施涉及强化金融扶持、落实财政税收优惠政策、落实土地保障政策、健全信用激励和考核评价机制等部分，注意把握部门协同、系统集成、可操作性等原则，将"碎片化"的产教融合激励政策整合为系统的"政策清单"。

（二）建立产教融合型企业认证制度

当前各级产教融合型企业的评价标准、遴选办法、约束机制和实际支持力度都不够

---

① 方益权，闫静. 关于完善我国产教融合制度建设的思考 [J]. 高等工程教育研究，2021（5）：113-120.

明晰，而强化企业参与产教融合的主体作用，除了完善相关激励机制，还有必要研究制定产教融合型企业评定标准和奖励办法，在创新成果转化补助、企业创新平台建设等方面予以优先支持。2018年发布的《关于征集培育一批产教融合型企业的公告》提出面向社会公开征集培育一批产教融合型企业，并对这些企业的申报条件进行了说明。2019年印发并实施的《建设产教融合型企业实施办法（试行）》明确了产教融合型企业的内涵、原则、培育条件、实施程序和支持管理措施等内容，为建设产教融合型企业指明了方向。《国家职业教育改革实施方案》进一步提出，在开展国家产教融合建设试点基础上，建立产教融合型企业认证制度，对进入目录的产教融合型企业给予"金融+财政+土地+信用"的组合式激励，并按规定落实相关税收政策。试点企业兴办职业教育的投资符合条件的，可按投资额一定比例抵免该企业当年应缴教育费附加和地方教育附加。这些政策指出了加强产教融合型企业认证工作的重要性，但是明确的产教融合型企业认证制度还没有出台，认证标准亟待完善。产教融合型企业的认证和管理还需要结合行业企业发展实际，不断细化具体条件。

（三）加大产教融合经费投入

为了落实激励制度，各级政府优化教育经费支出结构，出台财政、金融、税收、土地等支持产教融合的相关政策，加大不同环节、不同项目的经费投入；加大对经济社会发展所急需的学科专业、产业园区、实训平台及试点项目的投入力度，尤其是对产教融合成效显著的企业，出台关于项目扶持、财政补贴、税收减免等具有可操作性的经费投入实施办法；也可将行业企业对区域绩效目标的贡献度作为减免企业税收、强化财政支持的重要依据，进一步提高企业参与的积极性。

二、构建产教共享、共通、共赢的协同创新共同体

产教融合不能总是停留在"点对点"或单一的线性合作上，应从点扩展到面，将国家战略、区域发展目标、行业瓶颈、专业动态调整、育人过程等所涉及的各种情况放在区域经济社会发展的大环境中进行综合考虑，以获取有效的系统资源支持，使产教融合的范围更广、程度更深，进而基于共建共享形成多方良性互动的协同创新共同体。[①]

---

① 白逸仙，王华，王珺. 我国产教融合改革的现状、问题与对策——基于103个典型案例的分析[J]. 中国高教研究，2022（9）：88-94.

（一）实现各类资源的共享共建

学校与行业、企业等应加强沟通，针对实际问题和未来目标不断创新产教融合模式，进而将协同育人、协同创新等理念贯穿人才培养全过程。学校立足于自身实际，主动与具备条件的企业在人才培养、技术创新、社会服务等方面开展合作。同时，及时公开学校的发展规划及专业动态调整方向、人才培养方案更新等，帮助企业及时掌握人才培养现状和学生发展情况，以打通产教融合渠道，构建共享、共建、共赢的有效机制，实现良性互动。企业则充分利用资本、技术、场地、资源和管理等要素多维度、多层面参与产教融合，促进人力资源开发。

（二）建立基于多元化服务功能的产教融合生态圈[①]

构建教育与产业之间的良好关系，提供多元化的服务模式，形成一体化的实践路径，统筹整合各类资源，形成立体化多向度的互助生态圈，这是深化产教融合的有效策略。只有针对多元化互动互助中暴露出的弱点选择有效的合作方式，并将其作为改革发展、突破瓶颈的发力点，让人才培养匹配企业需求，并对经济社会发展起到一定的创新引领作用，实现行业、企业与学校互助共赢，共同服务社会发展和人才成长，才能形成产教融合的良好生态。政府、学校等多元主体以平台化、项目化、生态化的方式推进产教深度融合，体系化构建产教融合的创新生态。[②]

三、明确企业、行业组织在构建协同体系中的权利与责任

（一）健全多元办学格局

目前主要是政府和学校积极响应产教融合，企业、行业组织等主体主动参与较少，大部分行业协会等社会组织明显缺位。在产教融合政策所调整的社会领域中，学校、产业、政府、学生等相关方利益交织，博弈情况较为复杂，无形中增加了推行产教融合的难度，因此应加强行业组织与中介组织的建设，赋予中介组织特定身份，搭建产教双方的价值交换平台，通过以理解和共识为归依的沟通行动的展开，建立良性、畅通的沟通渠道。[③]通过具体制度力促企业、科研机构及社会组织等多元力量参与人才培养全过程，推动形成命运共同体，推进教育链、人才链与产业链、创新链的有机结合。

[①] 资料来源：人民资讯，《山西省政协委员宋兴航：产教融合"生态圈"需多方共建》。
[②] 资料来源：光明日报，《构建产教融合新生态》。
[③] 沈洁，徐守坤，谢雯. 我国高等教育产教融合政策的逻辑理路、实施困境与路径突破 [J]. 高教探索，2021（7）：11-18.

（二）对行业组织的引导和协调责任等予以规定

《关于深化产教融合的若干意见》对行业组织和社会机构在构建协同体系中的作用给予了特别重视。这些介于企业和学校之间的机构或组织大体上可分为两类：能够提供创新创业服务、前沿技术课程、职业培训和教学服务的教育培训机构或行业企业；行业组织和行业性的中介组织。作为政府、学校、企业间桥梁/纽带的各类行业协会，在协调解决产教融合中存在的各种问题方面具有一定的优势。产教融合过程中容易出现双方职责不清的情况，这在客观上要求良性沟通机制的建立，进而找到实现共赢的平衡点，但这仅依靠学校和个别企业是难以做到的，因此需要发挥行业协会等组织的中介职能，以平衡合作实践中的利益冲突，构建命运共同体。当前，行业指导在产教融合的理念引领、标准设计、技术操作上比较滞后，相关政策应对行业协会等的权、责、利等进行规定，激励制定出台符合本行业及相关企业实际的具体标准，规范产教融合的内容、任务、方式等，以深化产教融合。

（三）深化产教融合校企合作的多元途径

《关于深化产教融合的若干意见》将校企协同、合作育人作为重要目标，提出要充分调动企业参与产教融合的积极性、主动性，并力求借助于政策引导，鼓励行业企业等通过先行先试，推进供需双方有效对接，进而逐步拓展企业参与途径。比如，鼓励企业参与办学、引企入教、以企业为主体推进协同创新和成果转化、发挥骨干企业的引领作用以带动更多类型的企业参与合作等。党的二十大报告进一步明确提出，强化企业科技创新主体地位，发挥科技型骨干企业引领支撑作用，营造有利于科技型中小微企业成长的良好环境，推动创新链、产业链、资金链、人才链深度融合。企业的重要主体作用更为凸显。而具体实践中校企合作还停留于表层，企业未能深入参与人才培养。《职业教育产教融合赋能提升行动实施方案（2023—2025 年）》针对当前企业责任不明、融合不畅的问题明确了深化产教融合校企合作的多元途径：丰富产教融合办学形态、拓展产教融合培养内容、优化产教融合合作模式、打造产教融合新型载体。这意味着深化产教融合需要企业有更多担当作为。总之，企业应参与院校的专业设置、课程构建及人才质量标准制定；参与共建产业学院、企业学院，在延伸院校办学空间中充分发挥作用；依据自身需求，立足人才培养实际，融入培养各环节；以多种方式推进院校改革，进而打造产教融合联合体或共同体，最终达到在提升人才培养质量的同时使产教融合成为行业企业自身发展的助推器的目标，实现共享共赢。

第三节　完善协同育人体系，提升人才培养质量

深化产教融合，促进教育链、人才链与产业链、创新链有机衔接，是推动新时代经济高质量发展，构建高水平教育体系，推进中国式教育现代化的战略性举措，涉及教育系统内外部的方方面面，是一个系统工程，必须坚持系统观，整体推进。产教融合视域下的学校要牢固树立产教融合理念，深化人才培养模式改革，搭建协调、开放、共享的协同育人平台，建立健全可持续的运行机制和管理机制，更要加强"双师型"师资队伍建设，切实提高产教融合育人实效。

一、完善体制机制，提升产教融合育人水平

（一）健全产教融合人才培养管理机制，推进人才培养机制改革

要充分明确职业教育产教融合各个参与方的权责情况，建立权责清单，明确各方的责任与义务，健全产教融合人才培养的管理机制与实施细则，细化实施操作流程制度，鼓励各学校结合自身情况出台差异化的管理制度来提高人才培养的积极性。

比如，浙江大学以体制机制创新驱动高水平产教融合，深化专业学位研究生教育改革。一是完善专业学位研究生教育管理体制。强化专业学位研究生教育统筹管理，升格专业学位培养管理机构，鼓励专业院系开展卓越培养项目，进一步增强专业院系的资源配置能力。二是优化工程师学院办学体系。在学校"十四五"总体布局中推进工程师学院创新发展，面向战略区域新设若干工程师学院分院。三是提升专业学位研究生教育治理水平。完善工程交叉培养等专业学位评定委员会体系，优化研究生导师遴选机制，加强专业学位教指委建设，改革质量评价监督机制，进一步提高专业学位研究生出口标准等。

（二）汇聚各方共识，实现资源共享

产教融合需要政府、学校、企业、科研机构等多方主体参与并达成共识。只有汇聚广泛共识、提高各方认同感，为产教融合发展提供政策、技术等方面的支持，产教融合之路才能走得宽、走得远。校企双方达成资源共享的共识，充分利用共享资源实现优势互补；学校通过外聘企业管理者作为教师的方式，让企业走进课堂，增加企业和学

生之间的交互与沟通，以此促使校企衔接与合作更流畅、更积极，校企交互更顺畅、更主动。

紧密联系实际生产，适配产业发展与行业企业生产需求是产教融合人才培养的核心目标，也是保障我国人力资源高质量发展的重要体现。与高等教育、义务教育等教育环节由国家财政全额支持不同的是，职业教育更注重对学生实践能力的培养，同时需要更多的资源支持。基于此，同时为了进一步提升职业教育产教融合人才培养的质量和效率，就需要进一步提升职业教育在我国教育体系中的地位，并加大财政经费的投入，以及职业院校的硬件与软件建设投入。而由于产教融合人才培养的过程中需要企业的积极参与，因此需要在对职业院校加大资金投入的同时设立产教融合企业专项资金支持，提升产教融合人才培养体系中各方参与的积极性，实现可持续性发展。

（三）坚持系统观念，打造育人共同体

产教融合是一项复杂的系统工程，需要进行顶层设计和整体谋划，加强对各主体、各环节的关联性、系统性、可行性研究，统筹各方产教融合资源，积极打造育人共同体。

在这方面，浙江大学做得比较好。浙江大学统筹国际国内的产教融合资源，打造紧密的育人共同体。一是与头部企业合作探索新型育人模式。加快实践教学课程的校企共建步伐，完善"校内+行业"的"双导师"制，深入开展"订单式""项目制"等育人形式，为头部企业定制交叉复合型的工程硕士、博士联培班。二是促进校地之间的产教供需对接。邀请扶贫干部等先进人物参与研究生"课程思政"建设，及时跟进对口支援等国家专项招生计划，推动研究生资源向国家急需领域倾斜，让研究生在物联网等未来产业中发挥重要作用。三是面向全球建设高水平育人项目。实施海外实践计划，推动研究生在"一带一路"沿线国家参加长周期实践活动，与世界顶尖工程院校开展"3+2"等联培项目。[①]

二、主动融入经济社会发展格局，优化学科专业结构

学科专业是高等教育体系的核心支柱，是产教融合人才培养的基础平台，直接影响高等教育服务经济社会高质量发展的能力。产业发展是高校专业设置和建设的强大外驱力，是专业建设的逻辑起点。衡量一个高校专业建设水平的高低，首先要看其是否精准

---

① 资料来源：教育部官网，《勇当高水平产教融合先行者 聚力打造卓越的研究生教育》。

第六章 推进产教融合未来发展建议

对接产业需求,并动态调整、实时优化,实现与产业发展协调互动。高水平专业群建设必须紧贴区域产业结构调整规划,围绕区域经济发展战略规划的支柱产业和新兴产业,聚焦服务面向,优化资源配置,动态调整专业组成、专业结构和专业内涵,推动教育链、人才链和产业链、创新链有机衔接,有效服务企业技术研发和产品升级,为增强产业核心竞争力提供有力支撑。[1]我国虽然已经加大了以需求为导向的本科专业动态调整力度,但现实中,院校专业分散设置普遍存在,专业的关联度薄弱,专业的聚集度偏低,这在一定程度上加剧了专业资源分散,产学合作、产教融合停留在表面,而差异化发展和错位竞争理念缺乏,导致人才培养质量不高等问题仍存在。[2]有些学校盲目跟风,设置办学成本低的所谓热门专业,结果造成专业设置同质化现象严重。而对于应用型高校而言,除了存在上述现象和问题,还存在着专业设置重复、分布不均衡、传统专业改造升级不足等问题。可见,对接产业需求,优化专业设置在我国任重而道远。

(一)紧盯产业发展动态,优化专业设置布点

各院校虽然办学历史、专业特点和所在区域的特定需求不同,但在适应经济社会发展,服务当地产业行业发展的使命方面是一致的。因此,高校应基于院校实际及所在区域产业特点,结合所在区域产业的结构调整变化情况,对学科专业大类进行合理划分与精准定位,积极调整、优化专业布点,从而避免陷入因办学定位及专业设置不清晰造成的人才培养与产业脱节的窘境。山东省以建设国家职业教育创新发展高地为抓手,成立了23个由行业主管部门牵头,行业企业、职教专家等组成的省级行业指导委员会,涉及机械、新能源与材料、电子信息、交通运输、海洋渔业、农林水利、文化旅游等行业。依托行业指导委员会,建立健全专业设置"负面清单"和预警退出机制,聚焦新旧动能转换重大工程和区域产业升级,增设战略性新兴产业相关专业,重点建设区域支柱性产业相关专业,淘汰落后过剩产业相关专业,集中力量建好产业发展需要的特色专业群。截至2022年12月,全省中、高职学校设置专业点分别达3418个、4082个。[3]浙江省温州市把职业院校建在产业园区,促进学校与当地产业平台融合,同时将职业院校的特色专业落户在当地的特色小镇;鼓励职业院校根据特色产业打造学科,围绕产业设置专业与学院。[4]

---

[1] 崔岩. 创新高水平专业群建设路径[N]. 中国教育报, 2019-05-28(9).
[2] 刘夏,陈磊. 高职院校专业设置与产业结构适应性研究[J]. 职业技术教育, 2022(35): 33-39.
[3] 资料来源:教育部官网,《山东省深化产教融合加快推动职业教育创新发展》。
[4] 赵婀娜. 以更大合力促进产教融合[N]. 人民日报, 2018-06-14(17).

（二）主动对接区域核心产业群，增强产业支撑度

学校应在产教融合理念和市场化思维的指导下，深化校内专业设置与社会产业结构发展的融合。为此，学校一方面应深入分析当前社会产业结构发展大趋势，动态监测社会产业发展信息，加强专业设置与社会产业发展的相融性，精准对接人才需求；另一方面应强化对毕业生的就业率、就业方向及就业质量的统计分析，剖析专业设置中存在的问题，进而以社会产业发展方向为指导予以优化调整，变革人才培养发展方向。

重庆科技学院（现在更名为重庆科技大学）冶金材料学科专业群有着鲜明的行业背景，在服务国家冶金材料产业转型升级、助推冶金材料产业链高质量发展方面具有独特优势。依托重庆"三特行动计划"特色学科专业群和材料科学与工程重庆市重点学科建设，学院积极进行以专业链对接产业链、培养高素质应用型人才的创新实践。结合新工科建设项目，对标产业结构调整、企业转型升级、新材料开发的新要求，紧扣金属材料产业链和新材料产业链的新需求，冶金材料学科专业群坚持以"大冶金、全流程、功能化、智能化"建设理念，优化学科专业布局，横向拓展设置新专业，纵向升级改造传统专业，有针对性地培养冶金材料行业、重庆市支柱产业和战略性新兴产业发展所急需的高素质应用型人才。[1]

常熟理工学院主动对接地方核心产业群，促进产教深度融合。自2009年以来，学校依托长三角经济区内光伏科技、服务外包、电梯及汽车等产业优势，与区域骨干企业合作，先后成立了多个行业学院，设立了新能源科学与工程专业、计算机科学与技术专业、软件工程专业、物联网工程专业等专业。[2]

三、突出能力导向，调整课程结构，推进教学模式改革

（一）明确专业人才培养能力要求，调整课程结构

学校必须以社会产业结构发展大趋势为方向，调整课程结构。学校及教师应及时掌握社会产业对人才的知识能力要求，明确培养应用型人才、技能型人才的方向和路径，并将其运用于课程结构的调整上。

例如，常熟理工学院医药生物技术学院面向苏州市、苏南地区乃至长三角经济区生物医药产业的生物制药类企业，在产教融合中培养综合素质较强的新型人才。该学院在

---

[1] 资料来源：重庆科技大学官网，《对接产业链 培养高素质应用型人才》。
[2] 资料来源：教育部官网，《常熟理工学院着力促进产教深度融合》。

开设产教融合课程时，聚焦课程能力目标，反向设计课程内容体系，改革课程教学与考核，重构课程的产业学科根基，以改善传统人才培养方案中的不合理模式，在产教融合课程建设的调整与优化中实现工程教育改革，并在实践中提升人才培养质量。

再如，合肥学院以合肥市全国产教融合试点城市建设为契机，紧扣"专业、就业、产业"三业统一，依托中德教育合作示范基地建设，与德方高校及企业共同成立"专业及协调委员会"，推进产教深度融合的"双元制"本科教育改革，在开齐开足开好国家规定课程的基础上，借鉴德国模块化教学理念，构建基于能力导向的模块化教学体系，在相关课程内容中增加现代企业所需要的大数据、云计算、物联网、人工智能、虚拟现实等新技术模块，对现有传统工科专业建设进行升级，加入生产组织、价值流设计开发等相关专业知识。[①]

（二）推进教学模式改革，提升课堂教学的应用性

教学过程在不同教学阶段的结构、样式会有所不同。久而久之，相对稳定、独具特色的教学模式便会形成。在不同教学理念下，不同的教学任务和教学目的必定会产生不同的教学模式。产教融合下的教学模式具有参与主体多元化、理论与实践的双重性、校内与校外的协同性等鲜明特点。因此，新时代高校要推进产教融合人才培养高质量发展，就必须紧紧抓住教学模式改革这个关键所在。当前，在推进产教融合的实践中，高校教学依然存在着多元主体参与程度不高、合作动力不强、教学模式相对陈旧、质量不高等问题。因此，推进产教融合，必须改革教学模式，推进教学革命。

黄淮学院以"一师一金课"为抓手，每年将50门主干课程作为教学范式改革试点，以点带面推进教学模式改革，提升课堂教学的应用性。在教学内容改革上，学院及时嵌入行业企业领域的新技术、新工艺、新标准等，把教学内容融入设计或生产过程，增强教学内容的实践性和应用性；在教学方法改革上，以任务驱动式教学为重点，全面引入项目化教学、现场教学、"翻转课堂"等教学方式方法，体现"做中学、学中做"的培养特色，提高课堂教学的针对性。[②]

四、重视师资队伍建设，提高教师产教融合育人能力

兴国必先兴教，兴教必先强师。师资队伍建设关乎人才培养质量的高低，关乎教育

---

① 资料来源：教育部官网，《合肥学院探索"双元制"模式 推进产教深度融合》。
② 资料来源：教育部官网，《黄淮学院深化产教融合培养应用型人才》。

产教融合的模式与实践研究

优先发展和人才强国战略的实施效果。自党的十八大以来，党中央、国务院高度重视师资队伍建设，提出建设一支政治素质过硬、业务能力精湛、育人水平高超的高素质专业化创新型高校教师队伍。可见，新时代要推进产教融合，提高产教融合人才培养水平和质量，必须重视师资队伍建设，切实提高教师的产教融合育人素质和能力。

（一）加强地方标准研究，提升"双师型"教师认定质量

2022年，教育部发布了《职业教育"双师型"教师基本标准》，要求各省级教育行政部门负责区域内"双师型"教师认定的组织领导、统筹协调工作，并要求结合本地实际情况制定本级的"双师型"教师认定标准。由此，在"双师型"教师国家标准的基础上制定地方标准的工作被提上日程，这对各省级教育行政部门是一个不小的挑战——"双师型"教师地方标准既要高于国家标准，又要客观反映地方"双师型"教师队伍建设的特殊需求。在科学制定"双师型"教师地方标准的基础上，各地方教育行政部门还需要大力提升"双师型"教师的认定质量，从而让真正优秀的"双师型"教师脱颖而出，并起到引领示范作用。在确保认定质量方面，地方教育行政部门建立健全信息公开、第三方评估、抽查复查、责任追究、过程追溯等制度，使投诉反馈渠道畅通。确保过程透明规范、结果公平公正是关键。[①]

（二）完善聘任机制，不拘一格引育人才

1. 在专职"双师型"教师聘任方面，应积极打破学历束缚，"不拘一格降人才"

职业学校可聘请技能大师、劳动模范、能工巧匠、非物质文化遗产代表性传承人等高技能人才担任专职专业课教师，但必须畅通准入渠道，视情况适当降低教师的学历门槛，完善聘任机制，通过设立工作室等方式使高技能人才参与职业学校的人才培养工作。[②]

2. 在兼职"双师型"教师聘任方面，应采用"广泛储备，重点引育"的机制

兼职"双师型"教师是"双师型"教师队伍的重要组成部分，是推动产教融合持续发展的重要人才力量。就兼职"双师型"教师队伍建设而言，广泛储备相关人才是提升其建设质量的重要基础，因此构建人才储备库十分必要。对于人才储备库，可以通过规范聘任程序、聘任标准，使兼职"双师型"教师后备力量的素养与能力不断提升。在聘

[①] 王少愚. 产教融合背景下高质量"双师型"教师队伍建设路径探究 [J]. 职业教育研究，2023（4）：18-23.
[②] 中华职业教育社. 中华职业教育发展评价报告2022 [M]. 北京：中共中央党校出版社，2022.

任兼职"双师型"教师时，应重点结合教师个体的教学能力与特长、教师团队发展需求进行有侧重的聘任。

（三）多层次、多途径完善教师发展培训体系

随着国家级"双师型"教师培养培训基地的不断发展，"双师型"教师培养培训工作的重要性日益显现。然而，当前我国的"双师型"教师培养培训体系建设仍有待进一步加强。举例来讲，虽然国家加大了对国家级"双师型"教师培养培训基地的建设力度，但美中不足的是培训基地的认定工作没有统一标准，致使入选的"双师型"教师培养培训基地的合作形式、管理机制、配备条件、师资水平和承接项目能力等方面的差异都比较大，因此在业内的反响一般。标准的不统一同样也制约着省级、市级及校级"双师型"教师培养培训基地的建设。此外，在"双师型"教师培养培训基础建设中，企业的主体作用并未得到有效发挥——国家级"双师型"教师培养培训基地都是依托高校进行建设的。"双师型"教师培养培训基地应依据应具备的功能、培训模式的不同而形成以高校为主和以企业为主两种类型。以高校为主的"双师型"教师培养培训基地应侧重于课程设计能力、教学能力、学生指导能力等方面的内容；以企业为主的"双师型"教师培养培训基地则应侧重于产业新动态、新技术、新需求等方面的内容。两类培训基地的学员可互换交流，以形成互补之势。

（四）结合新需求，促进教学创新团队建设

"组建高水平、结构化教师教学创新团队，探索教师分工协作的模块化教学模式"，是2019年颁布的《关于实施中国特色高水平高职学校和专业建设计划的意见》对高职学校师资队伍建设提出的新要求。2019年5月，教育部印发《全国职业院校教师教学创新团队建设方案》，对教学创新团队的目标任务、基本原则、立项条件、建设任务、进度安排、保障措施进行了全面部署。通过对两个文件的内容要求进行比较就会发现，这两个文件中所提出的"教师教学创新团队"与高职学校一直建设发展的师资教学团队、专业教学团队和课程教学团队等团队项目是有本质区别的。其建设发展是一项需要再次整合、系统规划、逐步推进的新工作。[①]深化产教融合，把产业、行业、企业的先进技术、优秀文化、产业发展等元素融入职业教育课程，探索分工协作的模块化教学模式改革、教材与教法改革，推动课堂革命，促进"互联网+"、大数据、人工智能技术等与教育的融合，这些都是在"教师教学创新团队"建设时需要考虑的新问题、新需求。

---

① 吴杨伟."双高计划"背景下高职"双师"队伍建设的定位、问题与路径研究[J]. 职教论坛，2020（8）：99-103.

第四节　建立评估监测体系，促进产教融合高质量发展

以评价改革激发利益相关方推进产教融合的内在动力对于产教融合发展具有重要意义。新阶段要注意不断深化产教融合评价导向，有效实践以评促建。那么，什么是产教深度融合？在新的经济社会发展形势下，如何使产教融合有更高的质量，如何与供给侧结构性改革的联系更为密切？[1]这些问题亟待通过产教融合评价改革创新来解决。

一、建立健全评价考核机制，形成产教融合良好生态

（一）建立健全评价考核机制，把推进产教融合作为政府问责与行业企业评级的重要指标[2]

制度是改革发展的保障，构建良好的产教融合生态链，需要将产教融合质量评价与绩效评价、监督考核机制等有机联系起来。具体来讲，可结合当地产教融合、校企合作的发展目标任务，参考绩效评价标准，逐步完善产教融合评价考核机制，使利益相关方更明确自身的责、权、利；进一步将学校、产业、行业、企业等方的产教融合质量考核作为多元主体工作目标考核的重要内容，使产教融合成为其办学理念和文化追求，实现从理念融合、实践融合到文化融合；在评价反馈的具体实践中持续完善相关实施方案，将目标细化、量化，建立健全评价考核机制并构建有效理路，形成利益相关方之间的协同推进机制。

（二）完善产教融合动态评价监督机制

通过动态评价监督，相关方可以及时了解各主体的参与度、融合广度及深度、总体运行水平，进而发现问题并进行有效调整。很多省份越来越重视对产教融合实施效果的评价，但有些省份还停留在根据有无产教融合、是否进行校企合作等行动优先给予激励支持的阶段。比如，优先将校企合作紧密、协同育人效果好的企业纳入省级产教融合型

---

[1] 资料来源：中国教育在线，《推动"大平台+"建设　形成产教融合生态系统》。
[2] 刘振天. 以科学教育评价推进产教融合[N]. 中国社会科学报，2022-10-28（4）.

企业入库培育名单，把企业参与校企合作的情况作为各类示范企业评选的重要参考。而具体如何评价及如何应用评价结果等都有待明确，评价内容体系也需在监督中完善。国家需要在不断出台产教融合政策及相关制度基础上将具体举措纳入政府问责和行业企业的评价体系之中，动态收集产教融合中的征信及协作行为，进而使政策落实切实有效。

（三）建立产教融合评价反馈与激励机制

一是加强反馈和指导，将评价结果及时反馈给政府、学校、企业等利益相关方。二是提供有针对性的指导和建议，比如帮助相关方改进和创新产教融合实践平台、园区，提高其质量和效果。三是建立激励机制，将评价结果与激励机制相结合，鼓励相关方积极响应评价结果，并采取相应的改进和创新措施。例如，设立奖励和资助机制，对评价结果优秀的基地、园区等给予更多的支持和鼓励。四是定期开展评价与跟踪，从而及时发现和解决企业、平台或某个环节等存在的问题，推动持续改进和创新。

二、完善评价指标体系，出台分类、分层评价方案

（一）完善专门针对产教融合的评价指标体系

构建科学合理的评价指标体系是确保产教融合评价顺利开展的关键。产教融合评价工作牵涉到的利益相关者较为广泛，且指标体系需要兼顾定量分析和定性评估的多元需求，因此评价体系无论在制度还是组织层面的指标构建上都有待改进。尽管有些评价指标已被提出，但尚未经过系统整合及优化，导致指标体系的逻辑性、层次性有待加强。评价指标既要考虑协同育人的全要素，又要把对国家、区域经济社会文化的实际贡献作为重要维度，同时关注教育与产业统筹融合、良性互动格局的构建。具体来说，评价指标应包括以下方面：科研能力指标、治理组织指标、管理层面的表现、办学形式指标、校企协同指标、财物投入指标、人员投入指标、技术创新指标、人才培养质量指标等。

（二）出台分类、分层评价方案

产教融合在不同层次及不同类型的教育、产业中的定位不同。当前有些地方高校的合格评估、审核评估方案已经将产教融合、校企合作等作为一项重要指标和基本要求，但并没有较为系统且专门针对产教融合的评价指标体系，分类进行产教融合评价和监督考核的更少。因此亟须构建出考虑到学校、产业、企业等的发展基础、现实条件、学校定位、人才培养目标，能推动产教融合分类规划及分类发展的引导框架。比如，研究型

高校就需要重点加强学科建设方面的产教融合效果评估和指标体系构建，而应用型高校则需要主动对接地方产业需求，着力加强高水平应用型高校产教融合建设，打造与区域经济社会发展相匹配的产教融合生态系统。在此基础上，针对不同类型高校的特点做出单独的评价标准，并以此为依据对其产教融合进行评估，进而围绕产教融合目标，在学校定位、专业设置、师资队伍、学生实习等方面制定较为详细的考核标准，以引导高校及时解决自身问题，提高产教融合质量。

（三）注重将高校产教融合的实际效益作为评价标准

高校产教融合的实际效益即高校通过产教融合，在知识生产与技术应用、人才培养和深化服务等领域产生的实际效果。换言之，也就是依据《深化新时代教育评价改革总体方案》所提出的强化以"质量""贡献"为标准的院校与学科评价。具体而言，高校办学的"质量"和"贡献"首先是指高校能够培养创新创业等方面人才以提高学生的就业能力、创业能力、职业能力和终身发展能力；其次是指高校能够根据国家和地方战略需求（如科技研发创新、产业转型升级等）及时转变生产模式，提高知识生产和服务能力，其专业能力要能够转化为促进生产力发展并最终表现为产品或利润的生产、管理和服务的工具、手段和技术。这两点应作为高校办学绩效评估的核心标准，确切地说，应作为高校产教融合质量的最终评价标准。值得注意的是，高校要借产教融合提高质量和贡献力，则需要就产教融合进行有效的制度设计，以避免产教融合有名无实这一普遍问题[1]，因此产教融合制度体系的合理性和有效性也是评价的标准之一。而高校要适应真正意义上"质量"与"贡献"的要求，就必须改变办学模式和治理模式，自觉将产教融合作为办学新范式的实践机制，在产教融合中实现生产和服务能力的提升。因为唯有通过高质量的产教融合，高校才能跳出传统的以"五唯"为导向的传统评价模式和办学模式，从而在思想理念和实践上追求面向产业、面向学生和面向知识的真质量、真贡献，这也是创业型高校的办学方向。

三、适时推出第三方评价，构建多元主体参与的协同体

（一）引入第三方机构开展产教融合评价

2017年，《关于深化产教融合的若干意见》早已提出要发展产教融合中介组织和服

---

[1] 白逸仙，王华，王珺. 我国产教融合改革的现状、问题与对策——基于103个典型案例的分析[J]. 中国高教研究，2022（9）：88-94.

务性企业，促进校企紧密联结，并提出"积极支持社会第三方机构开展产教融合效能评价，健全统计评价体系"。《深化新时代教育评价改革总体方案》指出，要构建政府、学校、社会组织等多元参与的评价体系，建立健全教育督导部门统一负责的教育评估监测机制，发挥专业机构和社会组织的作用。可见，适时推出第三方评价是推动产教融合高质量发展的有效手段。当前存在的产教融合范围有限、深度不够、形式单一等问题，在很大程度上与评价主体不够多元、产教融合评价主要局限在教育系统内部，以及行业企业、社会组织等参与的第三方评价没有得到足够重视有很大关系。如果行业企业等社会组织参与评价的力度不足，不仅会影响产教融合指标体系的科学性和效度，还会影响行业企业深入参与产教融合的积极性。教育、人社与行业主管等部门要联合打造产教融合信息服务平台，支持第三方机构开展产教融合效能评价，研制、评估具体有效的考核办法，健全统计评价体系。此外，可参照评价方案组织定期评估和督导，定期公布相关评估结果，强化监测评价结果运用，将其作为绩效考核、投入引导、试点开展、表彰激励的重要依据，以引领产教融合高质量发展。①

（二）推进以院系为核心主体的协同自评机制

协同自评是指以一般意义上的被评价者自评为基础，同时评价者作为辅助者参与评价的过程。协同自评尊重了被评价者的主体地位，发挥了自我评价模式的优势，避免了被评价者自评可能存在的局限性，同时体现了外部评价者参与评价的客观性和指导作用。在高校产教融合评价中采用协同自评机制是为了改变传统评价模式下外部评价占主导，尤其是政府的统一化、标准化评价思维，突出院系及教师作为实际生产者的主体性，以及在评价中的自评者角色。而之所以强调院系自评是为了促进院系强化改进生产、提高质量的主体责任意识。同时，协同自评机制中积极引入产业方，为院系的专业及课程教学建设与改革提供产业标准和质量导向，促进产教双方的实质性融合。改变传统评价中政府直接地、过多地干预的弊端，并不意味着协同自评排斥政府的评价者功能，而是要求政府更多发挥元评价与中介服务的作用，即政府对高校及其院系自评进行合理督导，并在提供优惠政策促进产业方积极介入高校办学的同时，引导产教双方共同服务于教育公共价值，包括对产业方参与教育的质量评估。②

可见，产教融合并不仅仅是产教双方的融合，还包括其他主体的参与，在我国体制

---

① 资料来源：现代高等职业技术教育网，《政府在深化产教融合中要扮好五大角色》。
② 肖纲领，林荣日. 行业企业参与高职教育质量评价的困境与策略 [J]. 高教发展与评估，2023（3）：11-20.

与文化背景下,显然政府参与产教融合、提高融合水平的必要性是不言而喻的。而且从评价现代化的角度来说,第三方参与产教融合评价也是改革的重要方向之一。正是从这个意义上来讲,产教融合发展的理想状态是构建"协同体"。

本章小结

随着多领域、多层面政策的出台,产教融合从单纯的教育问题被纳入国家战略的顶层设计之中。行业企业等在产教融合中的主体地位越来越突出,人才培养供给侧和产业需求侧结构要素全方位融合逐步推进,任务路径也更为多元具体、深入有效,力求实现全过程、多层次的转向转型。国家推进产教融合的行动不断深入,地方产教融合实践逐步扩展,但是支撑产教融合可持续发展的政策体系、相关机制、具体举措仍有待改进,急需系统的实施细则及指导手册,以不断完善管理、权责利、人才培养等方面的体制机制,包括加强顶层设计,以进一步深化产教融合长效机制改革;多维度健全激励机制,以强化企业的重要主体作用;逐步完善协同育人体系,以切实提升人才培养质量;基于主体、内容等建立评估监测体系,以实现促进产教融合高质量发展的目标,使产教融合从点到面、由面到体不断升级深化。产教深度融合格局的形成是政府、行业、企业、院校等主体共同努力的体现,需要系统谋划、协同联动,达成产教融合协同发展共识,推动产教协作常态化,努力打造命运共同体,实现共建共享共赢。